단테의 신곡 읽기 6

구약역사: 열왕기서

단테의 신곡 읽기 6
구약역사: 열왕기서

초판 1쇄 발행 2025년 10월 25일

지은이 진영선
펴낸이 장현수
펴낸곳 메이킹북스
출판등록 제 2019-000010호

디자인 이정아
편집 최미영
교정 안지은
마케팅 김소형

주소 서울특별시 구로구 경인로 661, 핀포인트타워 912-914호
전화 02-2135-5086
팩스 02-2135-5087
이메일 making_books@naver.com
홈페이지 www.makingbooks.co.kr

ISBN 979-11-6791-783-6(04230)
ISBN 979-11-6791-781-2 (세트)
값 16,800원

ⓒ 진영선 2025 Printed in Korea

잘못된 책은 구입하신 곳에서 바꾸어 드립니다.
이 책의 전부 또는 일부 내용을 재사용하려면 사전에 저작권자와 펴낸곳의 동의를 받아야 합니다.

 홈페이지 바로가기

메이킹북스는 저자님의 소중한 투고 원고를 기다립니다.
출간에 대한 관심이 있으신 분은 making_books@naver.com으로 보내 주세요.

단테의
신곡 읽기

구약역사: 열왕기서

진영선 지음

메이킹북스

목차

열왕기상 1-2장	15
열왕기상 3-5장	31
열왕기상 6-7장	44
열왕기상 8장 '성전 봉헌식'	57
열왕기상 9-10장	71
열왕기상 11-12장	81
열왕기상 13-14장	92
열왕기상 15-16장	104
열왕기상 17-18장	116
열왕기상 19-20장	131
열왕기상 21-22장	144
열왕기하 1-2장	158
열왕기하 3-4장	170
열왕기하 5-7장	185
열왕기하 8-9장	200
열왕기하 10-12장 이스라엘과 유다 왕들	215

열왕기하 13-15장	**230**
열왕기하 16-17장	**245**
열왕기하 18-19장	**260**
열왕기하 20-22장	**276**
열왕기하 23-25장	**291**

사진 자료 (NIV. 성서주해 523쪽)

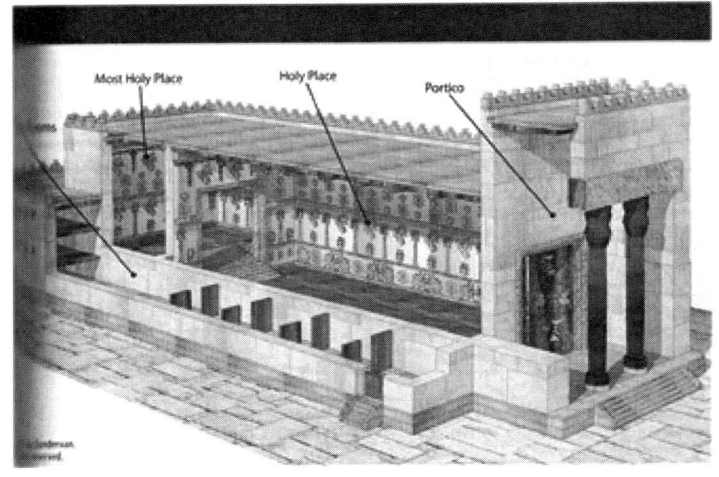

솔로몬의 신전 도판
- 지성소 Most Holy Place
- 거룩한 곳 Holy Place
- 현관 portico
- 곁방들 Side Rooms

SOLOMON'S TEMPLE

The temple of Solomon, located near the king's palace, functioned as God's royal palace and Israel's national center of worship. The Lord said to Solomon, "I have consecrated this temple . . . by putting my Name there forever. My eyes and my heart will always be there" (1Ki 9:3). By its cosmological and royal symbolism, the sanctuary taught the absolute sovereignty of the Lord over the whole creation and his special headship over Israel.

The floor plan is a type that has a long history in Semitic religion, particularly among the West Semites. An early example of the tripartite division into portico, main hall and inner sanctuary has been found at Syrian Ebla (c. 2300 BC) and, much later but more contemporaneous with Solomon, at 'Ain Dara in north Syria (tenth century BC) and at Tell Taynat in southeast Turkey (eighth century BC). Like Solomon's, the temples at 'Ain Dara and at Tell Taynat had three divisions, had two columns supporting the entrance, and were located adjacent to the royal palace.

Many archaeological parallels can be drawn to the methods of construction used in the temple, e.g., the "dressed stone and ... cedar beams" technique described in 1Ki 6:36. Interestingly, evidence for the largest bronze-casting industry ever found in the Holy Land comes from the same locale and period as that indicated in Scripture: Zarethan in the Jordan valley c. 1000 BC.

960-586 BC

Temple source materials are subject to academic interpretation, and subsequent art reconstructions vary.

This model (p. 523) recognizes influence from the wilderness tabernacle, accepts general Near Eastern cultural diffusion, and rejects overt pagan Canaanite symbols. It uses known archaeological parallels to supplement the text and assumes interior dimensions from 1Ki 6:17-20.

솔로몬의 신전 (NIV. 522쪽)

솔로몬의 신전은 하나님 왕궁과 이스라엘 국가 숭배 중심 기능을 하게끔 왕의 궁전 가까이에 위치했다.

하나님께서 솔로몬에게 말씀하신 열왕기상 9:3 그대로다.

BC 960-586

이 모델(NIV. 523쪽)이 광야의 장막에서 중동의 일반 문화에 팽배했던 가나안의 우상 상징물들의 영향을 일체 배제했음을 인정한다.

그 기준 대로 고고학과 병행해서 열왕기상 6:17-20에 나온 신전 내부 용적을 가정하여 만든 모델이다.

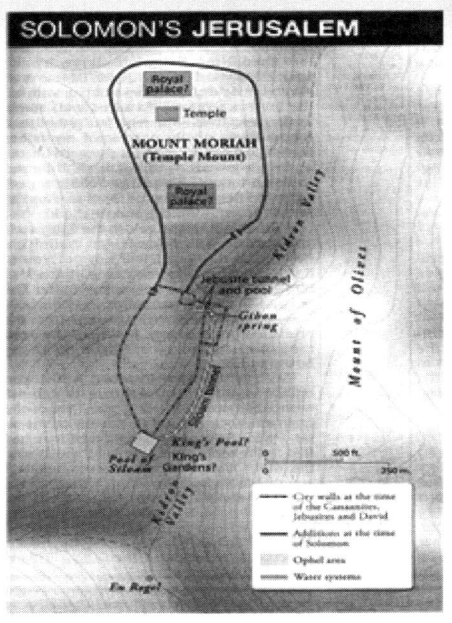

솔로몬의 예루살렘 (NIV. 515쪽)

예루살렘 시의 상부와 하부에 왕궁이, 두 왕궁 사이에 신전과 모리아 산(신전 산)이다.

예루살렘 시 왼쪽에 키드론 골짜기가 길게 이어지며 올리브 산이 있다.

중앙부에 예부시트 터널과 연못, 기혼 샘물,

하단에 실로암 터널에 실로암 연못이 있다.

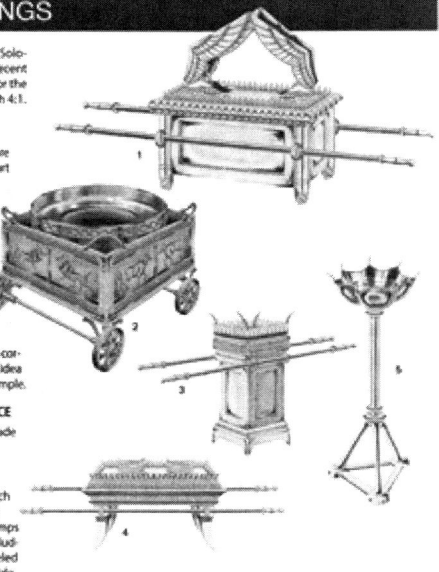

신전 집기 설명 (NIV. 524쪽)

1 언약궤

2 이동 가능한 청동 수반

3 향로 제단

4 상설병 제단

5 등잔대

LIVES OF ELIJAH AND ELISHA

The life-and-death struggle with Baalism, acute in Elijah's day, intensified under Elisha and culminated in bloody purges of the priests of Baal. Ahab's line was overthrown, and reforms were promulgated by Jehu.

Elijah's rugged figure became a model of the ideal prophet in Israel. Jesus fulfilled 40 days and nights of desert fasting, as Elijah had done; many believed he was a reincarnated Elijah (see 1Ki 19:8; Mt 4:2; 16:14 and notes).

Elisha also became a model for the prophets. Jesus' miracle of feeding the 5,000 was similar to Elisha's feeding 100 men with 20 barley loaves.

ELIJAH

Elijah of Tishbe was instrumental in Israel's reaction to Baalism. Jezebel of Tyre was symbolic of the nation's corruption.

1 Fed by ravens

2 Miracle of the widow's jar of oil

3 After the triumph on Mount Carmel, Elijah ordered the people to slaughter the prophets of Baal.

4 Elijah was so discouraged that he wanted to die. Fleeing to Sinai, he was told to anoint a new generation of political and religious leaders.

5 At Naboth's vineyard in Jezreel, God's servant confronted Jezebel's puppet, the king.

ELISHA

Elisha, like Elijah, performed miracles and was called "the chariots and horsemen of Israel" (2Ki 13:14).

1 Born west of the Jordan, the prophet frequented shrines at Mount Carmel and Gilgal. Dothan, a flourishing town in this period, was probably his residence.

2 Spring healed

3 Jeered by youths

4 Elisha journeyed from Mount Carmel to Shunem to raise a child from the dead, as Elijah had done at Zarephath.

5 Vision of chariots of fire

6 Elisha and his servant anointed Hazael and Jehu, completing Elijah's commission at Horeb.

엘리야 엘리사의 생애 (NIV. 557쪽)
  1 까마귀들이 먹이다
  2 과부 기름병과 밀가루 기적
  3 칼멜 산에서 이방 선지자들과 대치, 학살
  4 시나이 산에서 종교, 정치지도자 임명권 하나님께 받음
  5 지즈릴Jezreel에서 이세벨Jezbel의 꼭두각시 아합 왕과 대치

  1 아벨 메홀라가 엘리사 거주지였던 듯
  2 여리고에서 독이 든 샘 고침
  3 젊은이들에게 조롱받음
  4 슈넴 여인의 죽은 아들 살림
  5 엘리야의 불 마차 찬양
  6 하자엘과 예후 임명(호렙 산에서 엘리야가 받은 임무를 완수)

분단왕국 지도(NIV. 536쪽)

솔로몬 왕국의 분단 원인은 지정학적 위치상 북쪽의 열 지파와 남쪽 유다 지파 간에 생긴 경쟁심이라, 볼 수 있다.

남유다(특히 예루살렘 성전)는 사마리아 주변 지역보다 높은 고원 지대라서, 북이스라엘은 주요 무역상대인 페니키아 도시들과 더 가까웠다.

여로보암의 숭배 중심지, 단과 베델 별* 표시

북 왕국 추방 지역 (NIV. 600쪽)

아시리아 인들의 대량 추방 정책은 아슈르바니팔과 그의 추종자들이 무자비한 공포심과 전투력 조작,
이는 BC 7세기 아테네의 폭동처럼 근거 없는 단순한 증오심과 비참함만 퍼져, 끝내 아시리아 제국 분열 초래

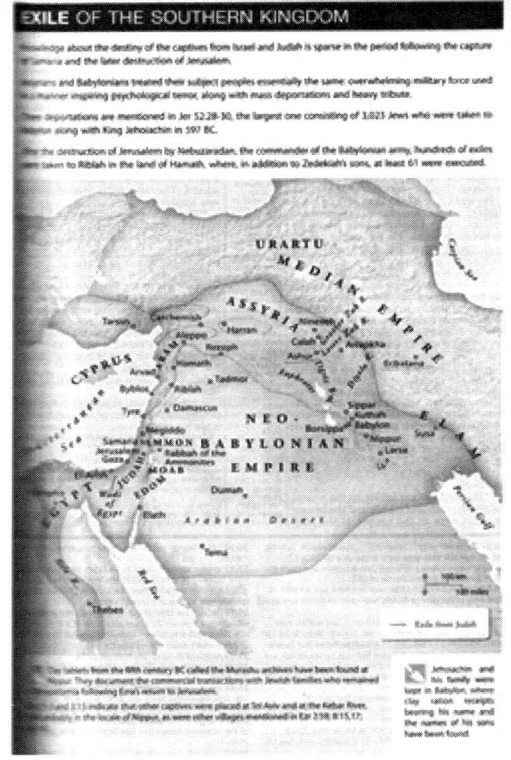

남 왕국 추방 지역 (NIV. 619쪽)

사마리아와 예루살렘이 망한 후, 도착한 근거에 관한 지식은 거의 없다.

아시리아, 바빌로니아 국가가 본질이 같은데 압도하는 군사력의 공포 심리와 무거운 공납 부과를 조장한 흔적이 있다.

렘52:28-30에 세 가지 추방 언급, 가장 큰 규모가 BC 597년 예호이아킨 왕과 3,023명의 유다 인 추방

구약역사 17 **열왕기상 1-2장**

열왕기상 1장

왕상1:1 다윗 왕이 지금 매우 나이 들어, 천들로 둘러싸줄지라도 온기를 유지할 수 없었다. ² 그의 시종들이 말하길, '폐하를 위해 우리가 어린 처녀아일 찾아 당신을 보살피고 시중들게 하여, 폐하께서 그녀를 품에 품어 따스하게 해드리겠습니다.' ³ 이스라엘 전체를 통해 아름다운 처녀를 찾으니, 그들이 수넴 족Shunammite 여인 아비삭Abishag을 찾아 왕에게 데려왔다. ⁴ 그녀는 매우 아름다운 소녀였다. 그녀가 왕을 보살피며 시중들었으나 동침하진 않았다.

⁵ 하기스Haggith에게서 얻은 아들 아도니자Adonijah가 자신이 왕이 되리라 자만했다. 그가 마차와 말들과 50명의 주자들을 준비했다. ⁶ 그의 부친이 그를 결코 고쳐주지도 왜 그리 행동하는지 묻지도 않았다. 그는 압살롬 다음의 나이였고, 또한 매우 잘생긴 남자였다. ⁷ 그가 제루야의 아들 요압과 제사장 아비아달과 상담하니, 그들이 그를 지지한다고 확신했다. ⁸ 그러나 제사장 자독, 제호이아다의 아들 브나이야, 예언자 나단Nathan, 시메이Shimei[참고], 레이Rei, 다윗의 호위 영웅들은 그쪽으로 가지 않았다. ⁹ 아도니자가 그때 엔 로젤 옆의 조헬렛 바윗돌에서 양, 암소, 들소 등의 제물을 바치고, 모든 그의 형제인 왕자들과 유다 족속 집안의 모든 장교들을 초대했다. ¹⁰ 그러나 예언자 나단Nathan, 브나이야와 그 호위병들, 그의 동생 솔로몬을 초대하지 않았다.

¹¹ 나단이 솔로몬의 모친 밧세바에게 말하길, '당신은 하기스의 아들 아도니자가 우리 주 다윗에게 알리지 않고, 왕이 된다는 소식을 듣지 못했소? ¹² 이리 오시오, 내 지금 당신과 당신 아들 안전을 위해, 당신이 해야 할 일을 충고하리다. ¹³ 즉시 왕에게 가서 말하시오, "폐하께서 당신의 종인 저에게, 내 아들 솔로몬이 당신을 승계할 왕이 되리라며, 당신 왕좌에 앉아야 한다고 맹세하지 않으셨습니까? 그런데 왜 아도니자가 왕이 됩니까?"' ¹⁴ '당신이 왕과 말을 하는 동안에 나도 당신 뒤를 좇아, 거기 들어가 당신의 말을 뒷받침하리다.'

¹⁵ 밧세바가 그녀 처소를 떠나 왕에게 갔다. 그가 지금 매우 나이 들어 수넴 여인 아비삭이 시중들었다. ¹⁶ 밧세바가 순종하며 왕 앞에 절을 했다. '너의 요구가 무엇이냐?' 왕이 물었다. ¹⁷ 그녀가 답하길, '나의 주여, 당신 자신이 당신의 종인 나에게, 당신의 주 하나님께 내 아들 솔로몬이 당신을 이어, 왕의 자리에 앉으리라고 맹세했습니다. ¹⁸ 그러나 지금 아도니자가 왕이 된다면서, 그 모두를 폐하에게 알리지 않았습니다. ¹⁹ 그가 많은 수의 암소, 수소, 양들을 희생하고, 왕의 아들들과 제사장 아비아달, 사령관 요압을 그 축제에 초대하고 당신의 종 솔로몬을 초대하지 않았습니다. ²⁰ 폐하, 온 이스라엘에 당신께서 당신 보좌의 승계자를 선언하시길 바랍니다. ²¹ 그렇지 않고 당신께서 조상들에게 돌아가시면, 내 아들 솔로몬과 나는 죄인으로 취급받을 겁니다.'

²² 예언자 나단이 도착했을 때 밧세바가 아직 말하고 있었다. ²³ 왕이 거기에 나단이 있음을 듣자, 왕의 면전에 들어와 그가 엎드려 절

했다. 24 '나의 주여' 그가 말하길 '폐하께서 아도니자가 당신을 계승해 당신 자리에 앉으라, 선언하셨습니까? 25 그가 오늘 내려가서 많은 수의 암소 수소들 양들을 희생하고, 왕의 아들들 모두와 군사령관과 제사장 아비아달을 그 축제에 초대했습니다. 그래서 지금 이 순간, 그들이 그 앞에서 먹고 마시고 외치길 "아도니자 왕이여, 장수하길!" 26 그러나 그가 당신의 종인 나와, 제사장 자독, 제호이아다의 아들 브나이야, 당신의 종 솔로몬을 초대하지 않았습니다. 27 이 일이 폐하의 권위로 이루어진 일입니까? 당신께서 당신의 종들인 우리에게, 당신을 이을 보좌에 누가 앉는다고 말씀하지 않았습니다.'

28 다윗 왕이 말하길 '밧세바를 부르라,' 그래서 그녀가 그의 면전에 섰을 때 29 왕이 맹세로 그녀에게 선서하길 **'하나님께서 살아 계시기에 그분께서 나의 모든 근심에서 구원해 주셨는데,** 30 **내가 이스라엘의 신, 하나님께 서약받길, 너의 아들 솔로몬이 나를 이을 거며, 그가 내 자리에 앉으리라. 이날에 내가 나의 맹세에 효력을 내린다.'** 31 밧세바가 왕에게 순종하여 깊이 절하고 말하길 '나의 주 다윗 왕이여, 만수무강하시길!'

32 다윗 왕이 말하길 '제사장 자독, 예언자 나단, 제호이아다의 아들 브나이야를 소환하라,' 그래서 그들이 왕의 면전에 들어가자, 33 그가 그들에게 이런 명령을 내렸다. '너희와 있는 내 집안 장교들을 데리고, 내 아들 솔로몬을 왕의 나귀에 태워, 그를 호위해 기혼Gihon으로 내려가라. 34 거기서 제사장 자독과 예언자 나단이, 그를 이스라엘의 왕으로 임명해라. 다음엔 트럼펫을 불고 외치길

"솔로몬 왕이여, 만수무강하시오!" ³⁵ 너희들이 그를 호위해, 다시 집으로 돌아오면, 그때 그를 내 보좌에 앉게 하여, 내 자리에서 통치하게 하라. 왜냐면 그가 이스라엘과 유다를 지배할 왕자로 내가 지명했던 사람이어서다.' ³⁶ 제호이아다의 아들 브나이야가 왕에게 답하길 '그리 되실 겁니다. 하나님, 나의 주, 왕의 하나님께서 이를 이루실 겁니다! ³⁷ 하나님께서 폐하와 함께 계시었듯이, 그분께서 솔로몬과 함께하시기를, 그리하여 그분께서 그의 왕좌, 나의 주 다윗 왕의 보좌보다 더 위대하게 하시기를.'

³⁸ 제사장 자독, 예언자 나단, 제호이아다의 아들 브나이야가 케레티트Kerethites와 펠레티트Pelethites 호위들과 같이 솔로몬을 다윗 왕의 나귀에 태우고, 그를 호위해 기혼으로 내려갔다. ³⁹ 제사장 자독이 하나님 장막에서 기름의 뿔을 가져와서 솔로몬에게 기름을 부었다. 그들이 트럼펫을 울리며 모든 사람들이 외치길 **'솔로몬 왕이여, 장수 무강하길!'** ⁴⁰ 다음에 모든 사람들이 그를 호위해, 집에 돌아오는 행진에서 큰 기쁨으로 파이프를 연주하여, 그 소음에 땅이 갈라졌다.

⁴¹ 아도니자와 그의 손님들이 바로 막 그 잔치가 끝났을 때 그런 소음이 들려왔다. 트럼펫 소리를 들으면서 요압이 고함치길 '도시 안에 이런 소란의 원인이 무언가?' ⁴² 그가 아직 말하는 동안에 제사장 아비아달의 아들 요나단이 도착했다. '들어오라.' 아도니자가 말했다. '너는 영예로운 남자니 좋은 소식을 가져오는 사람임에 틀림없다.' ⁴³ '그와는 먼 거요.' 요나단이 대꾸하길 '우리 주 다윗 왕께서 솔로몬을 왕으로 만드셨소. ⁴⁴ 그분께서 그에게 제사장 자독, 예언자 나단, 제호이아다의 아들 브나이야를 케레티트와 펠레티트 호위들

과 함께 보내시어, 그들이 솔로몬을 왕의 나귀에 태우고, ⁴⁵ 제사장 자독과 예언자 나단이, 그를 기혼에서 왕으로 지명했소. 그들이 지금 그를 집으로 호위하며 기뻐서 도시가 소란한 거요. 그게 당신들이 들은 소음이오. ⁴⁶ 그보다 더한 건, 솔로몬이 궁의 왕좌에 자리하였소. ⁴⁷ 그렇소, 우리 주 다윗 왕의 호위장교들이 다윗에게 이런 식의 인사를 하였소. "당신의 하나님께서 당신의 아들 솔로몬의 이름을 당신 자신보다 더 유명하게 해주시고, 그의 보좌가 당신 거보다 더 위대하게 해주시길." 그러자 왕이 그 보좌 위에다 머릴 숙였소. ⁴⁸ 이보다 더한 건, 이런 말을 그가 한 겁니다. **"오늘, 내 아직 살아서, 이를 보도록 내 왕위 계승자를 세우신, 이스라엘의 하나님은 축복을 받으실지어다."'**

⁴⁹ 아도니자의 손님들이 다 두려움으로 일어나 흩어져갔다. ⁵⁰ 아도니자 자신도 솔로몬이 두려워 단번에 제단으로 가서 뿔들을 끌어안았다. ⁵¹ 솔로몬에게 전갈이 하나 오니, '아도니자가 솔로몬 왕에 대한 두려움으로 제단의 뿔들에 매달려 말하길, "솔로몬 왕이 내게 지금 여기서 칼로 그의 종을 치지 않으리라 맹세해주기를."'

⁵² 솔로몬이 말하길, '만일 그 자신이 가치 있는 남자이길 증명하면, 그의 머리칼 한 올도 땅에 떨어지지 않을 거다, 그러나 그가 말썽을 일으키면, 죽어야만 하리라.' ⁵³ 그리하여 솔로몬 왕이 그가 제단에서 내려오게 했다. 그가 들어와 왕 앞에 자신을 엎드려 솔로몬이 그에게 '네 집에 가라.' 했다.

열왕기상 2장

왕상2:1 다윗의 죽음이 다가오자, 그가 아들 솔로몬에게 이런 임무를 주었다. ² '나는 모든 지상의 길을 가려고 한다. 너 자신을 강하고 남자답게 보여라. ³ 너의 주 하나님께 네 의무를 지켜, 그분의 길을 확실히 하길, 그의 계명과 율법과 법규와 그의 엄숙한 법령은 모세 율법에 쓴 것들이니 지켜서, 네가 무엇을 하든, 어디로 가든 번성하여, ⁴ 하나님께서 내게 주신 말씀, "너의 후손들이 그들의 온 마음과 온 혼으로 내 시야에서 신실하고 신중히 걷는다면, 너는 이스라엘 보좌에서 승계자가 절대 모자라지 않으리라." 그대로 이루어 주시리라.'

⁵ '너는 제루이야의 아들 요압이 어떻게 나를 대했는지, 이스라엘의 두 군 사령관, 넬의 아들 아브넬과 제타의 아들 아마사에게 무엇을 행했는지 알 거다. 그가 그 둘을 죽여서, 전쟁 행위의 피로써 평화를 깨트린, 그 피로 그의 허리띠와 신발과 발을 얼룩지게 했다. ⁶ 너의 지혜로 신속히 행해서 그가 회색 머리로 평화로이 그의 무덤에 가지 않게 해라. ⁷ 길렛의 바질라이 가문에겐 계속해서 우정을 보여라. 너의 식탁에 그들이 그들의 자리를 갖게 해라. 그들이 내가 너의 형 압살롬에게서 도망자로 있을 때 나와 동행했다. ⁸ 게라의 아들 시메이를 잊지 말라, 바후림 출신 벤저민 족으로, 내가 마하나임으로 가던 그날 쓰디쓰게 날 저주했던 자다. 참으로 그가 요단에 나를 만나러 왔기에 하나님께 그를 죽이지 않겠다, 맹세했다. ⁹ 그러나 지금 너는 그가 벌을 받지 않게 할 필요가 없다. 너는 현명하니, 그의 회색 머리를 피로 물들여 무덤에 보낼 수 있으리라.

¹⁰ 다윗이 그의 조상들에게 돌아가, 다윗 시에 장사를 지냈는데 ¹¹ 그가 사십 년간 이스라엘을 통치했으니, 7년은 헤브론, 33년은

예루살렘에서다. ¹² 솔로몬이 그의 부친 다윗 왕위를 승계해 굳건히 그 보좌를 수립했다.

¹³ 그러자 하기스의 아들 아도니자가 솔로몬의 모친 밧세바에게 왔다. '네가 친구로 왔느냐?' 그녀가 묻자. '친구로서,' 그가 답했다. ¹⁴ '당신에게 의논할 게 있습니다.' '말해라.' 그녀가 말했다. ¹⁵ 그가 말하길 '당신은 압니다, 그 왕좌는 내 것으로, 온 이스라엘이 내가 왕이 되리라 보고 있었으나, 나를 넘어서 내 동생에게 갔습니다. 이는 하나님 의지로 그리 된 겁니다. ¹⁶ 지금 당신이 어렵지 않게 들어줄 수 있는 청이 하나 있습니다. 거절하지 말아 주십시오.' '그게 무어냐?' 그녀가 말했다. ¹⁷ 그가 답하길 '솔로몬 왕에게(그는 결코 당신을 거절하진 않을 테니) 내가 슈넴 인 아비샥과 결혼하게 청해줄 수 있습니까?' ¹⁸ '좋다,' 밧세바가 말하길, '내가 네 대신 왕에게 말해주마.'

¹⁹ 밧세바가 아도니자를 위해 말하러 솔로몬에게 가니, 왕이 그녀를 만나자 일어나 절하였다. 다음에 그가 그 보좌에 앉고, 한 자리를 왕의 모친을 위해 그 오른쪽에 마련했다. ²⁰ 그녀가 말하길 '왕께 작은 요구 하나 있으니 거절하지 마시길.' '어머니, 그게 무업니까?' 그가 답했다. '나는 당신을 거절하지 않을 겁니다.' ²¹ 그녀가 말하길 '내 청은 슈넴 여인 아비샥을 너의 형인 아도니자와 결혼시키는 거다.' ²² 그에 솔로몬 왕이 답하길 **'왜 내게 슈넴 인인 아비샥을 아도니자에게 주라고 하십니까? 그에게 왕국을 넘겨주라고 하시지 않고요. 그가 내 큰형이며, 제사장 아비아달과 제루이야의 아들 요압이 그의 편에 있는데도요.'** ²³ 그때 그가 하나님께 맹세했다. '그러니 하나님, 나를 도와주십시

오, 아도니자는 이로써, 그의 생명을 바쳐야 합니다. [24] 하나님께서 살아 계시어, 내 부친 다윗에게 그의 보좌에 나를 앉힌다고 약속하신 대로, 가문의 기반을 내게 수립하신 하나님이시니, 바로 오늘 아도니자를 죽음에 처해야만 합니다!' [25] 솔로몬 왕이 제호이아다의 아들 브나이야에게 그를 쳐서 죽이라는 명령을 내려 보냈다. 이로써 아도니자는 죽었다.

[26] 제사장 아비아달이 왕에게 그의 토지인 아나돗으로 가라는 명령을 들었다. '너는 죽어야 마땅하다,' 그가 말하길, '그러나 이날의 일임에도 죽이진 않으리니, 내 부친 다윗 앞에서 주 하나님의 궤를 네가 옮겼기 때문이며, 그가 견딘 모든 어려움을 나누었기 때문이다.' [27] 솔로몬이 아비아달의 하나님 제사장 직위를 해제했으니, 이는 하나님께서 실로의 엘리 가문에 거역을 선언하신 그 말씀을 그렇게 이루신 셈이다.

[28] 이 모든 소식이 요압에게 닿자, 그가 하나님 장막으로 도망가 제단의 뿔들을 잡았다. 그가 압살롬은 아니었으나, 아도니자 쪽에 있었기 때문이다. [29] 솔로몬 왕이 요압이 하나님 장막에 도망쳐 제단 옆에 있단 소식을 들었을 때 제호이아다의 아들 브나이야에게 그를 쳐 죽이라는 명령을 내렸다. [30] 브나이야가 하나님 장막에 와서 요압에게 왕의 이름으로 제단에서 떠나라고 명령했다. 그러나 그가 말하길 '아니, 난 여기서 죽을 거다.' 브나이야가 요압의 대답을 왕에게 보고하니 [31] 왕이 말하길 '그가 그의 길을 가게 해라, 그를 쳐서 내려 묻어라, 그래서 나와 내 부친 집에, 그가 방종하게 흘린 피의 죄를 지리라. [32] 하나님께서 그 자신의 죽음에 대한 책임을 지우실 건, 그가 그보다 훨씬 훌륭한, 무고한 두 남자를 죽였기 때문으로, 이스라엘 사령관인 넬의 아들 아브넬, 유다의 사령관인 제타의 아들 아마사를, 내 부친 다윗에게 알리지 않

고, 칼로 죽여서다. ^{33} 그들의 피의 죄가 요압과 그 후손들에게 항상 되감기고, 다윗과 그 후손들, 그 가문과 보좌는 영원한 번영을 하나님께 누리기를.' ^{34} 제호이아다의 아들 브나이야가 제단에 올라가 요압을 쳐내려 그를 죽여, 그 마을 가문에 장사지냈다. ^{35} 왕이 요압의 자리인, 군사령관에 브나이야를 임명하고, 아비아달의 자리에 자독을 지명했다.

^{36} 그 다음에 왕은 시메이에게 그의 전갈을 보내 말하길, '너 자신이 예루살렘에 집을 하나 지어서 거기 머물라, 너는 도시를 떠나 그 어디로든 가지 말라. ^{37} 네가 어떻든 이 도시를 떠나서 키드론 분지를 건너면, 그땐 어쨌든 죽을 줄 알라. 너의 피가 너 자신 머리에 있으리라.' ^{38} 시메이가 답하길, '당신의 언도를 받겠습니다. 폐하 명령대로 하겠습니다.'

오랫동안 시메이가 예루살렘에서 지냈다. ^{39} 그러나 3년쯤 지나, 그의 두 노비가 겟의 왕 마카의 아들, 아키스에게 도망간 걸 시메이가 알자, ^{40} 그가 즉시 나귀에 올라타 노비들을 찾으러 아키스에게 갔다. 그가 겟에 도착해 그들을 찾아 데려왔다. ^{41} 솔로몬 왕이 시메이가 예루살렘에서 겟에 다녀온 걸 듣고, ^{42} 그를 불러 말하길 '내가 하나님께 맹세하며 너에게 요구하지 않았느냐? 내가 너에게 이 도시에서 어디로든 떠나면, 어떻든 죽을 거란 엄한 경고를 하지 않았냐? 네가 말하길 "당신의 언도를 받겠습니다, 복종하겠습니다." ^{43} 그런데 왜 네가 하나님께 맹세한 약속과 너에게 내린 내 명령을 지키지 않았냐? ^{44} 시메이, 나의 부친 다윗에게 행한 잘못을 네 마음이 안다. 하나님께서 지금 너 자신의 머리에 그 잘못을 되갚게 하신다. ^{45} 그러나 하나님 앞에서 솔로몬 왕은 축복받고 다윗의 보좌는 영원히 안전하리라.' ^{46} 다음에 왕이 제호이아다의 아들 브나이야에게 명령하여, 그가 시메이를 밖에 나가 쳐서 죽였다. 이같이 솔로몬 왕권이 안전해졌다.

생각할 점

왕상 1장

다윗의 노쇠로 인해서 기력이 쇠하자 다시 그의 아들 때문에 이스라엘 왕권이 위기에 처한다. 이때 다윗 왕실을 위해서 신속하게 대처에 나선 예언자가 나단이다. 그는 다윗과 여러 여인들 사이에 생긴 아들들로 인한 국가 위기를 보았기에 민첩하게 행한다. 그가 하나님의 사람이니, 다윗의 솔로몬 사랑도 알고 솔로몬 인품도 알아서다.

이로써 한 국가 통치권을 가진 올바른 지도자와 동시에 그를 돕는 올바른 종교 지도자가 절실히 필요함을 깨닫는다. 또한 한 국가의 올바른 후계자를 바르게 지명하는 일과 그에 적합한 때의 소중함을 배운다.

선지자 나단도 다윗도 둘 다 뛰어나다.

나단이 솔로몬을 위한 현명한 조치를 다윗에게 고하고자 다음처럼 행한다.

첫째, 그가 다윗과 선민을 위해 먼저 솔로몬 모친을 찾아가 그녀에게 지시한다. 다윗이 솔로몬 모친 밧세바를 사랑했기에 그녀를 동원하는 치밀함을 보인다.

둘째, 다윗이 밧세바와 나단의 조언을 듣자 곧장 행동에 옮기는 순발력이다. 왕의 권위로 칙령을 내린다.

셋째, 다윗이 아들 솔로몬을 이스라엘 후계자로 자신의 왕좌에 앉힌다. 선왕으로서 솔로몬 왕에게 치하하며 하나님께 이를 감사한다. 다윗의 마지막 왕권 행사가 아들 솔로몬을 왕위에 올린 일이다.

이때 이스라엘 선민을 위한 다윗의 축복의 정점이 오직 하나님께로 향한다는 점을 주시해야 한다.

다윗의 특별한 지침들을 다시 살펴본다.

다윗이 솔로몬을 왕의 나귀에 태우고 나팔을 불라고 지시한다. 이는 훗날에 예수 그리스도의 예루살렘 입성 시에 나귀 등에 타신 신성한 사건의 시작점 같아 보인다.

이를 되새기면, 다윗은 평생 훌륭한 용사였으니 그의 성안에는 뛰어난 왕궁의 좋은 말들이 많았을 터인데, 말이 아닌 작은 짐 나르는 나귀의 등에 태웠다. 그런데 왕의 나귀라니 다윗이 평소엔 나귀를 탔던 듯하다. 이는 다윗이 어려서부터 하나님께 검소하고 겸손해 하나님 기름부음을 받았다 믿기에 자신의 아들도 그렇게 행하라는 가르침일 수 있다. 솔로몬에게 하나님의 선민 이스라엘을 통치하려면, 왕으로 군림이 아닌, 나귀처럼 겸손히 검소하게 꾸준히 일하며 섬겨야 한다는 교훈이다.

다윗 자신이 하나님께, 선민들에게 겸손했듯이, 솔로몬도 그러길 속 깊이 바랐으리라.

다윗은 왕으로서 권력을 추구하진 아니했다.

그런데 왜 다윗이 왕위를 솔로몬에게 빨리 넘기지 아니했을까?

큰 아들 암논의 죽음과 압살롬의 배신을 겪고도 그가 세 번째로 자신의 아들의 국난을 겪는 위기에 빠지다니! 그가 자신의 아들들을 동등하게 사랑해서인가?

다행히 나단이란 현명한 나이 든 선지자가 있었기에 마지막 국난을 면한다.

왕상 전반부 2장 1-12절

1. 다윗 왕의 유언을 듣는 솔로몬 왕

다윗이 아들인 솔로몬 왕을 향해 진심어린 유언 세 가지를 들려주며 당부한다.

첫째, 솔로몬에게 남자로서 자신을 강하게 보여야 한다, 당부한다. (왕상2:2-4)

하나님 계명을 온 힘과 혼을 다해 평생 지키면, 이스라엘의 보좌가 결코 모자람이 없으리란 하나님의 약속을 받은 부친 다윗 왕답게 아들 솔로몬에게 간곡히 말한다.

둘째, 하나님을 진실히 섬겨야 한다, 당부한다. (왕상3-4)

셋째, 솔로몬 왕과 이스라엘 선민들에게 장차 피해를 줄, 요주의 인물들을 지목, 그들의 최후 처리를 맡긴다. (왕상2:5-9)

이러한 다윗의 유언 당부에서 다윗이 노년까지 담아둔 사실들을 유의하게 된다. 다윗이 가장 힘들 때 그에게 그리 악행을 했던 자들이 겉으로만 사죄했던 속 검은 자들임을 결코 잊지 않았다. 다윗은 혹시라도 이들의 후손들이 기틀을 잡아가는 이스라엘 선민들 국가에 해악을 끼칠 염려를 솔로몬을 통해 배제시킨다고 볼 수 있다.

다윗은 의롭지 않았던 자들을 향한 철저한 복수를 아들인 솔로몬에게 넘긴다. 물론 다윗 자신의 은인의 후손들을 잘 보살피라는 당부도 아울렀음도 유의해야 한다.

넷째, 다윗의 죽음과 장례

다윗이 죽자, 그의 도시 다윗 시에 묻힌다. 다윗은 이스라엘을 40년간 통치, 이스라엘 국가 기틀을 가장 굳건히 수립한 명군이다.

그의 통치 기간 햇수가 애급을 건넌 그의 조상 선민들이 가나안 땅에 들어오기 전에, 시나이반도 광야에서 헤매던 40년과 같은 수치라서 흥미롭다. 하늘에서 내려주신 '*만나*'만 먹던 시기와 같다.

왕상2장 후반부 2:13-46

부친 다윗의 유언을 마음에 새겨서 이를 민첩하게 실행하는 솔로몬 왕의 처사가 돋보인다. 솔로몬이 다윗의 유지를 위해 행한 행동들은 곧장 이룬 듯하나, 실은 시간이 걸린 일들이다. 그런 일 처리 과정이 논리 정연하고 바르다.

솔로몬은 부친 다윗의 유언들을 위엄 있고 노련하게 실현한다.

첫째, 배다른 형 아도니자를 처벌한다. (왕상2:13-25)

솔로몬이 모세 율법과 하나님 규례에 해박했음을 드러낸다. 그의 모친 밧세바의 무지, 몰상식에 일침을 가하며 모친까지 꾸짖고 면박한다.

레위기의 규례대로 행한다. 레위기 20장에 나오는 반드시 죽여야만 하는 죄목들에 속해서다. (레20:11 한 남자가 부친의 부인과 성관계를 하면 부친의 치욕이다. 그 둘을 반드시 죽음에 처해 그들의 피가 그들 머리에 있게 해야 한다!)

이를 보며 그리스도께서 마리아와 얽힌 몇 가지 복음서 기사들을 떠올리지 않을 수 없다. 구약의 이러한 주요한 사건의 기록들이, 신약의 기사들을 받쳐주는 거울 역할도 하리라, 볼 수 있어서다.

밧세바는 솔로몬을 하나님 기름부음을 받은 선민들의 왕이 아니라, 자신의 아들로만 생각했다. 그녀가 노인 다윗의 몸을 따듯이 하고자 봉사한 어린 소녀이자 처녀일 아비샥을 달라는 아도니자 청을 선뜻 받아들이다니, 노망인가, 아니면 아름다운 그 소녀를 향한 질투심인가.

둘째, 그런 아도니자를 왕으로 호응해 받들었던 제사장 아비아달의 직위를 해임해서 추방한다. (왕상2:26-27)

셋째. 군 사령관 요압의 배신을 처벌한다. (왕상2:28-35)

요압은 평생 다윗과 함께했지만 나이 들며 다윗에게 무엄하고 무례하고 오만했다. 그 오만불손의 시작이 다윗이 죽이지 말라 당부한 압살롬을 부하들 앞에서 죽인 일이다.

다윗을 신망해 찾아온 사울의 노련한 총사령관 아브넬을 왕 몰래 불러서 죽였다. 또한 다윗이 사령관에 임명했던 아마사도 죽였다. (삼하19:13, 삼하20:8-13 참조요)

요압과 다윗은 사촌 간이다. 요압도 다윗도 사울 왕의 군사였다. 그러다 다윗이 사울에게 쫓기자, 요압도 그의 동생들(아사헬, 아비샤이)과 함께해왔다. 세월이 지나며 요압이 본성대로 다윗의 약점들만을 크게 보아온 셈이다.

다윗의 국력이 커감에 따라서 요압의 군 사령관의 권력도 커졌을 테니.

요압은 평생 가까이 지켜본 선민들의 왕인 다윗이 지닌 신앙의 품성에 관해선 조금도 헤아릴 줄 몰랐다. 자신이 왕과 다른 점을 생각해 보려 하지 않았다. 고로 요압 자신의 자만심이 비극을 불러들인다.

다윗이 그런 요압의 분명한 처사를 솔로몬에게 맡긴다.

넷째, 시메이(벤저민 족, 게라의 아들)[참고 1]의 처벌도 부탁한다. (왕상 2:36-46)

다윗은 자기 인생에서 가장 괴로운 시기에 당한 모욕과 조롱을 결코 잊지 않았다. 그건 사적이 아닌 공적인 악행이었다. 그러나 그가 나중에 많은 환영 인파 속에 천 명의 같은 족속들을 끌고 와서 공개로 용서를 빌기에 살려 준다. 그러나 그 속마음이 악함을 잊지 않았다.

그가 솔로몬에게 *'네가 현명하니, 알아서 처리하라.'* 당부한다. 시메이는 다윗이 죽고 3년이 지나자, 잊힌 줄 알았던 모양이다. 젊은 왕인 솔로몬과의 약속을 가볍게 저버렸기에 죽음에 처한다.

이스라엘 왕조의 기초로서 악을 예방하는 차원이다.

---

1 [참고 1]
　왕상1:8에 나온 시메이는 왕상4:18절에도 나오는 솔로몬의 관료 이름이다. 엘라Ela의 아들로 벤저민 족속이고 선한 사람이다. 성서에는 같은 이름의 선한 자와 악한 자가 나와서, 헷갈리지 않는 주의를 요한다.
　삼하16:5-13과 왕상2:8-9, 36-46에 나오는 시메이는 사악한 인물이다. 피신 가던 다윗 일행에게 욕설하며 돌과 먼지를 퍼붓던 벤저민 족속인데, 바우림(감람산 근처)에서 태어난, 게라의 아들이다.

'그리스도의 원수를 사랑하란 말씀'과 구약의 사건들과 관련, 현세의 일들을 비교, 판단할 안목을 길러야 한다.

다윗 왕 치세의 기록들이 과거의 큰 과오를 묻어 두기보단 바로잡고 가야 한다는 사실을 크게 일러주기 때문이다. 다윗 왕은 하나님께 의지한 하나님의 사람이었다. 오직 하나님의 대의를 위해서 선민들에게 치세를 했기에 놀라운 기록들을 남겼다.

그래서 한때 우리 사회 구호였던 정의 사회 구현의 실제와 너무나 크게 비교된다. 이들이 가장 큰 헛구호로 그치고 민주주의 역사를 거스른 사실로 드러나서.

다윗과 솔로몬처럼 세상에서 통치자들이 악한 무리를 잊지 않고 솎아내서 징벌하고 막아내는 일이 지속되어야 역사가 발전하고 안전한 사회를 유지한다고 볼 수 있다.

다윗의 유언에는 은혜의 당부도 있다. 길렛의 바질라이 가문과의 우호다.

다윗을 잊을 수 없기에, 골리앗과의 싸움에서 사울 왕에게 말했던, 다윗의 명답을 한 번 더 되새긴다.

삼상17:36 '내가 사자들과 곰들을 죽였는데, 이 할례 받지 않은 자가 그들보다 더 나을 건 조금도 없습니다. 37 그 사자와 곰에게서 나를 구하신 하나님께서, 이 블레셋 인에게서 나를 구하실 겁니다.'

구약역사 18 **열왕기상 3-5장**

열왕기상 3장

¹ 솔로몬 자신이 애굽 왕 바로의 딸과 결혼해 동맹을 맺었다. 그는 그녀를 다윗 시로 데려왔고, 예루살렘 둘레 성벽과 하나님의 집, 그의 궁전을 지어 완공하기까지 머물렀다. ² 백성들이 어쨌거나 사당들에서 희생제물을 계속 올림은 그때까지 하나님 이름을 위한 집을 짓지 않아서다. ³ 솔로몬 자신도 하나님을 사랑하여 부친에게 전해 내려온 규례들을 수행했으나, 그 또한 사당들에서 희생 번제를 올렸다.

⁴ 왕이 기브온에 제물을 바치러 갔는데 주요한 사당으로, 1,000마리의 번제물 burnt offerngs (NIV. NRSV. NASB. 우리성경)을 드리던 데다 [참고]. ⁵ 그 밤에 하나님께서 솔로몬 꿈에 나타나셨다. 하나님께서 말씀하길 **'내가 너에게 무엇을 줄까? 나에게 말해라.'** ⁶ 그가 답하길 '당신께선 위대하고 가이는 사랑을 당신의 종인 나의 부친에게 보이셨으니, 그가 당신 앞에 충성스럽고 의롭게 열중한 마음으로 걸어서입니다. 그래서 당신께서 그에게 위대하게 지속하는 사랑을 유지하시어, 그에게 아들을 주시어 지금 그를 계승한 왕좌를 잇게 하십니다.'

⁷ '지금 하나님 나의 주님, 당신께선 내 부친 다윗 자리에 미련한 아이에 숙련 없는 지도력을 가졌을지라도, 당신의 종인 나를 왕으로 세우셨습니다. ⁸ 여기에 나는 너무 많아서 셀 수도 없는, 당신께서 택하

신 당신의 백성들 한가운데 있습니다. ⁹ 그러므로 당신의 종에게 경청하는 기술을 가진 마음heart을 허락해 주십시오, 그리하면 그가 당신의 백성을 악에서 선을 구별하여 올바르게 다스릴 겁니다. 그렇지 않으면, 당신의 위대한 이 백성들을 다스릴 임무에 적합할 사람이 누가 있겠습니까?'

¹⁰ 하나님께선 솔로몬이 요청한 이런 일이 대단히 기쁘시어 ¹¹ 말하길 **'네가 나에게 오래 살기나, 재산이나, 너의 적들의 생명이 아니라, 오로지 정의롭게 통치할 분별력을 요구했기에 ¹² 내가 너의 요구를 수락하고, 너의 이전에도 너의 이후에도, 그 누구도 너와 같이 현명한 이해심을 지닌 자가 없도록 하리라. ¹³ 이런 거 말고도 네가 청하지 않은 걸 내가 주리니, 너의 때와 비교할 왕이 그 누구도 없을 그런 재산과 영광이다. ¹⁴ 만일 네가 너의 부친 다윗처럼, 나의 계명들과 명령들을 지켜서 나의 길들을 수행하면, 내가 또한 너에게 긴 수명도 주리라.'** ¹⁵ 그때 솔로몬이 깨어나 꿈인 걸 깨달았다.

솔로몬이 예루살렘에 와서 하나님의 십계명 궤 앞에 서서, 거기서 번제물들과 나눔 제물들을 가져와 희생하고, 그의 모든 가문들에게 잔치를 베풀었다.

¹⁶ 그때 창녀인 두 여인이 왕 앞에 다가와서, 그의 앞에 서자, ¹⁷ 그 중 하나가 말하길 '나의 주님, 이 여자와 나는 한집에 사는데, 내가 아이를 낳을 때 그녀도 같이 있었습니다. ¹⁸ 내 아이가 태어나고 3일째 그녀 또한 아이를 낳았습니다. 우리 둘만 있고 그 집엔 아무도 없었습니다. 오직 우리 둘만 거기 있었습니다. ¹⁹ 그 밤중에 이 여자의 아이가 그

녀에게 깔려 죽었는데, ²⁰ 그녀가 그 한밤에 내 옆에 자던 아이를, 당신의 종인 내가 잠자는 동안 그녀 가슴에 데려가고, 그녀의 죽은 아이를 내 아이 자리에 두었습니다. ²¹ 아침에 일어나서 내가 아이를 먹이려고 보니 죽은 걸 발견했으나, 내가 가까이 바라본 즉 내가 낳은 아이가 아님을 알았습니다.' ²² 그 다른 여인이 끼어들길, '아닙니다, 그 살아 있는 아인 내 아이고, 그녀의 아인 죽은 아입니다.' 하며 그 둘이 다투길 계속했다.

²³ 왕 자신이 생각하니, '그들 중 하나가 말하길 "그 살아 있는 아이가 내 아이다, 죽은 아이가 네 아이다." 다른 자가 말하길, "아니오, 죽은 아이가 네 아이고 내 아인 살아 있다."' **그때 그가 말하니 '칼 하나를 가져오라.'** 칼 하나를 가져왔을 때 ²⁵ 왕이 명을 내렸다. '그 산 아이를 둘로 잘라서 반은 한 여자에게 반은 다른 여자에게 주어라.' ²⁶ 이에 산 아이의 모친인 여인이 아이를 위한 사랑에 움직여 왕에게 말하길 '오, 주님, 그 여자가 아이를 갖게 하십시오! 당신이 어떻게 하든 그를 죽이지만은 마십시오.' 다른 여자가 말하길 '우리가 아무도 갖지 못하게 아이를 둘로 자르십시오.' **그가 말하길 '죽이지 말라한 그녀가 이 아이 모친이다.'** ²⁸ 이스라엘이 왕이 내린 판단을 들었을 때 그들 모두 서서 그를 경외했다. 그들이 통치하는 정의를 위해, 하나님께서 보내신 지혜를 그가 소유했음을 그들이 보아서다.

열왕기상 4장

왕상4:1 솔로몬 왕이 이스라엘 전체를 통치했다. ² 그의 신하들은 다음과 같다. 연중행사의 책임자: 제사장 자독Zadok의 아들 아자리야Azariah.

³ 서기관: 시샤Shisha의 아들 아히자Ahijah.

사관: 아히루드Ahilud의 아들 제호샤팟Jehoshaphat.

⁴ 총사령관: 제호이아다Jehoiada의 아들 브나이야Benaiah.

사제들: 자독Zadok과 아비아달Abiathar.

⁵ 지방 장관의 책임자: 나단Nathan의 아들 아자리야Azariah.

왕의 친구: 나단Nathan의 아들 자붓Zabud.

⁶ 궁내대신: 아히살Ahishar.

노동 감독관: 압다Abda의 아들 아도니람Adoniram.

⁷ 솔로몬이 이스라엘 전체에 열두 명의 지방 행정관을 두어서, 그들이 왕과 궁전 가계를 위해 식품을 제공했으며, 각각 그해 매달의 물품을 공급해야 하는 책임을 졌다. ⁸ 이들의 이름이 이러하다.

에프라임Ephraim 고원 지방에는 벤 허Ben-hur.

⁹ 마카즈Makaz, 샬빔Shaalbim, 베트 세메스Beth-shemesh, 엘론Elon, 베트 하난Beth-hanan에는 벤 데카Ben-dekar.

¹⁰ 아루봇Aruboth에는 벤 헤셋Ben-hesed; 그는 또한 소콧Socoh과 헤퍼Hepher의 모든 땅을 가졌다.

¹¹ 벤 아비나답Ben-abinadab, 솔로몬의 딸 타파스taphath와 결혼한 그가 돌Dor의 모든 지역을 가졌다.

¹² 아히루드Ahilud의 아들 바나Baana가 맡은 땅은 타낙

Taanach과 멕기도Megiddo에서 (아히루드Ahilud의 아들 바나Baana가) 잘타나Zartanah 옆의 아벨메홀라Abelmeholah 멀리까지, 그리고 베트 센Beth-shean부터 지즈렐Jezreel 아래의 멀리 족밈Zokmeam까지다.

¹³ 라모스 길렛Ramith-gilead의 벤 게벨Ben-geber이 길렛Gilead의 마낫세Manasseh의 아들 제어Jair의 열 마을과 바산Bashan의 알곱Argob 지역을 포함, 청동막대를 가진 문들과 성벽에 둘러싸인 60개 큰 마을을 가졌다.

¹⁴ 잇도Iddo의 아들 아히나답Ahinadab이 마하나임Mahanaim을,

¹⁵ 아히마즈Ahimaaz가 납달리Naphtali를 다스렸는데, 그도 솔로몬의 딸 바스 맷Bas-math과 결혼했다.

¹⁶ 후사이Hushai의 아들 바나Baanah가 아세르Asher와 알롯Aloth을.

¹⁷ 파루아paruah의 아들 제호샤팟Jehoshaphat이 잇사갈Issachar을,

¹⁸ 엘라Elah의 아들 시메이Shimei가 벤저민Benjamin을,

¹⁹ 우리Uri의 아들 게베르Geber가 길렛Gilead, 아모릿Amorite의 왕, 시혼Sihon과 바산Bashan의 왕, 옥Og의 나라를 맡았다. 덧붙이면, 한 통치자가 그 땅의 모든 통치자들을 다스렸다.

²⁰ 유다와 이스라엘 백성들이 바다의 모래처럼 셀 수 없었다. 그들이 먹고 마시고 인생을 즐거워했다. ²¹ 솔로몬이 유프라테스 강에서 필리스티아Philistia, 멀리 이집트 문전까지 통치했다. 그들이 그의 일생 동안 그에게 복종해서 공물을 바쳤다.

²² 솔로몬의 하루 공급량이 밀가루 30콜kor, 식량 60콜, ²³ 살찐 황소ox 10마리, 그리고 목장에서 황소 20마리, 양 100마리는 물론 수사슴stag들, 영양gazell들, 수노루roebuck들과 살찐 조류fowl들이었다. ²⁴ 그의 통치 아래서 단에서 브엘세바까지 누구나 평화 속에 자신의 포도나무와 무화과나무를 가꾸며 살았다.

²⁶ 솔로몬의 마구간에 40,000필의 마차 모는 말과 12,000필의 기마말이 있었다.

²⁷ 지역의 통치자들이 각자가 번갈아 솔로몬 왕과 그의 식탁에 오는 모든 사람을 위해 결코 부족함이 없도록 음식을 공급했다. ²⁸ 그들이 또한 그 기마들과 마차 말들이 필요한 보리와 짚단들을 책임진 곳으로 공급했다.

²⁹ 하나님께서 솔로몬에게 깊은 지혜와 통찰력을 주시어, 바닷가의 모래만큼 이해를 했기에, ³⁰ 솔로몬의 지혜가 동쪽과 이집트 모든 사람들을 뛰어넘었다. ³¹ 그가 어느 누구보다 지혜롭기에 에즈라리트Ezrarite의 에탄Ethan, 헤만Heman, 칼콜Calcol, 다다Darda, 마홀Mahol의 아들들보다 더 지혜로웠다. 그의 명성이 주변의 모든 나라들 사이로 퍼져갔다. ³² 그가 3천의 잠언을 냈고, 그의 노래가 일천 다섯 수를 셌다. ³³ 그가 레바논의 삼나무부터 성벽 밖에 자라는 마조람marjoram(마요나라, 약용, 향미용)에 내려오기까지, 짐승들, 새들, 파충류들, 물고기에 대해 강연했다. ³⁴ 모든 종족의 사람들이 솔로몬의 지혜를 들으러 와서, 그의 지혜를 들은 세상의 모든 왕들에게 그가 선물을 받았다.

열왕기상 5장 '성전 건축'

왕상5:1 타이어Tyre의 왕인 히람Hiram은 솔로몬이 그의 부친 자리에 왕으로 부임했음을 들었을 때 사절을 보냈으니, 그가 항상 다윗과 친하게 지내서다. ² 솔로몬이 이러한 전갈을 그에게 보냈다. ³ '당신이 알고 계신 바와 같이, 내 부친 다윗이 그의 하나님인 주 하나님 이름을 위한 집을 지을 수 없었음은 그의 주위를 둘러싼 무장한 나라들을 하나님께서 그에게 복속시켜야 해서입니다. ⁴ 지금 나의 주 하나님께서 사방의 평화를 나에게 주십니다. 아무도 나를 적대하지 않아서 아무런 공격의 두려움이 없습니다. ⁵ 그래서 나는 나의 주 하나님 이름을 위한 집을 지을 제안을 하는데, 이는 하나님께서 내 부친 다윗에게 주신 약속에 따른 겁니다. **"내가 너의 자리인 왕좌에 앉힐, 너의 아들이 나의 이름을 위한 집을 짓게 하리라."** ⁶ 그러므로 당신이 지금 명령을 내려, 레바논에서 삼나무들을 베어 가져오게, 그러면 나의 사람들이 당신의 사람들과 일하여, 당신이 합당한 금액을 그 사람들을 위해 요구하면 무엇이든 지불하겠습니다. 당신이 알다시피 시돈Sidon 사람들처럼 나무를 자를 기술자가 없습니다.'

⁷ 히람이 솔로몬 전갈을 듣고 크게 기뻐 말하길, '하나님께서 축복받으시리라, 오늘 다윗에게 현명한 아들을 주시어, 이 위대한 백성을 통치하게 하신 분이니.' ⁸ 그가 이런 답장을 솔로몬에게 보냈다. '내가 너의 전갈을 받았다. 삼나무와 소나무 양쪽의 목재 일에서, 네가 원하는 모든 일을 하겠다. ⁹ 내 사람들이 레바논에서 통나무들을 바다로 가지고 내려간 후에, 그것들을 뗏목으로 엮어 네가 지정한 장소까지 가져갈 거다. 거기서 내가 그들을 풀어 올리면, 너는 그들을 다시 옮길 수

있다. 너의 쪽에선, 나의 가문들을 위한 식량을 제공할 수 있기를 바란다.' ¹⁰ 그렇게 히람은 솔로몬에게 삼나무와 소나무를 제공해주었고, ¹¹ 솔로몬이 히람에게 그 가문을 위해 식량으로 밀 20,000콜과 올리브유 20콜을 제공했다. 솔로몬이 히람에게 매년 이를 주었다. ¹² 하나님께선 솔로몬에게 약속하신 대로 지혜를 부여하셨다. 히람과 솔로몬은 조약을 맺어 둘 사이엔 늘 평화가 함께했다.

¹³ 솔로몬 왕이 전체 이스라엘에서 30,000명을 헤아리는 강한 일꾼들을 소집했다. ¹⁴ 그가 그들을 달마다 레바논에 1만 명씩 보내, 그 사람들이 한 달은 레바논에서, 두 달은 집에서 지냈다. 아도니람Adoniram이 그 소집된 자들의 총책임자였다. ¹⁵ 솔로몬에게는 70,000명의 마부들, 80,000명의 채석공이 있고, ¹⁶ 그 외에도 3,300명이 그 일꾼들을 총감독하며 책임질 십장들이 있었다. ¹⁷ 왕의 명령에 따라 그들이 잘라낸 돌들로 하나님 집의 기초를 놓으려고, 거대하고 값비싼 덩어리들을 채석했다. ¹⁸ 건축자들로서 솔로몬과 히람이 게발족 사람들the Gebalites을 같이 제공해 그 집을 짓기 위한 목재와 돌들을 벽돌 모양으로 두 가지를 다 다듬어 준비시켰다.

생각할 점
왕상 3장

3장 시작이 솔로몬 결혼이라 다윗과 자연히 비교된다. 인생 삼대 중대사인 탄생, 결혼, 죽음 중 가장 중한 일이다. 다윗의 첫 결혼은 사울의 딸인 미갈과의 혼사다.

젊은 다윗을 죽이기에 혈안인 사울이 내세운 결혼 조건이 지독했다. 다윗이 왕의 사위가 되는 일은 서양에 흔한 낭만과는 거리가 멀었다. 다윗은 이를 위해 목숨을 걸었기에 그가 미갈을 남달리 생각했을 수 있다. 세월이 지났을 때 그녀를 되찾아 와서다. 다윗은 첫 결혼의 신성함을 하나님 앞과 선민들 앞에서 지켰다. 그런 면에서도 그가 존경받을 만하다.

이러한 부친 다윗에 비해 솔로몬은 왕궁에서 행복한 유소년기를 보냈으나 청년기엔 배다른 형제들의 패륜 사건을 겪으며 아주 어렵게 나이 40세에 왕위에 오른다. 그런 솔로몬이 뜻밖의 첫 결혼을 한다. 그가 선조 선민들과 원수의 나라인 애급 바로의 딸과 결혼, 애급과 동맹도 맺는다. 선민들 중에 참한 처녀가 없었을 리 만무한데. 좌우간 솔로몬도 하나님 믿음과 사랑이 넘친다. (왕상 3:4-15)

솔로몬이 하나님을 위한 믿음의 번제[참고1]를 기브온에 가서 올

---

1 [참고 1]
왕상3:4에 나오는 번제물burnt offerings들과 전 제물whole offerings(REB.)들 사용에 관한 구별을 찾아보았다. 번제물의 첫 기록은 창 15장에 하나님께서 아브람에게 그분의 약속 이행에 나온다.
하나님께서 아브람에게 지시하신다. 하나님께서 그에게 여러 희생 동물들을 둘로 갈라 양쪽으로 늘어놓아라, 말씀하신다. 그날의 해가 져 어두워지자 하나님께서 오시어 그 준비된 제물들 사이를 지나신다. 그 제물들이 활활 불타며, 그 밤을 밝히는 동안에 아브라함에게 주실 후손에 관한 미래 약속을 들려주신다.
전 제물이란 말은 완전히 올린다는 뜻이다.
번제물이란 말은 불에 태워, 하나님께 올린다는 뜻이다.
무엇이든 불에 타면 재가 되어 남고 연기처럼 사라진다. 하나님께서 사람들이 그분께 올리는 희생 동물인 제물에서 타는 향기를 좋아하신다, 한다. 이는 하나님께 사람들이 올리는 제물에서, 제물을 올리는 사람의 소망, 감사의 열정을 하나님께서 준비과정부터 주시해서

린 밤에 하나님께서 그를 찾아오신다. 하나님께서 다윗과의 약속을 잊지 않으셨다. 그에게 직접 찾아오심이 그 증거다. 아마도 그가 놀랄까봐 그의 꿈에 오신 듯하다.

하나님께서 솔로몬에게 질문하신다.

'내가 너에게 무엇을 주랴?'

꿈인 줄 모르는 솔로몬이 하나님께 진솔한 답을 올린다. 하나님의 선민들을 잘 다스릴 지혜를 주시기 바란다는 그 대답에 하나님께서 기뻐하신다. 하나님께서 그에게 세상에 다시없을 세상 최고의 부와 명성과 지혜를 주시겠다고 하신다. 솔로몬의 겸손한 요구에 하나님께서 기쁘셨다.

성서는 이처럼 믿는 자의 겸손이 하나님께 얼마나 중대한가를 알린다. 곧이어 솔로몬 지혜의 충만을 드러낸 재판이 나온다. (왕상3:16-28)

솔로몬이 세상에서 가장 미천한 두 여자들의 민감한 소송 재판에서 지혜를 드러낸다. 갓난아기 생명을 하찮게 여겨 바꿔치기한 사악한 여성에게서 친모에게 아기를 되돌려준다. 아이를 낳은 기록이 없는 솔로몬이라 놀랍다. 생명의 소중함엔 귀천이 없음을 그 때 벌써 세상에 밝히며 선민들 자부심을 일깨운다.

이를 읽으며 솔로몬이 혹시 자신이 세상에 태어난 경위를 부모에게서 들었으리라, 본다. 부모에게서 자녀를 생명의 선물로 주시

서라고 말할 수 있다.
하나님께서 인류에게 하나님 믿음의 엄숙함을 맹렬히 타는 불처럼 열정으로 바라신다는 뜻이다. 하나님 믿음을 위해선 그 무엇도 아끼지 않아야 함도 엄숙한 뜻 같다.

는 하나님을 향한 외경심 속에 그가 자랐으리라. 솔로몬 왕도 하나님께 의지하는 부친을 따라서 자연히 그 자신도 깊은 믿음을 지녔으리라.

왕상 4장

내용을 간추리면 다음과 같다.

　첫째, 초기 이스라엘 행정부의 간소한 규모 (왕상4;1-6)
　둘째, 일사불란한 지방분권 자치행정과 중앙정권 체제의 조화 (왕상4:7-19)
　셋째, 솔로몬 통치 시의 이스라엘의 상하가 누린 태평성대의 소박함 (왕상4:20-28)
　넷째, 솔로몬의 지혜로 주변국들과의 평화와 부의 축적(왕상 4:29-34)

　이런 기록들에서 솔로몬 치세의 선민들 정부 체제 규모를 가늠할 수 있다.

　요즘의 행정기술자들이 고대의 이런 기록들을 눈여겨 본 듯하다. 왜냐면 우리도 세종 시로 중앙정부를 옮겨, 지방 분권 체제가 자릴 잡아간다. 이를 약 3,000여 년 전에 다윗이 시작했고, 솔로몬 시대에 이스라엘 지방 행정부가 갖추고 있었다는 기록이니 놀랍다.

　단테의 **신곡**을 읽은 눈으로는, 이스라엘 국력이 가장 강해서 하나님 지상천국이란 다윗과 솔로몬 시대로 보인다.

왕상 5장

솔로몬이 부친 다윗의 가장 큰 유지인 예루살렘에 하나님의 성전을 짓기 위한 위업을 시작한다. 그런데 그 시작도 다윗과 친분이 깊던 이방의 이웃 국가 왕이 먼저 사절단을 보내 시작한다. 그 답례로서 솔로몬이 그 왕에게 성전을 짓기 위한 가장 기초인 큰 목재들이 필요하다, 요청을 제안해서다. 부친 다윗과 교류한 이웃 국가 히람 왕과의 교분을 이어가듯 성전 건축을 착수한다.

그 예전의 대규모 성전 건축은 목재작업이 필수였던 듯하다. 다윗 왕 일생 소망인 하나님 이름을 위한 집인 성전 건축을 솔로몬이 시작한다. 대규모 공사를 위한 순조로운 진행과정이 5장 내용이다.

이스라엘 영토에는 자원이 없기에 선민들에게 없는 기술과 재료들을 위해, 기꺼이 이웃의 이방신들을 섬기는 국가와도 친선교역을 거침없이 맺는 상황이 세세해 놀랍다.

다윗이 굳건히 수립한 이스라엘 국가가 솔로몬이 이어서 세계만방에 하나님 이름을 알리는 성전 건립으로 선민들이 태평성대를 구가한 기록들이다.

하나님께서 선민들과 그들의 두 지도자가 목적한 바를 도우신다. 그 바탕에는 왕과 선민들의 일사불란한 하나님 믿음을 보였기 때문이다.

솔로몬 왕국에 활기가 넘쳤다. 가까운 이웃 국가인 타이어의 히람 왕이 친선 사절을 보내오자, 흔쾌히 응하고 접대해, 서로의 필요한 인적 물적 교류 조건을 협상하고 수락한다. 외교 수완과 국제 무역 행정의 소질도 발휘하는 솔로몬 왕을 보여준다. 기술자와 목재를 서로 주고받는 기술제휴도 한다. 히람 왕가에 필요한 식량을 제공한다는 물물교환도 한다.

구약역사 19 **열왕기상 6-7장**

열왕기상 6장

왕상6:1 이스라엘이 애굽에서 나온 지 480년이 되고 솔로몬이 이스라엘을 통치한 4년째 둘째 달 지브Ziv월에 하나님 성전을 짓기 시작했다.

² 솔로몬 왕이 하나님을 위하여 짓는 성전은 60큐빗cubit 길이(팔꿈치에서 가운데 손가락 끝까지, 46-56cm라서 약 50cm로 계산, 60큐빗×50cm=약 30m), 20큐빗 넓이(약 10m), 높이는 30큐빗(약 15m)이었다. ³ 성전 앞 현관은 20큐빗 길이로 성전의 전체 넓이에서 10큐빗을 앞으로 내었다. ⁴ 그가 성전 높은 벽에 좁은 채광창들(총안)을 만들었다. ⁵ 다음으로 성전 주실(메인 홀)main hall or the sanctuary과 그 내부 지성소the inner shrine의 벽들에 둘러서, 작은 방들을 지었다. 그 둘레에 모두 긴 처마(아케이드)를 드리웠다. ⁶ 가장 낮은 층이 5큐빗, 중간층이 6큐빗, 가장 높은 층이 7큐빗 넓이다. 왜냐면 주벽의 외벽사방을 감당하다가, 그 버팀기둥들이 성전 벽 속에 파고들지 않게 지어야 해서다. ⁷ 성전 벽 밖으로 선반들을 내밀어 성전 벽 속에 아무것도 집어넣을 수 없게 했다. 성전을 짓는 데는 채석장에서 다듬은 돌들만 사용해서 집을 짓는 동안 망치, 도끼, 쇠 도구들 소리가 일절 들리지 않게 했다.

⁸ 입구는 가장 낮은 층에서 성전 남쪽에 있다. 거기엔 중간층에서 높은 층까지 나선층계가 있다. 그래서 솔로몬이 성전을 짓는 일을

마치면서 전체 건물에 대해 5큐빗 높이의 테라스를 지었는데, 견고한 삼나무로 버팀대를, 소란반자 천장엔 삼나무 기둥들로 해서 지붕을 덮었다. ⁹ 그렇게 그가 성전을 완성했고 삼나무 들보와 널판자(소란반자)들로 지붕을 올렸다. ¹⁰ 성전을 따라 모두 곁방을 지었다. 각각 5큐빗 높이로 성전에는 삼나무 도리ᴵ[참고 1]들로 이어졌다.

¹¹ 그때 하나님 말씀이 솔로몬에게 임하였으니, ¹² '네가 짓는 이 집을 위하듯이, 네가 만일 내 법령들에 순종하고, 내 규례들을 이행하며, 내 모든 명령들을 충성스레 지킨다면, 그때 내가 너에게 한 약속을 이루리니, 네 부친 다윗에게 준 약속으로, ¹³ 내가 이스라엘 사람들 사이에 살면서, 내 백성 이스라엘을 결코 저버리지 않으리란 것이다.'

¹⁴ 그래서 솔로몬이 성전을 짓고 이를 완성했다. ¹⁵ 그가 그 집의 내부 벽을 삼나무 판자로 대고, 바닥에서 서까래까지 목재로 대었다. 마루는 소나무 판자를 깔았다. ¹⁶ 성전의 가장 깊은 내부에는 바닥에서 서까래까지 삼나무판자로 20큐빗(10m) 공간으로 구분하여, 가장 신성한 장소the Most Holy Place인 지성소를 그렇게 지었다. ¹⁷ 이 지성소 앞의 주실the sanctuary은 40큐빗(20m) 길이다. ¹⁸ 그 속엔 삼나무로 활짝 핀 꽃들과 조롱박들을 새겼는데,

---

I [참고 1]
    왕상6:10에 나온 낱말인 도리는 건축용어다.
    왕상6:6의 NIV. 성서 주해는 성전 벽에 구멍을 내지 못하게 벽을 쌓아 올리며 적당한 필요 높이에 들보 또는 도리들을 놓으려고, 일련의 선반들을 삐죽하게 연달아서 밀어냈다고 한다.
    이 경우 각 층들의 방 넓이가 달라진다. 아래층에는 하중이 더 쏠려서다. 당시는 철근 콘크리트 시공이 없을 때다. 오직 벽돌, 돌, 목재가 건축 자재였다.

모두 삼나무로 해서 돌은 전혀 볼 수 없었다.

[19] 그가 하나님 십계명의 궤를 맞아들이고자, 성전의 가장 깊고 먼 데에 지성소를 마련했다. [20] 이 지성소는 사방이 20큐빗(10m)이고 높이도 20큐빗으로 했다. 그가 삼나무 제단을 만들어 붉은 금으로 씌웠다. [21] 솔로몬이 지성소 안을 붉은 금으로 씌우고, 지성소 앞에는 황금 고리 가리개를 드리워서 가로지르도록 하였다. [22] 그 지성소의 모든 겉을 황금으로 씌웠다. 지성소에서 제단 전부를 황금으로 씌웠다.

[23] 지성소에 그가 야생 올리브나무로 두 지품천사(cherubim 케루빔)를 각각 10큐빗 높이로 조각했다. 24 지품천사 양 날개는 각각 5큐빗 길이라서 날개 끝에서 끝까지 10큐빗이다. [25] 비슷하게 둘째 지품천사도 10큐빗 치수다. 두 지품천사가 같은 크기와 모양으로, [26] 각각 10큐빗 높이다. [27] 지성소에 그 지품천사들을 두었는데, 그 날개들을 펼쳐서, 한 천사 날개가 한쪽 벽에, 다른 천사 날개가 다른 벽에 닿고, 그들의 두 날개가 한가운데서 만난다. [28] 지품천사들도 황금을 씌웠다.

[29] 성전의 벽들을 둘러서 천사들, 야자수들, 활짝 핀 꽃들 모양을, 안쪽 방과 바깥방 양쪽에 새겼다. [30] 성전의 마루를 황금으로, 내부와 바깥방도 황금으로 깔았다. [31] 입구에서 지성소까지 그가 야생 올리브나무로 이중문을 만들었다. 벽기둥들과 문설주들은 오각형이다. [32] 야생 올리브나무로 만들어진 그 문들의 겉면 전체에 지품천사들, 야자수, 활짝 핀 꽃들을 새기고, 지품천사들과 야자수들 위를 얇게 두드려서 편 황금으로 씌웠다.

³³ 유사하게 성전의 출입구를 위해, 장방형 야생 올리브나무 문틀을 만들고, ³⁴ 소나무로 이중문을 만들었는데 회전 축받이로 된 접이식이다. ³⁵ 그 문들에 지품천사, 야자수, 활짝 핀 꽃들을 새기고 금으로 똑같이 씌웠다.

³⁶ 중정엔 다듬은 돌로써 세 단계로 짓고, 한 단계가 삼나무 길이만큼씩이다.

³⁷ 솔로몬 통치 4년째, 지브Ziv달에 성전의 기초를 세웠다. ³⁸ 그리고 11년째 불Bul달인 여덟째 달에 성전을 완성했는데, 모든 세밀한 부분이 상술한 그대로다. 이를 짓는 데 7년이 걸렸다.

열왕기상 7장

왕상7:1 그가 끝마칠 시간까지 솔로몬이 집짓기에 13년 동안 종사했다. ² 그가 레바논에다 숲의 궁전을 지었는데, 100큐빗 길이, 50큐빗 넓이, 30큐빗 높이, 네 줄의 삼나무 기둥들로, 그 위의 꼭대기는 삼나무 길이대로 덮었다. ³ 삼나무 지붕은 긴 기둥들로 연장해서 받침기둥들 위에 놓아서, 각 줄이 15큐빗이다. 기둥들의 수가 45개였다. ⁴ 세 줄의 창틀이 각각 세 줄씩 마주보았다. ⁵ 모든 문간들과 창문들이 장방형이고 창들은 세 줄이다.

⁶ 솔로몬이 또한 주랑을 50큐빗 길이, 30넓이로, 그 위에는 처마 장식을 만들었다. ⁷ 재판소의 주랑현관을 지었는데, 그 현관은 그가 심판을 내리는 그의 보좌와 연결된다. 여기도 삼나무반자로 마루에서 서까래까지 대었다.

⁸ 그가 거주하던 그 자신의 집이 그 현관에서 또 다른 안뜰로 떨

어져 있는데 그가 혼인한 바로의 딸을 위한, 그의 집 현관도 이 현관처럼 지었다.

⁹ 값비싼 돌 벽돌들로 치수를 재고 켜서 톱질로 다듬어, 내부와 외부를 초석부터 거듭하여, 그 집 마당에서 멀리 대법정까지 만들었다. ¹⁰ 그 기초는 값비싼 커다란 돌덩이들로 10큐빗, 8큐빗 크기로서, ¹¹ 위로는 치수로 재고 다듬은 값비싼 돌과 삼나무였다. ¹² 대법정의 사방이 다듬은 돌들로서 세 과정인데, 한 과정이 삼나무 길이만 하다. 하나님 성전의 내부 마당을 그리 만들어 성전의 접근로가 되었다.

¹³ 솔로몬 왕이 두로Tyre에서 히람을 데려왔는데, ¹⁴ 납달리 족인 과부의 아들이다. 그의 부친이 두로 본토박이로 청동기술자여서, 그 자신 또한 청동에 관한 장인으로 온갖 정교한 기술에 정통하였다. 히람은 솔로몬 왕에게 온 후에 그의 모든 작업들을 수행했다.

¹⁵ 그가 두 개의 청동 기둥을 주조했다. 하나는 18큐빗(9m) 높이, 12큐빗(6m) 길이의 줄이 이를 두를 만했다. 속은 텅 비고 손가락 네 개 두께 금속이었다. 둘째 기둥도 같다. ¹⁶ 기둥들 꼭대기에는 단단한 두개의 둥근 받침을 만들어 올려놓았는데, 받침은 5큐빗(2.5m) 높이였다. ¹⁷ 그가 그 두 기둥 위의 각 받침에 각 한 줄씩 꽃줄 사슬의 장식 망을 만들었다. ¹⁸ 한 기둥에 그 장식 망 위에다 그 둘레를 두 줄로 석류를 만들었다. 다른 기둥도 똑같이 했다. ¹⁹ 문간의 그 기둥들 위의 받침들은 백합 모양이고 4큐빗 높이다. ²⁰ 두 기둥들 꼭대기 받침대 위엔 완충물이 바로 있으며 망(net 그물)상으로 위를 향하여 두 받침대 위의 모든 둘레에 200개의 석류들이 나

란히 뻗어가며 있었다. ²¹ 다음에 그가 그 지성소의 문간에 그 기둥들을 세웠다. 그가 오른쪽에 기둥 하나를 세웠을 때 이름을 자킨Jachin(그분께서 세우시리라)이라 짓고, 왼쪽에 세운 기둥은 보아즈Boaz(그분 안에 강함이 있다)라 했다. ²² 그 기둥들의 위는 백합 모양이었다. 이렇게 그 기둥들 작업을 끝냈다.

²³ 그가 청동대야를 만들었는데 둥근 모양으로 직경이 10큐빗(5m), 높이는 5큐빗(2.5m)이었다. 그 둘레는 30큐빗(15m) 한 줄 길이다. ²⁴ 그 대야의 바깥 가장자리 아래는 그 대야와 한 조각으로, 두 줄의 조롱박들로 30큐빗(15m) 원 주변을 완전히 둘렀다. ²⁵ 이는 열두 마리 황소 위에 놓였는데, 북을 향해 세 마리, 서를 향해 세 마리, 동을 향해 세 마리, 남을 향해 세 마리, 우뚝 서 그 큰 대야를 이들 위에 얹어 놓았다. ²⁶ 그 두께는 한 손의 넓이로 가장자리는 컵처럼 만들었는데, 백합의 꽃받침 모양으로 2000들이를 담았다. (대하4:2-5 참조요)

²⁷ 히람Hiram이 또한 청동 손수레를 열 개 만들었는데, 각 수레는 4큐빗(2m) 길이, 4큐빗(2m) 넓이, 3큐빗(1.5m) 높이다. ²⁸ 손수레 작업을 그리했는데, 테두리는 네모 판으로 끼웠다. ²⁹ 이들 판들에는 사자들, 황소들, 지품천사들을 그렸고, 같은 모양으로 위와 아래에 사자들, 황소들, 지품천사들이 나선형 도안 방식을 망치 작업으로 하여 테두리에 둘렀다. ³⁰ 각 수레가 네 개의 청동 축을 가진 바퀴들, 또한 네 개의 테두리와 그 놋대야 아래 손잡이들이 있고, 이 손잡이들의 양옆에 회전 무늬의 두들긴 금속으로 만들었다. ³¹ 대야 위는 1큐빗 높이 둥근 모양으로 평평하게 둘러 부조 장식을 하

였다. 수레들의 판자는 사각형으로 둥글지 않았다. [32] 네 바퀴들이 그 판자 아래 있고, 수레갈퀴는 수레와 한 조각으로 만들었다. 각 바퀴의 높이는 1.5큐빗이다. [33] 바퀴들을 마차처럼 만들어, 굴대들, 바퀴통들, 바퀴살들, 겉 테두리들이 다 두드린 금속이다. [34] 그 수레들이 한 조각이고, 각 수레 네 모퉁이엔 네 손잡이가 있다. [35] 그 수레 위에 반 큐빗 높이의 둥근 띠가 있고, 수레의 받침대와 판은 수레와 한 조각이다. [36] 그 판들 위의 접시들에 그가 지품천사들, 사자들, 야자수들을 새기고, 빈 공간 어디나 소용돌이 문양을 온 주변에 장식했다. [37] 이것이 그 열 개의 수레들을 만든 방식이다. 그들 다 똑같이 두드려서 같은 모양과 같은 크기다.

[38] 히람이 다음에 열 개의 청동 대야를 만들었는데 각각 40들이 bath에 4큐빗 깊이로 한 대야마다 수레 열 개가 있다. [39] 그가 그 집의 오른쪽에 수레 다섯, 왼쪽에 다섯을 놓고, 그 남동쪽 구석에 그 청동대야가 자리하게 했다.

[40] 히람이 냄비들, 높은 대접들, 수저들을 만들었다. 그것으로써 그가 하나님의 집에서 솔로몬 왕을 위해 그가 맡은 모든 일을 다 마쳤다. [41] 두 기둥들과 그 꼭대기에 주발 모양 받침대 두 개, 그리고 그 받침대를 뒤덮은 두 망상 세공하는 작업이다. [42] 그 망 세공을 위해 400개의 석류가 각각 두 받침대에, 200개 석류가 두 줄로 그 두 기둥 위의 주발 모양 받침대를 덮었다. [43] 열 개 손수레는 수레 위에 대야가 있다. [44] 대야 하나는 황소 열두 마리가 들고 있다. [45] 냄비들, 대접들, 수저들- 이들 목적물들이 모두 하나님 성전을 위한, 솔로몬 왕을 위해 히람이 청동으로 윤기 나게 만들었다. [46] 왕이 그

것들을 요단 평야에 있는 수콧Succoth과 자레탄Zarethan 사이의 주조소로 가져왔다.

⁴⁷ 솔로몬이 이들 모든 집기들을 그들 장소에 두었다. 그 청동의 무게가 엄청나서 그들이 늘 만들던 양을 초월했다. ⁴⁸ 그가 또한 성전을 위해 모든 것을 공급했다. 황금의 제단과 임재의 빵이 있는 황금 탁상. ⁴⁹ 붉은 황금 등잔대를 지성소의 오른쪽, 왼쪽에 다섯 개씩. 황금의 꽃들, 등잔들, 부젓가락이다. ⁵⁰ 잔들, 불 끄는 기구들snuffers, 높은 대접들, 잔 받침들, 화로들은 붉은 황금이다. 가장 거룩한 장소인 지성소의 문들을 위한 판자들, 그리고 그 성전의 문들이 황금이다.

⁵² 솔로몬 왕이 하나님 성전을 위해, 행한 모든 일을 완성했을 때 그가 그의 부친 다윗의 거룩한 보물들인 금, 은그릇들을 가져와서, 하나님 성전의 보물들 속에 그것들을 보관하였다.

생각할 점
왕상 6장
이스라엘 하나님을 위한 거룩한 성전을 짓는 세부 공정과정이 소상해 놀랍다. 성전의 규모와 세워가는 과정들을 거듭 읽다 보면, 그 겉과 속을 상상하게 되어 예루살렘에 가보고 싶게 한다. 물론 여기 기재된 그 어떤 화려한 집기나 지성소가 없을지라도, 성전의 폐허라도 가보고 싶다.

솔로몬 시대의 장인들이 얼마나 엄숙히 하나님 성전의 기초 작업을 조심스레 행하였는가, 그들의 연장을 사용하는 소리가 그 성전을 세울 장소 안에서는 전연 나지 않게 하였다니, 어찌 그럴 수 있었는가.

그들이 얼마나 극도의 정확한 수치와 세심한 기술의 정성으로 빈틈없이 외부에서 준비를 해서 날라다가 성전기초공사에 임했는가. 이는 심히 정밀하게 치수를 재야만 하고, 이를 조금도 어긋나지 않게 돌과 나무를 자르는 일이었으리라. 최상의 건축 자재를 쌓아 놓은 큰 채석장, 최상의 목재가 가득 쌓인 제재소에서 시작했으리라. 지시대로 정확히 자른 석재와 목재를 예루살렘까지 차례로 운반해, 이를 잘 받아서 시공 기술자 지시를 정확히 따른 석공, 목공들이 일했으리라.
하나님 성전을 위한 기초를 다윗 설계대로 지시하는 건축가와 이를 돕는 시공자들이 일사불란하게 일했으리라.

당시 최고 솜씨를 지닌 장인들만 이스라엘 근교 사방에서 수소문하여 수만 명씩 모셔와 극진히 대접하며 공사를 진행했으리라.
예전이나 지금이나 대규모 토목공사나 대형 건물 신축 건설 현장이란 위험하고 시끄럽고 복잡하고 소란하기 그지없다. 현재도 높고 넓고 큰 가림막들을 사방에 겹겹이 가려 놓아 일반인들 접근을 멀찌감치 가로막고 일한다.
하나님 이름이 거하는 거룩한 성전의 대규모 공사를 위하여 긴 세월 동안, 다윗이 철저히 준비했다. 그리고 그를 이은 솔로몬이 하나님 집을 위해 최선과 최상을 다했다.

 그 공사 기간 동안에는 선민들은 물론하고 주변 국가의 장인과 기술자들도 총동원한 거사였다.
 고대 강국인 애굽, 바빌론, 아시리아, 페르시아 등에서 그들의 화려했던 왕궁과 신전을 위해, 건축 준비와 공사 과정을 기록한 사례가 있는가. 그저 허우대만 엄청났던 유적의 흔적들만 남지 않았는가.

 하나님께서 당신 이름을 위한 성전 신축에 선민들만이 아닌, 이방신을 믿는 주변 민족의 다양한 기술자들까지 과감히 기용하게 하셨음을 생각해 볼 필요가 크다.
 이스라엘 하나님을 위한 성전 건축 공사에 선민들과 같이 이방인 기술자들도 한 마음으로 하나님 일을 하였다는 평화로운 시대의 바람직한 기록이다. 이들이 예루살렘에 모여듦은 다윗과 솔로몬과 이스라엘 하나님을 알아서다. 성전 건축 일을 도맡은 전문 직종의 이방인 기술자들이 하나님 명성을 알았다. 부강한 이스라엘의 재력도 한몫했다. 여러 분야의 숙련된 전문가들이 모여들어서 가능했다.
 게다가 젊은 솔로몬의 현명한 건설 현장 진두지휘가 큰 몫을 했으리라. 미신과 우상숭배에 젖은 주변국들도, 선민들의 하나님 위상을 오래전부터 알고 있어서다.

성전 건축에 임하는 모든 사람들이 열성을 다했으리라.
이스라엘 하나님의 위세가 자자했기에 가능한 일이었다.

왕상 7장

왕상 6장에는 성전 건물 각 장소의 규모와 크기에 관해 설계도 윤곽을 잡듯이 그 치수를 자세히 기록했다.

왕상 7장에는 성전의 외부 건물 완성에 이어서, 성전 내부공사의 섬세함과 화려함의 극치를 덧붙이듯이 치수는 물론 세부 묘사가 대단하다. 왜냐면 하나님 약속의 궤를 모신 지성소가 성전의 가장 거룩한 장소여서다.

다윗이 모셔온 하나님 언약궤가 있는 장막인 텐트가 아닌, 지붕 있는 예루살렘 성전의 세부 사항을 기록했다.

금은과 청동과 귀한 장식 목재, 소나무, 삼나무의 각종 쓰임새를 자세히 기록했다. 얼마나 장엄하고 위엄 있고 섬세하고 눈부시게 아름다웠을지 가늠할 수 없다.

특이한 일은 청동과 금에 관한 최고 장인이 납달리 지파인 과부의 아들 히람을 두로Tyre(레바논 항구)에서 데려와 일을 시킨 사실이다. 귀금속 장인의 이름과 신분을 밝혔을 뿐 아니라, 그가 만든 청동 작업이 자세해 더 놀랍다. 다윗 왕과 친히 지내서, 솔로몬을 크게 돕는, 두로의 왕과 이름이 같다. 금속 기술자 히람에게 관심이 간다. 그가 어째 이방 땅 두로에 살았는지 흥미롭다. 납달리 지파 모친이 젊어 이스라엘을 떠나 청동주물 기술자 이방인 남편을 만나 아들 히람을 낳고 기르며 어린 아들에게 조국의 하나님을 모친이 가르쳤으리라.

그 아들이 부친의 청동제련 기술을 더욱 연마해 이름났으리라. 특기할 점은 모자간이 선민임을 숨기지 않은 사실이다. 그가 워낙 왕실 귀족에 중요한 금은 세공 기술에 뛰어나, 솔로몬에게 그를 보냈으리라. 그가 하나님 성전의 지성소를 만들고, 외부의 제사장들이 제사의식에 쓰는 여러 주요한 청동의 기물들도 다 만들었다니. 그 자신과 모친이 모두 감격했으리라.

그의 기술은 성서에 이름이 오르는 영광을 입는다.

예술가나 건축가의 이름이 어느 시대, 특히 고대 역사 기록엔 거의 없다. 그 성전이 지금은 폐허지만 그가 만든 기물과 장식들을 자세히 묘사한 성서의 기록은 남았다.

하나님께서 성전의 지성소를 이스라엘과 타이어의 혼혈인 장인 손으로 짓게 하셨다는 사실이 새롭다. 그래서 이 호사의 극을 다한 성전 내부의 화려한 소문이 그 얼마나 파다하게 퍼져나갔으랴.

왜냐면 그 어마어마한 금과 청동의 양의 주물 주조 과정에서, 히람을 돕던 기술자들 대부분이 그를 따라와 일하던 타이어나 시돈 사람들이라고 볼 수 있어서다. 다만 이들의 물적·인적 관리를 선민들의 지도자들이 평화로이 했다.

그러한 이방인 장인들을 통해 성전의 외부와 내부의 화려함이 온 세상에 파다하게 소문났으리라. 그들이 고국으로 일을 마치고 돌아가 예루살렘 성전의 위용을 선전하며 자신들의 실력을 자랑스러워하지 않았겠는가.

이스라엘의 온 주변국에서 솔로몬의 하나님 성전을 구경하며 예배에 참여하길 원했으리라. 동시에 이를 얼마나 탐내었을까, 상상하고도 남는다.

오늘날 왕상 6-7장의 세세한 수치의 이러한 기록을 근거로 그린, 성전의 그림과 도해로써, 솔로몬의 예루살렘 성전의 모형을 그림으로 볼 수 있다.

그러나 선민들의 후손들이 그 위대한 예루살렘 성전을 오래오래 유지하지 못했을 뿐 아니라, 그 왕조가 솔로몬 이후에는 차차로 망해 간다는 사실에 허망하다.

이는 사람 자체가, 더구나 사람이 만든 것이란 모두가 허무하다는 세상역사의 뼈저린 본보기 같다.

전도서 저자 솔로몬이 이를 아는 듯이 다음처럼 썼다. (전1:1-11)

'헛되고 헛되며 헛되고 헛되니 모든 것이 헛되도다.'

구약역사 20 **열왕기상 8장 '성전 봉헌식'**

^{왕상8:1} 그때 솔로몬이 시온이라 불린 다윗 시에서 하나님 언약궤를, 그가 있는 예루살렘으로 모시고자, 이스라엘 장로들과 온 가문의 족장들을 소환했다. ² 모든 이스라엘 남자들이 일곱째 달인 에타님Ethanim월(장막절 또는 초막절로 그 해의 일곱째 달에 행함. 출23:16, 34:22, 레23:33-36, 39-43, 민29:12-34, 신16:13-15, 슥14:16-19)의 순례축제에 솔로몬 왕 앞에 모였다. ³ 모든 이스라엘 장로들이 도착했을 때 하나님 언약궤를 들어 올려서 ⁴ 이를 운반했다. 그 만남의 장막과 그 장막의 모든 거룩한 가구들을 레위 제사장들이 운반했다. ⁵ 솔로몬 왕과 함께 모인 온 이스라엘 회중들이 성궤 앞에서 수없이 셀 수 없는 양과 황소들을 제물로 올렸다.

⁶ 제사장들이 하나님 언약궤를 성전 지성소의 거룩한 장소인 지품천사들 날개 아래에 모셨다. ⁷ 지품천사들 날개들이 펼쳐져 그 성궤와 그 채 위로 천개 모양을 지었다. ⁸ 그 천개들이 돌출해 그 끝이 지성소 앞의 거룩한 장소를 곧 보였으나 그 외의 것은 아무것도 보이지 않았다. 그들이 이날까지 거기에 있다. ⁹ 거기의 그 성궤 안에는 모세가 호렙 산에서 하나님께 받아서 넣은 십계명 돌판 두 개만 있다. 이는 하나님께서 이스라엘이 애급을 떠난 후에 이스라엘 사람들과 함께 만드신 계약이다.

¹⁰ 제사장들이 그 거룩한 장소에서 밖으로 나왔을 때 하나님 성전을 구름들이 온통 뒤덮어 ¹¹ 그들이 이로 인해 봉헌식을 계속할

수 없었으니, 하나님 영광이 성전을 가득 채워서다. [12] 그때 솔로몬이 말했다.

'하나님께서 그분의 태양을 그 하늘들 안에서 비추시려는데
그분께서 짙은 어둠 속에 머무시리라고 말씀하십니다.
[13] 나는 당신께서 영원히 머무시도록 당신을 위하여 높은 집을 지었습니다.'

[14] 이스라엘 모든 회중들이 서 있는 동안에 왕이 돌아서서 그들을 축복하였다.
[15] '이스라엘의 주 하나님께선 축복받으시리라, 그분께서 나의 부친 다윗에게 직접 언급하신 그분 약속을 스스로 이루셨기 때문입니다. 왜냐면 그분께서 말씀하길, [16] **"내가 내 백성 이스라엘을 애급에서 데리고 나온 그날부터 내 이름이 머물기 위한 집을 지을 장소로 모든 이스라엘 지파에서 그 어느 도시도 택하지 않았으나, 예루살렘은 내 이름이 머물 장소로, 내 백성 이스라엘을 다스리게 내가 다윗을 택하였다."** 하셔서입니다.
[17] 나의 부친이 이처럼, 이스라엘의 주 하나님 이름을 위한 집을 지으려는 마음을 가졌으나, [18] 하나님께서 그에게 말씀하길, **"네가 내 이름을 위한 집을 지으려고 목적하니 너의 그 목표가 선하다. [19] 그렇지만 네가 이를 지어서는 아니 되고, 오직 너에게 태어날 네 아들이, 내 이름을 위한 집을 짓게 된다."** [20] 하나님께선 지금 그 약속을 이루셨습니다. 나는 내 부친 다윗을 이어서 그의 자리인 이스라엘 왕좌에 하나님

약속대로 자리했습니다. 그리고 이스라엘의 주 하나님 이름을 위한 집을 지었습니다. [21] 나는 하나님 계약을 품은 그 성궤를 위하여 한 장소를 정했으니, 이는 그분께서 우리 조상들을 애급에서 데리고 나오실 때 그분께서 그들과 함께 만드신 것입니다.'

[22] 하나님 제단 앞에 서서, 온 이스라엘 회중 면전에서 솔로몬이 그의 양손을 하늘을 향해 펼쳐 [23] 말하길, '이스라엘의 주 하나님이시여, 그 하늘 위에서나 땅 아래서나 당신과 같은 신은 아무도 없으시니, 당신의 종들과 맺으신 계약들을 지키시어, 그들이 당신께 그들의 온 마음들로 신실히 당신을 섬기는 동안, 끊임없는 사랑을 그들에게 보여주십시오. [24] 당신께선 당신의 종, 나의 부친 다윗에게 하신, 당신 약속을 지키셨습니다. 이날의 당신의 행동으로써, 당신께선 그에게 하신 말씀들을 이루셨습니다. [25] 그러므로 지금 이스라엘의 주 하나님이시여, 당신 종, 나의 부친에게 하신 당신 약속을 지켜주십시오. 당신께서 말씀하길, **"오직 네 아들들이 네가 행했던 것처럼, 내 앞에서 걷고 그 길들을 찾기만 한다면, 이스라엘 왕좌에 앉게, 한 남자를, 내가 지명하길, 너희가 절대 원하진 않을 것이다."** (삼상 8, 9장에서 사울의 등장. 삼상 16장에서 다윗의 기름부음. 이는 두 번씩이나 이스라엘 왕을 임명한 사실을 상기시키는 구절.) [26] 이스라엘의 하나님께서 당신의 종, 나의 부친 다윗에게 하신, 그 약속들이 이루어지게 하여 주십시오.'

[27] '그러나 하나님께서 지상에 정말 머무실 수 있으십니까? 하늘 그 자체, 가장 최고의 하늘도 당신께서 계실 수 없으실 텐데, 내가 지은 이 집이 얼마나 보잘것없습니까! [28] 그러나 계시어주십시오, 주 나의 하나님이여, 당신 종의 탄원과 기도하는 자에게 이날 당신 앞에서 당신 종

이 올리는 기도와 울음을 들어주십시오. ²⁹ 그래서 당신께서 이 장소가, **"내 이름이 거기 있으리라."** 하신 대로 당신 눈이 항상 밤과 낮에 이 집에 머물러 주십시오. 당신의 종이 이 장소를 향하여 기도를 올릴 때 들어주십시오, ³⁰ 당신 종과 당신 백성 이스라엘, 그들이 이 장소를 향하여 기도를 올릴 때 들어주십시오. 당신께서 거하시는 하늘에서 들으시고 들으셨을 때 용서하여 주십시오.'

³¹ '누군가 한 이웃에게 잘못을 하고 서약을 청하러 이 성전 당신 제단 앞에 서약하러 온다면, ³² 그때 하늘에서 들으시고 행동을 취해 주십시오. 당신 종들의 판단이 죄 진 자를 책망하여 그의 행동이 그 자신 머리로 가게 하고, 결백한 자를 사면해, 그 고결에 맞는 보상을 받게 하십시오.

³³ 당신 백성 이스라엘이 당신께 죄지어 적에게 패했을 때 그들이 당신께 돌아와, 당신 이름으로 고백하며, 이 성전에서 당신에게 간청하는 기도를 올리면, ³⁴ 하늘에서 들으시어, 당신의 이스라엘 백성들 죄를 사하여 주시고 당신께서 그들의 조상들에게 주신 땅을 그들에게 회복하여 주십시오.

³⁵ 당신 종과 당신 백성 이스라엘이 당신께 죄를 지어, 하늘들이 닫혀서 그곳에 비가 내리지 않을 때 그들이 이 장소를 향해 기도하며, 당신 이름으로 그들의 죄를 저버리며 당신의 형벌을 깨달았을 때 ³⁶ 그러면 하늘에서 들으시고 그들 죄를 용서해 주십시오, 그래서 그들이 따를, 선한 길을 가르쳐주시고, 당신께서 그들 자신의 소유로, 당신 백성들에게 주신, 당신 땅에 비를 허락해 주십시오.

³⁷ 그곳의 땅에 기근, 흑사병, 검붉은 마른 잎새병, 메뚜기가 뒤덮

거나, 웃자라거나, 혹은 그들의 적들이 그들 도시들이나, 어느 도시든 포위하거나 역병이나 질병이 그들에게 내린다면, [38] 그때 그 기도하는 자가, 혹은 당신 백성 이스라엘 가운데서 각자가 탄원하길, 그 자신 가슴 깊은 회개로써, 신속히 이 성전을 향해 그들 손들을 펼쳐 기도하면, 들어주십시오. [39] 당신의 거주 장소인 하늘에서 이를 들으시어 용서하시고 행동을 취해주십시오. 당신께선 한 사람의 마음을 아시어, 그 행동대로 그에게 보상을 하시듯이, 당신께서만 유일하게 모든 마음들에 관해 아셔서입니다. [40] 그래서 그들이 당신께서 우리 조상들에게 주신 땅에서 그들의 온 생애를 사는 동안 당신을 두려워할 겁니다.

[41] 외국인 또는 누구든 당신 백성 이스라엘에 속하지 않으나, 먼 땅에서 당신 명성 때문에 온 자로서, [42] (왜냐면 당신의 위대한 명성과 당신의 강한 손과 내뻗으신 팔이 널리 알려져섭니다.) 이러한 한 사람이 이 성전을 향해 기도하러 왔을 때 [43] 당신께서 거하시는 하늘에서 들으시고, 그 외국인이 당신께 올리는 그 부름에 응답해 주십시오. 그래서 당신 백성 이스라엘처럼 지상의 온 백성들이, 당신 명성과 당신의 두려움을 알고, 당신의 이름을 품도록 지은 이 성전임을, 배우도록 하여 주십시오.

[44] 당신의 백성인 그들이, 어디든 당신께서 보내시는 적들과 싸울 전쟁에 나갈 때 그들이 하나님께 내가 당신 이름을 위해 지은 이 성전을 향해, 당신께서 택하신 이 도시를 향해 돌아서 기도를 올릴 때는 [45] 그때 당신께서 그들의 기도와 간청을 하늘에서 들으시고, 그들의 뜻을 이루어주십시오.

[46] 그들이 당신께 대하여 죄를 진다면, (그런데 그 누가 죄에서 자유로울 수

있습니까?) 그들을 그들 땅에서 멀거나 가깝거나 적에게 넘기시고, [47] 그래서 그들이 포로가 된 그 땅에서 그들 마음이 변하여, 그곳에서 탄원하며 말하길, "우리가 죄를 짓고 비틀어져 사악하게 걸었습니다." 라고 하며, [48] 그들이 포로로 잡혀간 땅에서 당신께 진심으로 돌아서서, 당신께서 그들 조상들에게 주시고 당신께서 택하신 이 도시를 향하고, 당신 이름을 위해 내가 지은 이 성전을 향한다면, [49] 그때 당신께서 거주하는 하늘에서 그들 기도와 탄원을 들으시어, 그들의 뜻을 이루어 주십시오, [50] 당신 백성인 그들이 당신께 대해서, 그들이 거역한 죄들을 용서해주시고, 그들을 감금한 자들이 연민을 갖도록 하여 주십시오. [51] 왜냐면 그들은 당신께서 냄새나는 용광로 애급에서 데리고 나오신, 당신의 백성이자 당신의 소유이어서입니다. [52] 당신 눈을 항상 당신 종과 당신 백성 이스라엘과의 조약에 두시어, 그들이 당신을 부를 때마다 들어주십시오. [53] 당신, 당신 자신께서 지상의 모든 백성들 중에서, 그들만 유일하게 당신 소유로 택하셨습니다. 그러하다고 주 하나님, 당신께서 당신 종 모세를 통해 애급에서 우리 조상들을 데려오실 때 약속하셨습니다.'

[54] 솔로몬이 하나님께 올리는 기도와 탄원을 마치자, 그가 무릎을 꿇었던 하나님의 그 제단 앞에서 일어나 두 손을 하늘로 펼쳤다. [55] 그가 서서 큰 목소리로 이스라엘 온 회중에게 축복하였다. [56] '그분의 약속대로 이스라엘에 안정을 주신 하나님께서는 축복을 받으시리. 그분의 종 모세를 통하여 하신, 어느 약속 하나도, 그분께서 이루지 않으신 건 없습니다. [57] 우리 주 하나님께서 우리 조상들과 함께하셨듯이 우리와 함께하시기를. 그분께서 절대 우리를 떠나시거나 우리를 저버리지 마

시기를. ⁵⁸ 그분께서 우리들 심장이 그분을 향하게 하여, 그분께서 우리 조상들에게 명하신, 그분의 계명들과 규례들과 심판들을 우리가 수행하도록 하여주시기를. ⁵⁹ 그리고 하나님께 올리는 내 탄원의 말씀들에 내 주 하나님께서 밤낮으로 함께하여 주시기를. 그래서 날마다 그 필요가 생길 때마다 그분께서 그의 종과 그의 이스라엘 백성들에게 그것을 이루어주시기를. ⁶⁰ 그리하여 너희가 이날에 우리 주 하나님께 충성을 한 듯이, 분의 규례를 이행하고 그분의 계명들을 지키면, 너희가 완전해지리라.'

⁶² 왕과 온 이스라엘이 하나님 앞에서 그와 같이 희생 제물들을 바쳤다.I[참고 1] ⁶³ 솔로몬이 하나님께 황소 2만 2천, 양 12만 마리를 나눔 제물로 바쳤다. 이처럼 왕과 이스라엘이 성전에 봉헌하였다. ⁶⁴ 그날 또한 왕이 성전 앞의 중정에서도 봉헌하였다. 그곳에서 그가 번제물, 곡식 제물, 나눔 제물들의 기름 부분을 올렸으니, 하나님 앞에 있는 청동제단이 너무 작아서 번제물, 곡식제물, 나눔 제물들의 기름 부분을 수용하지 못해서다.

⁶⁵ 그처럼 솔로몬과 그와 함께한, 온 이스라엘, 그 굉장한 회중이 레보 하마스Lebo-hamath부터 애굽의 분지까지 우리 주 하나님 앞에서 그날 그 순례축제를 이레 동안 축하하였다. ⁶⁶ 여드레 날에 그가 백성들을 해산하였다. 백성들이 왕을 축복하고 하나님께서 그의 종 다윗과 그의 백성 이스라엘에게 허락하신 그 모든 번영을

I [참고 1]
  전 제물을 성서마다 다르게 표현해 다음에 참조한다. whole offerings(REB.) fellowship offerings(NIV, HB.) peace offerings(NASB), sacrifices wellbeing offerings(NRSV) 우리 성서는 희생제물, 화목제물.

위해 행복하고 기쁜 마음으로 집으로 돌아갔다.

생각할 점

열왕기상 8장은 솔로몬이 예루살렘 성전 봉헌식을 하나님께 올린 내용이다. 솔로몬이 하나님 언약궤를 시온이라 불린 다윗 시에 모셨던 장막에서 새로 지은 예루살렘 성전 안에 모시면서 올린 기도와 봉헌식 과정이다.

솔로몬이 이스라엘의 모든 회중들 앞에서 하나님께 올린 성전 봉헌 의식이다. 솔로몬의 기도 내용이 선민들만이 아닌, 온 인류를 위해 하나님께 올린 기도임을 깨달을 수 있다. 이를 다음처럼 일곱 분야로 나누어 본다.

1. 왕상8:1-13 '하나님께서 에루살렘 성전에 임하심'

레위 제사장들이 모셔온 하나님 언약궤를 성전의 가장 중심인 지극히 성스러운 장소에 모시기에, 이를 '지성소'라 한다.[참고 2] '지성소'는 지품천사 둘이 날개를 펴서, 그 천사 둘이 마주 펼친 날개 아래에 성궤를 모신다. 제사장들이 지성소 밖으로 나와, 예배를 올리려 하자, 구름들이 뒤덮어 해를 가리어, 그들이 의식을 행하지 못한다.

II [참고 2]
　　지성소는 하나님 언약궤를 모신 장소다. 하나님께선 그 언약궤 위에 일 년에 한 번씩 대제사장을 만나러 임하신다. 솔로몬의 성전 건축이 장막에 모시던 언약궤를 지붕 있는 건물로 옮기는 일이었다. 언약궤를 모신 방을 장막이 아닌 지성소라고 불렀다. 지상 최고의 근엄한 장소였던 성전의 지성소 휘장이 예수 그리스도의 돌아가심에 위에서 아래로 찢겼다는, 공관복음서의 의미를 깨달을 수 있어야 한다. (마27:50-53, 막15:37-38, 누23:4)

하나님께서 구름 속에 임하시었다.[III][참고 3]

이에 솔로몬이 하나님께 기도를 올린다. (왕상8:12-13)

레위 제사장들 중의 사제들 대표인 대제사장이 아닌, 솔로몬이 직접 하나님께 기도 올린다는 사실을, 현재의 우린 크게 유의해야 한다.

왜냐면 솔로몬도 다윗처럼 하나님 말씀을 직접 듣고 대화하던 하나님의 사람이란 증명이여서다.

솔로몬 왕이 선민들과 사제들이 모두 들을 수 있도록 큰 목소리로 하나님께 말씀을 올렸다.

장엄하고 거룩하다.

예루살렘 성전 마당에서 성전 바깥까지 구름같이 선민들이 모여 있었는데 검은 구름이 성전을 뒤덮었다.

이들이 예루살렘 성전 위용에다 하나님 임재까지 직접 보았으니 얼마나 놀랍고 두려운 장관이었으랴.

솔로몬이 왕이 되고 부친 다윗의 유지를 받들어 최상을 다하여 하나님의 집을 13년 만에 완공했다. 그가 성전 봉헌식에 구름과 연기 속에 오신 하나님을 조금도 겁내지 아니하였다.

III [참고 3]
    1. 출13:20-22 '애굽의 수콧Succoth을 떠날 때 낮에 구름기둥 밤에 불기둥'
    2. 출19:9, 18 '시내 산에 이른 이스라엘 자손에게'
    3. 출20:18-21 '십계명 모세에게 말씀하신(출20:3-17) 후에'
    4. 출33:7-11 '시내 산을 떠나라 명하심', '장막the Tent을 회막the Tent of Meeting이라 모세가 칭함'
    5. 출40:34-38 '성막봉헌과 하나님 영광 성막에 충만'
    6. 레9:22-24 '아론의 첫 제사 후에'
    7. 민9:15-23 '두 번째 유월절; 길을 안내한 구름'

하나님께서 솔로몬이 어떠한 왕인가를 알리시고자, 당신의 선민들에게, 현재의 우리와 미래의 인류에게 생생히 보여주시는 거룩한 장면이다.

2. 왕상8:14-21 '솔로몬의 선민 축복과 언약궤를 모신 위업 보고'

솔로몬의 축복 기도이자 선민들에게 그간의 과정을 하나님의 축복이라, 보고를 겸하는 연설이다.

이는 시나이 산에 모세를 중개로, 선민들에게 내려오신 하나님과의 장면을 연상케 한다. 하나님께선 짙은 구름 속에 천둥 번개와 화염으로 오시어, 모세와 선민들에게 말씀하셨다. 하나님 선민들로서 꼭 지켜야 살 수 있는, 하나님과 선민들과의 약속 증표인 '십계명 언약'을 석판에 새기어 주셨다.IV [참고 4] 이스라엘 백성들은 시나이 산 아래 있었다.

하나님 약속의 땅인 가나안에서 이스라엘 영토와 왕국이 안정을 이루었다. 그들이 영광스럽고 자랑스러웠으리라.

3. 왕상8:22-26 '솔로몬의 성전 봉헌기도'

이스라엘 왕권 안정과 하나님의 사랑과 은혜를 만방에 표방하

IV [참고 4]
  출25:10-22에는 모세에게 하나님께서 언약궤를 만드는 방법에 관해 자세히 가르치는 말씀이다. 증거 궤, 속죄 소(우리성서).
  출37:1-9에는 실재로 베자렐Bezalel이, 어떻게 그 궤the Ark를 만드는가에 관해 자세하다.

는 솔로몬의 감회, 자긍심이 기도에 넘친다.

부친 다윗의 설계를 자신이 주도면밀하게 시공해 완공한 예루살렘 성전 안에 하나님 언약궤를 모신 후에 하나님께 올리는 그의 기도가 비장하고 뜻이 깊다. 솔로몬이 세상에서 가장 현명한 왕임은 그가 하나님께 올린 봉헌기도가, 순전히 선민들과 후손들의 앞날을 염려해서다.

이는 모세가 선민들을 대신해서 하나님께 올리는 기도와 같다. 또한 많은 선지자들과 그의 부친 다윗이 하나님께 올린 기도와 같다.

하나님께서 하나님의 선민들을 위한 약속을 지켜주시기를, 특히 솔로몬이 자신의 부친 다윗에게 해주신 약속을 이루어주시길 간구한다. (왕상8:25-26)

4. 왕상8:27-40 '선민들을 위한 솔로몬의 기도'

솔로몬이 하나님께 올리는 기도가 혹시 하나님께 거스를까를 염려한다.

우주를 관장하는 하나님께 예루살렘 성전에만 머무시길, 어찌 감히 바라겠느냐고 솔로몬 자신과 선민들의 자세를 겸손히 낮춘다. 그럼에도 그들이 올리는 탄원과 울음의 기도를 들어주시도록 머무시길 간구한다. (왕상27-30)

선민들의 잘잘못과 선행을 바르게 책망하고 결백한 자를 사면하고 고결함이 보상을 받게 하늘에서 들으시고 행동해주시길 기도한다. (왕상8:31-32)

솔로몬의 선민들을 위한 기도가 당시의 선민들 입장에 알맞다.

만일의 전쟁에서 그들 잘못으로 패해서 하나님께 고하고 기도하면, 들으시어 그 땅을 찾게 해주시길 기도한다. 미래의 일들인 기근, 자연재해, 전염병 등도 피해 주시길 기도한다. 그런 일들이 선민들 잘못으로 일어나리란 사실을 예고하며 고하는, 앞을 내다본 기도다. (왕상8:33-40)

5. 왕상8:41-43 '이방인의 예루살렘 성전의 기도'

솔로몬의 기도에는 이방인인 외국인을 위한 기도도 있다. 하나님께서 국력을 강하게 해주신 다윗을 이은 솔로몬의 통치력이 성전 봉헌으로 인해 절정에 달했음을 보여주는 사실이다. 이스라엘 왕국의 위세가 이스라엘 주변 이방 국가들 간에 흘러넘쳤다는 의미심장한 기도다.

다윗과 솔로몬 시대의 통치력이 가나안 땅과 그 주변을 완전 장악했다는 의미다. 이로써 애굽을 떠나 하나님 약속의 땅에 정착한 선민들로 인해, 그들의 하나님을 만방에 알리는 고대 역사상의 분기점이라는 기록이다.

하나님께서 모세에게 선민들을 데리고 애굽을 떠나 가나안으로 가라, 지시하신 말씀대로 이루어진 사실이다.

이는 사무엘하 마지막 24장에 당시 이스라엘 국력을 볼 수 있기에 비교해서 생각할 수 있다.

6. 왕상8:44-53 '솔로몬의 기도와 탄원'

솔로몬이 마치 먼 미래의 이스라엘 후손들을 내다본 듯이, 겸손한 기도를 하나님께 올린다. 솔로몬의 기도가 지극히 합당하고 온전해서 슬프다. 왕상 8장 전반부(8:15-30)는 솔로몬 자신이 하나님 선민의 대표로서, 선민들과 그 자신의 왕권과 왕국의 유지를 위한 기본적인 청원이다.

왕상 8장 중반부(8:31-53)는 솔로몬이 선민들이 앞으로 행할 수 있는 여러 가지 요구 기도와 탄원을 들어주시기를 하나님께 아뢰듯이 차근차근 하나씩 올린다.

7. 왕상8:54-66 '솔로몬의 선민 축복과 봉헌식'

왕상 8장 후반부는 선민들에게 솔로몬이 축복하고 성전 봉헌의식을 마쳐서 선민들이 여러 봉헌을 일주일간 축제로 행하고 여드레 날 해산시킨다.

그때 이스라엘 영토가 레보 하마스부터 애급분지까지다.

이는 다윗이 말년에 요압에게 강제로 인구조사를 시킬 때 나오는 장소들임을 알 수 있다. 현재의 이스라엘 국경을 넘어서 동서남북의 지명들이 나온다. (삼하24:5-8)

그 주변 이방족속들이 모두 다윗의 휘하에 속한 이스라엘 속국이었음을 알려준다. 지금의 레바논, 시리아, 요르단은 물론하고 터키 남부지역까지 포함하고, 남쪽의 시나이 반도는 물론하고 애급 접경까지다.

사족을 붙이면 이방족속들을 포섭한 사실은 다윗이 지극히 힘들 때 시작한 일이다. 사울 왕에게 쫓기는 젊고 용맹한 다윗을 부모 형제와 친지만 아니라, 그를 찾는 소수의 이방인들 무리까지 다윗이 홀대하지 않고 포용해서다. 그들 이방족속 젊은이들이 다윗의 인품에 따르며 그를 도왔다. 다윗의 부하들로써 하나님을 함께 섬기며 함께해서다. 솔로몬의 성전 건축이 다윗과 친분 있던, 두로의 히람 왕이 베푼 물심양면의 도움이 없었다면 어려웠던 공사다.

이런 일들은 이스라엘 주변국 사람들이 하나님 권능의 막강함을 보았기에 두려워했고, 사이좋게 지냈으리라.

솔로몬은 주변 나라 사람들과 현명하게 지낼, 지혜와 신뢰를 지켰다.

구약역사 21 열왕기상 9-10장

열왕기상 9장

왕상9:1 솔로몬이 마음에 작정한 대로 하나님의 성전 건축과 궁전 건축의 모든 계획들을 완성하자, ² 하나님께서 기브온Gibeon에 나타나셨듯이 그에게 나타나 ³ 말씀하길 '나는 네가 나에게 올린 기도와 탄원을 들었다. 네가 내 이름이 항상 깃들게 지은 이 성전을 봉헌해서, 내가 눈과 마음을 영원히 고정하겠다. ⁴ 네 부친 다윗이 내 시야에서 살던 거처럼, 네가 만일 온전하고 의롭게 내가 네게 명한 모든 규례들과 법칙들을 지키고 행한다면, ⁵ 네 부친 다윗에게 내가 "너흰 결코 이스라엘 왕좌에 한 남자를 원하지 않게 되리라." 했던 약속처럼 너의 왕국 이스라엘에 항상 너의 왕권을 세우리라. ⁶ 그러나 만일 너나 네 아들들이 나를 따르지 않고 돌아서서, 내가 네 앞에서, 세운 계명들과 규례들을 지키지 않는다면, 그리고 만일 네가 다른 신들을 섬기러 가고 절을 한다면, ⁷ 그땐 내가 그들에게 준, 그 땅에서 이스라엘을 잘라 버리리라. 내 이름을 신성하게 하는 이 성전을 내가 폐하고, 이스라엘이 모든 민족들 가운데 나쁜 본보기의 전형이 되게 하리라. ⁸ 이 성전이 황폐하리라. 지나가던 모든 자들이 이 광경에 오싹해져서 그들이, "왜 하나님께서 이 땅과 이 성전을 이토록 취급하실까?" 물으리라. ⁹ 그 답이란, "왜냐면 그들이, 이스라엘로 데려오신 그들 조상들의 하나님을 저버리고, 다른 신들에게 매달려 거기에 절하고 섬겼기 때문이다. 그것이 하나님께서 이 모든 불운을 그들에게 가

져오신 이유다.'"

¹⁰ 솔로몬이 하나님의 성전과 궁전, 두 집을 다 지은 20년째 연말에 ¹¹ 그가 두로Tyre의 히람Hiram에게 갈릴리에 있는 20개의 마을을 넘겨주었는데, 히람이 솔로몬의 요구대로 삼목과 소나무 목재와 금을 모두 제공해서다. ¹² 그러나 히람이 두로에서 그 마을들을 와서 시찰하고 만족스럽지 않아서, ¹³ 그가 솔로몬에게 말하길, '내 형제여, 네가 내게 준 이 마을들은 무엇들이냐?' 그러면서 그가 이를 카블Cabul의 땅이라고 불러서 아직 그 이름을 갖고 있다. ¹⁴ 히람이 왕에게 120달렌트talent의 금을 보냈다.

¹⁵ 여기에 솔로몬 왕이 성전과 자신의 궁전, 밀로Millo, 예루살렘 성벽과 하쫄Hazor, 멕기도Megiddo 게젤Gezer을 짓고자 징용한 강제노동자들 계산서가 있다. ¹⁶ 애급의 바로 왕이 게젤Gezer을 공격, 함락하며 그 땅을 불태우고 가나안 거주민들을 죽였는데, 그의 딸을 솔로몬과 결혼시키면서 선물로 주었던 데다. ¹⁷ 솔로몬이 이를 재건했다. 또한 더 낮은 벳 호른Beth-horon, ¹⁸ 발랏Baalath, 타말Tamar을 그 광야에다 짓고, ¹⁹ 더불어 그의 비축도시로서 마차들과 말들이 주재하는 마을들도 지었다. 그가 예루살렘과 레바논, 그 전체 영토에 간직했던 그의 모든 계획들을 실행했다. ²⁰ 이스라엘에 속하지 않은 모든 생존자들인 아모릿Amorites, 히타이트Hittites, 페리지트Perizzites, 히바이츠Hivites, 제부시츠Jebusites 족속들이 ²¹ 그 땅에 살던 후손들인데, 이스라엘이 어디서나 그들을 멸절하지 못했던 자들이다. 이들 모두가 솔로몬에게 영원히 강제노동을 하도록 고용되어 지

금도 여전하다. ²² 이스라엘 사람들은 한 사람도 강제노동에 처하지 않았다. 그들은 모두 전사들로서 대장들, 장교들, 마차들과 기병대의 명령자들이었다. ²³ 솔로몬의 작업에서 현장주임들을 책임진 장교들만 550명이다. 이들이 그 작업에서 그 민족들이 종사하게끔 감독하였다.

²⁴ 솔로몬이 바로의 딸을 다윗 시에서 데려왔으니 그녀를 위해 나중에 밀로Millo에 지은 집이다.

²⁵ 일 년에 세 번, 솔로몬이 그가 지은 성전에서 하나님 앞에서 주로 번제burnt offerings를 올리면서, 그 제단 위에 전 제물을 올렸다. 그래서 그가 성전 책임들을 완수했다.

²⁶ 솔로몬이 에돔의 홍해 해안 엘롯Eloth 근처인 에지온 게벨Ezion-geber에 함대를 지었다. ²⁷ 히람이 그의 부하들을 그 함대에서 일하도록 숙련된 선원들을 보내 솔로몬의 사람들과 일하게 했다. ²⁸ 그들이 오필Ophir에 갔다 왔는데 금 420달렌트를 가져와 솔로몬 왕에게 운반했다.

열왕기상 10장

왕상10:1 시바Sheba의 여왕이 솔로몬의 명성을 듣고 그를 시험하려고 불가해한 질문들을 가지고 왔다. ² 그녀가 예루살렘에 매우 많은 수행원들, 막대한 양의 향료와 황금, 귀한 돌들을 실은 낙타들과 도착했다. 그녀가 솔로몬에게 와서 맘속에 지닌 모든 것에 관해 말하였다. ³ 솔로몬이 그녀의 모든 질문에 답을 했다. 왕에겐 그 중 어느 것도 답하기 어려운 게 없었다. ⁴ 시바의 여왕이 솔로몬의 지혜, 그가 지은 궁전, ⁵ 그의 식탁의 음식들, 그를 둘러앉은 조신들, 제복 입은 시종들, 술잔 시중을 드는 자들, 그리고 성전에서 제공하는 모든 제물들을 관찰하고 놀라 압도당했다. ⁶ 그녀가 왕에게 말하길, '내 나라에서 당신에 관해서 들은, 당신의 성취와 지혜가 진실했는데, ⁷ 그들이 말한 것을 나 자신이 보기까진 믿을 수 없었습니다. 정말로 나는 그 절반도 듣지 못했습니다. 당신의 지혜와 번영이 내가 들은, 그 모든 것보다 훨씬 뛰어납니다. ⁸ 행복하리다, 매일 당신의 지혜를 듣고, 당신을 시중드는 조신들과 당신의 부인들은! ⁹ 당신의 신, 하나님께선 축복받으시리니, 당신을 기뻐하며 이스라엘 왕위에 앉히고, 이스라엘을 한없이 사랑하시어, 당신이 왕으로서 법과 정의를 지키게 하셔서입니다.' ¹⁰ 그녀가 왕에게 120달렌트의 금과 굉장한 양의 향료와 귀한 돌들을 선물했다. 그 어디서도 시바의 여왕이 솔로몬 왕에게 준 것처럼, 많은 양의 향료가 없었다.

¹¹ 이 모든 것 외에도 오필Ophir에서 황금을 가져온 히람의 함대가 백단목과 귀한 돌들로서 많은 화물들을 가져왔다. ¹² 왕이 이 목재로 성전과 궁전의 집기들은 물론 가수들을 위한 류트(기타 비슷한 옛 악기)와 수금(칠현금)을 만드는 데 썼다. 그때 이전에도, 이후에도 그런 대량의 백단을 수입한 일이 전혀 없었다.

¹³ 솔로몬 왕은 시바의 여왕이 바라거나 청한 건 무엇이든 주고 그에 더해, 왕실 하사품까지 주었다. 다음에 그녀가 수행원들과 떠나, 자신의 땅으로 돌아갔다.

¹⁴ 솔로몬 왕이 어느 일 년간 받은 황금의 양은 666달란트이고, ¹⁵ 세관의 관리들이 징수하는 총량에 덧붙여서 무역 수익과 아라

비아 왕들과 지역 통치자들의 공헌물의 수익이 있었다.

¹⁶ 솔로몬 왕이 두드린 금으로 200개의 방패를 만들었는데, 각각 600세겔(약 반 온스, 28.35g, 약 170g)의 금이 소용되었다. ¹⁷ 그가 또한 두드린 금으로 330개의 방패를 만들었는데, 각 방패를 만드는 데 3마이너mina(약 1파운드. 1,350g)의 금이 들었다. 왕이 이것을 레바논 숲의 집The House of the forest of Lebanon에 두었다.

¹⁸ 왕이 또한 거대한 보좌를 상아로 상감을 해서 좋은 황금을 씌워 만들었다. ¹⁹ 보좌까진 여섯 층계다. 보좌 뒤에는 송아지 머리 하나가 있다. 의자 양쪽 팔걸이는 사자가 한 마리씩 서 있고, ²⁰ 여섯 층계 양끝까지 사자가 한 마리씩 열두 마리가 서 있게 만들었다. ²¹ 솔로몬이 마시는 모든 잔들이 금이고, 레바논 숲의 집, 접시들은 붉은 금이었다. 은을 전혀 쓰지 않았으니 그의 시대엔 은이 가치가 없다고 인식해서다. ²² 왕이 히람의 군대와 같이 함대 상선을 갖고 있었다. 이 상선의 함대가 3년에 한 번 돌아오는데, 금과 은, 상아, 원숭이, 고릴라들을 가져왔다.

²³ 이와 같이 솔로몬이 지상의 모든 왕들 중에서 부와 지혜로서 월등하여, ²⁴ 온 세계가 하나님께서 그의 마음에 부여하신 그의 지혜를 듣고자, 그에게 의뢰했다. ²⁵ 저마다 금은 식기들, 의류, 향수, 향료, 말과 당나귀들을 매년 공물로 가져왔다.

²⁶ 솔로몬이 말과 마차들을 계산했다. 그에게는 14,000대의 마차, 20,000두의 말이 있었다. 그가 마차의 마을엔 마차를 얼마간 주둔시키고, 다른 마차들은 예루살렘 가까이에 두었다. ²⁷ 그가 은

을 예루살렘에서 돌처럼 흔하게, 삼나무는 쉐펠라Shephelah에서 무화과 나무마냥 풍족히 쓰게 했다. [28] 애급과 쿠애Cue에서 말들을, 솔로몬을 위해 수입했다. 왕의 상인들이 그것들을 쿠애에서 구입해 왔다. [29] 마차들은 애급에서 한 대당 600세겔, 말 한 마리는 150세겔에 수입했다. 그 상인들에게서 같은 방식으로 거래했으니, 히타이트와 아람의 모든 왕들이 그것들을 수출해서다.

생각할 점
왕상 9장
왕상 9장의 내용은 예루살렘 성전 봉헌식에서 솔로몬이 하나님께 올린 진지한 기도를 모두 들어주셨음을 보여주는 기록이다. 솔로몬이 왕이 되자 하나님께서 직접 말씀해주신 두 번째 기록이다. 하나님께서 성전 건립 업무 위업을 완수하고 봉헌한 솔로몬에게 응답해주신다. (왕상9:3-9)

앞서 왕상 8장은 솔로몬의 봉헌 기도(8:12-13, 13-16, 17-53, 56-61)가 넷으로 나뉘어 길게 이어지는 데 비해, 하나님의 응답 말씀은 명료해 깊이 새기게 된다.

솔로몬 기도에 응답하신 하나님 말씀에 관한 기록은, 항상 같은 말씀의 연속이다. 즉 하나님만 섬기고 우상 섬기거나 절하지 말라는 말씀이다. 이를 살피면 다음과 같다.

첫째, 솔로몬과 그 선민들이 그들의 조상들과 하나님께서 맺으신 하나님의 계명과 규례들을 잘 지킨다면, 하나님 당신의 약속이신 이스라엘을 항상 축복하신다는 하나님 언약의 확언이시다.

둘째, 만일 솔로몬과 선민들이, 그들의 조상들과 하나님과 맺은 하나님 계명과 규례들을 지키지 않을 시에는, 이스라엘을 잘라버린다는 엄숙하고 두려운 경고시다.

이 하나님 경고 말씀에 유의해야 한다. 왕상9:6-9의 말씀들인데 하나님 믿음의 모범인 진실한 삶을 보여준, 다윗처럼 솔로몬과 선민들이 잘 살기를 누차 당부하셔서다.

이스라엘의 예루살렘 성전에 얽힌 이런 기록에서 필히 그리스도 말씀을 떠올려야만 한다. (왕상9:4-9)

왜냐면 모세, 다윗, 솔로몬에게 그렇게 주의 주셨던 하나님 경고가 선민들 역사의 후대부터 지금까지 그 경고 말씀대로 다 이루어져서다.

우리는 삼위일체 하나님 말씀대로 이루어진 역사시대를 산다. 선민들과 기독자들은 하나님을 향해 같은 방향을 보며 나란히 서서 살아야 한다.

이로써 다윗과 솔로몬이 그토록 하나님을 그리며 현실로 재현하여 모시려 힘쓰던 실체가 예수 그리스도시다. 그리스도께서 예루살렘 성전 입성을 바로 앞에 두고 하신, 말씀을 다음과 같이 비교해 볼 수 있어서다.

* 요한복음 2:13-22

요2:13 이때 유다의 유월절이 가까워 예수께서 예루살렘으로 올라가셨다. [14] 성전 구역에서 소, 양, 비둘기의 상인들과 그 상 위에서 환전하며 앉아 있는 자들을 발견하셨다. [15] 그분께서 회초리를 끈으로 만들어서 그들과 소와 양들 모두를 신전에서 몰아내고, 환전상들의 상을 뒤엎어서 그들의 동전들을 흩뿌리셨다. [16] 그다음에 그분께서 비둘기 상인들에게로 돌아서셨다. **'그것들을 데리고 여기서 나가라,'** 그분께서 말하길, **'내 아버지의 집을 장터로 만들지 말라.'** [17] 그분의 제자들이 성서의 말씀들을 회상했다. **'너희들의 집을 향한 열심이 나를 삼킬 것이리라.'** [18] 유다 인들이 예수께 도전하길 '너의 행동을 정당화시킬 무슨 징조를 보일 수 있냐?' [19] **'너희가 이 성전을 허물어라.'** 예수께서 답하니, **'그러면 내가 사흘 안에 이를 다시 세우리라.'** [20] 유다 인들이 말하길 '이 성전을 짓는 데 46년이 걸렸는데, 사흘 안에 이를 다시 세울 수 있다고?' [21] **그러나 그 성전은 그분의 몸에 관해 말씀하신 것이었다.** [22] **그분의 부활 후에 그의 제자들이 그 말씀하신 것을 상기하며, 그 성서와 예수께서 하신 말씀을 그들이 믿었다.**

이외에도 왕상 9장에는 솔로몬이 그가 다스려야만 하였던 주변의 여러 이방 민족들과의 건설 분야 노동 고용 관계로 사이좋게 서로 간에 경제적인 부를 창출하였음을 보여준다. 솔로몬이 왕으로서 이방민족들과도 지혜롭게 평화로운 공존관계를 잘 유지하였음을 보여준다.

오늘의 이스라엘이 주변 나라들과 잘 지내야 한다. 이는 지리상으로 동서양 중심 위치인 한반도의 대한민국 기독교 위상과 겹쳐 비교를 아니 할 수 없다.

왕상 10장

시바의 여왕과 솔로몬은 성서에서 이름난 일화다.

애급의 여왕으로 알려진 시바가 솔로몬을 찾아온다는 내용이다. 솔로몬이 이룬 부귀영화의 극치를 그 어떤 수치보다 훨씬 효과적인 방식으로 보여준다. 여왕이란 존재는 세상에선 희귀하고 유별나 보인다.

솔로몬의 호사스러운 부와 현명하고 지혜로운 대화를 직접 보고 듣고자, 찾아오는 주변국의 왕과 귀족들 행차가 끊이지 아니하였다는 기사는 여간 색다른 기록이 아닐 수 없다. 더구나 요즘 시선으로 보면 이스라엘 예루살렘 성전과 이를 지은 솔로몬 왕 자신이 호된 관광 특수 효과를 누렸다는 특집인 셈이다. 예루살렘 하나님 성전 위용과 장관은 차치하고 선민들의 하나님 예배의식 의례도 주요 관광 목적이었을 수가 있다.

다음엔 결코 빈손으로 하나님 성전에 아무나 들어갈 수 없었다는 점이다. 주변의 이방국가의 왕들과 부자들이 많은 조공을 이스라엘 하나님께 진심으로 바쳤다, 한다.

그 밖에도 솔로몬이 다방면으로 박식하여 그의 강연조차 한몫했다니, 그가 만능의 예능기질까지 소유한 왕인 셈이다. 그때의 이스라엘이 예루살렘 성전 완공과 솔로몬 때문에 제후장상 행렬이 인산인해를 이루었다니.

    이는 이스라엘이 유일신 하나님 영광의 호사를 누린 솔로몬 시대 기록이다.

구약역사 22 **열왕기상 11-12장**

열왕기상 11장

왕상11:1 솔로몬 왕이 많은 이방 여인들을 사랑했다. 바로의 딸 이외에 모압, 암몬, 에돔, 시돈, 히타이트 족속들의 여자들로 ² 하나님께서 이들과 이스라엘 사람들의 결혼을 금지하신 나라들이니 **'왜냐면'** 그분께서 말씀하길 **'그 여자들이 너희에게 그들의 신들을 섬기라고 유혹해서다.'** ³ 그에겐 공주 출신인 700명의 아내들과 300명의 첩들이 있어 그에게 영향을 끼쳐, ⁴ 그가 늙어가자 그 아내들이 그의 마음을 다른 신들에게 돌아서게 해서, 전심으로 그의 주 하나님께 부친 다윗처럼 충성을 지키지 않게 했다. ⁵ 그가 아스토렛Ashtoreth을 따랐는데 시돈, 밀콤의 여신으로 암몬족의 가증스런 신이다. ⁶ 이렇게 솔로몬이 하나님 눈앞에 잘못을 행하며 부친 다윗처럼 하나님께 그의 충성을 전심으로 행하지 않았다. ⁷ 그가 모압의 혐오스런 신 케모스를 위한 사당을 예루살렘 동쪽 언덕에 짓고, 암몬의 혐오스런 신 밀콤을 위해 하나를 지었다. ⁸ 그가 그 신들에게 행한, 이런 일들에서 그의 모든 외국인 아내들이 희생 제물을 바치게 했다.

⁹ 하나님께서 솔로몬에게 노하시니, 그의 마음이 그의 주 하나님에게서 돌아서버렸기에 그분께서 두 번이나 나타나시어 ¹⁰ 엄하게 다른 신들을 따르지 말라고 명령을 내리셨으나, 그가 하나님 명령에 순종하지 않았다. ¹¹ 그러므로 하나님께서 그에게 말씀하길 **'네가 이를 행하며, 나의 계명과 규례들을 내가 명한 대로 지키지 않았기에, 내가 너**

에게서 왕국을 찢어내 너의 부하에게 줄 터이다. ¹² 그럼에도 네 부친 다윗을 위하여 너의 날들에, 내가 이를 행하진 않으리라. 내가 너의 아들 손에서 이를 찢어 내리라. ¹³ 심지어 왕국 전체를 그리하진 아니한다. 내가 내 종 다윗을 위해 내가 택한 도시 예루살렘을 위해, 그에겐 한 종족은 남기리라.'

¹⁴ 하나님께서 적을 하나 솔로몬에게 세우셨으니, 에돔인 하닫Hadad으로, 에돔 왕가 출신이었다. ¹⁵ 다윗이 에돔을 없앴던 그 무렵 그의 사령관 요압이 그 나라에 가서 남자들을 다 죽이면서 죽은 자들을 묻었다. ¹⁶ 그와 이스라엘 군대가 그곳에 6개월간 모든 남자들을 죽이기까지 머물렀다. ¹⁷ 그러나 아직 소년이던 하닫이 그 나라에서 그의 부친 에돔 족의 종들 몇 명과 같이 그들 목적지 애급으로 도망쳤다. ¹⁸ 그들이 미디안에서 출발해 파란Paran으로 길을 냈고, 그중 몇이 거기서 애급의 바로에게로 왔는데, 그가 하닫에게 집을 주고 머물게 하며 큰 땅을 주었다. ¹⁹ 하닫이 바로에게 큰 호감을 사서 그를 그의 처제와 결혼시켰으니 왕비 타프네Tahpenes다. ²⁰ 그녀가 그에게서 아들 게누벳Genubath을 낳았다. 타프네가 그 아이를 바로의 궁에서 길러 바로의 아들들과 살았다. ²¹ 애급에서 하닫이, 다윗은 그 조상들과 쉬고 그의 사령관 요압 또한 죽었다는 소식을 들었을 때 바로에게 말하길, '이곳에서 떠나 나 자신의 나라로 돌아가게 해 주십시오.' ²² '내 나라에서 네가 원하는 게 무엇이기에 네 나라로 돌아가길 바라냐?' 바로가 말하니, '아무것도 없습니다.' 하닫이 답했다. '다만 내가 돌아가게 해 주십시오.' ²³ 하나님께서 솔로몬에게 일으킨 다른 적이 엘리아다Eliada의 아들 르존Rezon인데, 그가 조바Zobah에서 그의 주인 하다데졸Hadadezer 왕에게서 도망친 자다.

²⁴ 그가 그의 주변 사람들을 모아서 해적들 우두머리가 되었다. 그가 다마스커스까지 가서 점령하더니, 거기서 왕이 되었다. ²⁵ 그가 솔로몬의 통치 기간 내내 적으로 지냈다. 이가 하닷이 야기한 해악이었다. 그가 이스라엘에서 근거를 유지하다가 에돔의 왕이 되었다.

²⁶ 솔로몬의 중신들 중 하나인 네바Nebat의 아들 여로보암Jeroboam이, 에프라티트Ephrathite 족인 제레다Zeredah 출신으로, 과부 제루야Zeruah의 아들인데 왕에게 반역했다. ²⁷ 이는 그가 반역한 이야기다. 솔로몬이 그의 부친 다윗 시의 성벽 돌파구를 막고, 밀로를 세울 때 ²⁸ 그가 그 젊은이가 행한 작업을 보았으니, 여로보암이 대단한 능력의 소유자였기에, 왕이 그에게 요셉 구역의 모든 노동력의 책임자로 두었다. ²⁹ 어떤 일로 여로보암이 예루살렘을 떠났을 때 예언자 아히야Ahijah가 실로Shiloh에서 와서는 노상에서 그를 만났다. 그 예언자가 오직 그들 둘만, 그 들판에 남자, ³⁰ 아히야가 입었던 새 외투를 벗어 쥐고, 이를 열두 조각을 내서, ³¹ 여로보암에게 말하길 **'네가 열 조각을 가져라, 왜냐면 이스라엘의 주 하나님께서 솔로몬의 손에서 그 왕국을 찢어내, 너에게 열 지파를 주신다고 선언하셔서다. ³² 그러나 하나님께서 말씀하길, 한 지파는 솔로몬에게 남길 텐데, 왜냐면 나의 종 다윗을 위하여, 그리고 예루살렘을 위하여니, 그 도시를 내가 이스라엘 모든 지파에서 택해서다. ³³ 내가 이를 해야만 하니, 솔로몬이 나를 저버려서다. 그가 시돈의 여신 아스토렛, 모압의 신 케모스, 암몬의 신 밀콤 앞에서 절을 했고, 나의 길들을 이행하지 않아서다. 그가 나의 눈에서 바르게 행하지 않았으며, 그 부친 다윗이 행하듯이 나의 규례들과 심판들을 지키지 않아서다.'**

³⁴ 그러함에도 내가 그에게서 왕국을 전부 취하진 않으니, 그가 살아 있는 동안은 그가 다스리게 할 텐데, 왜냐면 내가 택한 종 다윗을 위해서니, 그가 나의 계명들과 규례들을 지켰기 때문이다. ³⁵ 그렇지만 내가 그 왕국을 취해서, 그 열 지파를 그의 아들에게서 빼앗아 너에게 주리라. ³⁶ 그의 아들에게 한 지파를 주니, 이는 나의 종 다윗이 내 앞에서 항상 등불을 가지고, 예루살렘에 있게 하려 함은 그 도시가 내 이름을 받들게 내가 택해서다. ³⁷ 내가 너를, 네가 바랄 수 있는 모두를 통치할, 이스라엘을 다스릴 왕이 되게 임명하리라. ³⁸ 만일 네가 나의 모든 명령들을 잘 지킨다면, 만일 네가 내 눈앞에서 바른 것을 행하며 나의 길들을 행하여, 나의 종 다윗이 한 것처럼, 나의 규례들과 계명들을 지킨다면, 그땐 내가 너와 함께 있으리라. 내가 너의 가족을, 내가 영원히 다윗을 위하여 한 거처럼, 이스라엘을 너에게 줄 터이고, ³⁹ 다윗의 후손들에겐 그들이 받을 만큼, 영원히는 아니지만 벌할 터이다.'

⁴⁰ 이후에 솔로몬이 여로보암을 죽이려고 찾았으나, 그가 애급의 시샥Shishak 왕에게 도망가서 솔로몬이 죽기까지 거기에 머물렀다.

⁴¹ 솔로몬의 통치 기간에 다른 사건들과 활동, 그의 모든 지혜는 솔로몬 연대기에 기록했다. ⁴² 예루살렘에서 솔로몬의 통치는 전 이스라엘에 걸쳐, 40년간 이어졌다.

⁴³ 그때 그가 조상들에게 돌아가 그의 부친 다윗 시에 장사지냈다. 그의 왕위가 아들 르호보암Rehoboam에게 승계되었다.

열왕기상 12장 '왕국의 분열'

왕상12:1 르호보암이 세켐Shechem에 갔는데 온 이스라엘이 그곳에서 그를 왕으로 세워서다. 2 아직 애급에 있던 네바의 아들 여로보암이 이를 들었을 때 솔로몬 왕에게서 도망쳐 피난처로 택한 그곳에 머물러 있었다. 3 백성들이 지금 그를 다시 기억해내고, 그와 온 이스라엘 회중들이 르호보암에게 와서 말하길 4 '당신의 부친이 우리 위에 어려운 멍에를 올렸으나, 만일 지금 당신이 그가 부과한 힘든 노고를 좀 가볍게만 해준다면, 우리가 당신을 섬길 겁니다.' 5 '나에게 3일을 달라.' 하며 '그 다음에 돌아오라.' 말했다.

그 백성들이 돌아갔을 때 6 르호보암 왕이 그의 부친 솔로몬의 생전 동안 시중들었던 장로들과 상담을 했다. '이 백성들에게 무슨 답을 주라고 너희가 충고를 하겠느냐?' 7 그들이 말하길 '만일 당신이 이 백성들을 섬기기를 바란다면, 지금 당신 자신이 그들의 종임을 나타내어 그들에게 친절하게 말하십시오, 그러면 그들이 이후에 더욱 충실한 당신의 종들이 될 겁니다.' 8 그러나 그가 그의 장로들이 그에게 준 충고를 거절하고, 그와 같이 자라고 지금은 그를 시중하는 젊은이들에게 상담을 했는데 9 그가 그들에게 묻길 '내 부친이 그들에게 준 멍에를 가볍게 해 달라는 이 백성들 요구에 대한 답으로, 너희는 내게 무슨 충고를 줄 거냐?' 10 젊은이들이 답하길 '당신에게 당신 부친의 무거운 멍에보다 이를 가볍게 해달라고 요청한 그 백성들에게 이런 답을 주십시오. "나의 작은 손가락이 나의 아버지의 허리보다 더 두껍다. 11 내 부친이 너희에게 무거운 멍에를 주었지만, 나는 내 부친이 너희를 때린 것보다 더 무겁게 매질하리라."'

¹² 여로보암과 백성들이 셋째 날에 모두 왕이 명령한 대로 르호보암에게 왔다. ¹³ 왕이 그들에게 가혹한 답을 주었다. 그가 장로들이 그에게 준 충고를 거절하고 ¹⁴ 젊은이들이 충고한 대로 백성들에게 말했다. '내 부친이 너희를 무겁게 한 멍에를 내가 더 무겁게 하리라. 내 부친이 너희를 때렸다면, 나는 너희를 후려칠 거다.' ¹⁵ 왕이 백성들의 말을 듣지 않았다. **왜냐하면 하나님께서 실로의 아히야에게, 네바의 아들 여로보암에게 하신 말씀대로, 그 사건이 판명 나서 이루어져야 해서다.**

¹⁶ 모든 이스라엘이 왕이 그들의 말을 듣지 않으리란 것을 보았을 때 그들이 대답했다.

'우리가 다윗에게서 무엇을 나누는가?

이새의 아들에게선 우리의 몫이 없구나.

이스라엘아, 너희 장막에서 떠나라!

지금 너희 자신의 집을 보아라, 다윗이여!'

그렇게 하면서 이스라엘 백성들이 그들의 집으로 돌아갔다. ¹⁷ 르호보암이 그 도시들과 유다의 마을들에 사는 오직 그런 이스라엘 사람들만 다스렸다.

¹⁸ 르호보암 왕이 강력한 레위 사령관 아도람Adoram을 보냈으나, 이스라엘 사람들이 그에게 돌을 던져 죽이자, 왕이 서둘러 그의 마차에 타고 예루살렘으로 도망쳤다. ¹⁹ 그날부터 이날까지 이스라엘이 다윗 가문에 대해 반역하고 있다.

²⁰ 이스라엘 남자들이 여로보암이 되돌아간 것을 듣자 그를 그들의 회중에 불러와서 전 이스라엘을 다스리는 왕으로 만들었다. 유다 지파만 오직 다윗 가문에 충성으로 머물렀다.

²¹ 르호보암이 예루살렘에 도착해 그의 왕국을 회복하고자 이스라엘과 싸우려고 유다와 벤저민 지파에서 1만 8천 명의 전사들을 소집했다. ²² 그러나 하나님 말씀이 하나님의 사람 쉐마이야Shemaiah에게 왔다. ²³ **'말을 해라, 솔로몬의 아들 르호보암, 유다의 왕에게 모든 유다와 벤저민 지파들과 다른 백성들에게** ²⁴ **이것이 하나님 말씀이다, 너희가 너희의 동포인 이스라엘과 전쟁하러 올라가지 말라. 너희들의 집으로 돌아가라, 왜냐하면 이는 나의 일이기 때문이다.'** 그들이 하나님 말씀을 듣고 하나님께서 그들에게 말씀하신 대로 돌아갔다.

²⁵ 여로보암이 에프라임 고지대에 있는 세켐을 다시 건설하고 그곳을 거주지로 잡았다. ²⁶⁻²⁷ '지금 사실대로 되었으니,' 그가 자신에게 말하길, '그 왕국이 다윗의 가문으로 하여금 회복이 될 것이다. 만일 이 백성들이 예루살렘에 있는 하나님 성전으로 제물을 드리러 간다면, 그들의 본래 왕인 유다의 르호보암에게 충성을 회상하며, 나를 죽이고 르호보암 왕에게 돌아갈 것이다.' ²⁸ 그 사실에 관한 상담을 한 다음에 **그가 황금 소 두 마리를 만들어 백성들에게 말하길, '너희들이 예루살렘에 올라가는 것은 그만하면 충분하다. 여기 이것이 너희의 신들이니, 너희 이스라엘을 애급에서 데려왔다.'** ²⁹ 그가 하나는 베델Bethel에 하나는 단Dan에 세웠으니, ³⁰ **이는 이스라엘에서 죄가 되었다.** 백성들이 베델의 하나를 숭배하러 갔고, 다른 자들은 단으로 모두 갔다. ³¹ 그가 또한 사당으로 신전 건물들을 세워, 백성들 중의 각계각층에서 레위 지파에 속하지 않은 자들로 제사장들을 임명했다. ³² 그가 유다에서처럼, 여덟째 달 15일에 순례축제를 고집하며 그 제단에 희생 제물을 바쳤다. 이를 베델에서 그가 만든 그 소들에게 행

하도록 베델에 세운 신전 제사장들에게 강요했다. ³³ 그가 자신이 세운 베델의 제단에 여덟째 달 15일에 올라갔다. 거기 그가 택한 그 달에 이스라엘 순례축제를 세운 대로, 자신이 제단에 번제를 태우러 갔다.

생각할 점

다른 우상 신들에게 돌아선 말년의 솔로몬에게 하나님께서 경고하신 말씀이 그대로 이루어지는 과정이 나오는 대목이 왕상 11-12장이다.

다윗이 기강을 굳힌 이스라엘이 두 왕국으로 분열하는 사건들의 진상이 국제적으로 전개되는 기록이다.

다윗과 솔로몬이 어째 이리 다른가.

솔로몬과 르호보암도 마찬가지다. 솔로몬이 하나님을 노년에 크게 배신하고 죽었다. 그를 이은 그의 아들도 어정쩡한 인물이었다. 다윗의 아들과 손자가 대를 이어서 그들의 조상의 신 하나님과의 약속을 따르지 아니한다.

하나님의 길에서 벗어난다.

이스라엘이 하나님 신앙에서 벗어나 여러 우상신들 제단을 세우고 숭배한다. 이스라엘이 망하는 길로 들어선다.

왕상 11장

다윗의 늘그막에는 어린 소녀를 품고 자도록 주변에서 주선했다고 한다. (왕상1) 난방시설 없는 시대인지라 노년의 상태를 감안할 수 있다.

솔로몬이 다윗과는 너무 다르다.

다윗은 하나님 앞에서 정직하고 공의로운 삶을 살며 자신의 잘잘못을 하나님께 징벌도 받고, 문의하여 도움을 청하고 의지하여 하나님 사랑을 받았다. 모든 선민들도 다윗을 따라, 하나님을 섬기고 왕을 존중하고 사랑했다.

하나님께 지혜의 은총을 받은 솔로몬이 그 인생의 결의 마지막이 어찌 그리 달라지는가. 이는 주 하나님의 뜻이라 하여 생각을 요하는 기록이다.

늙으면 젊은 시절이 그립다.

솔로몬이 어찌해서 부친 다윗과 예루살렘 성전봉헌식의 하나님께서 임하신 일들을 생각하지 못하였는가.

그의 지혜가 사그라지는 것이었는가.

그의 주변의 너무 많은 이방 처첩들로 인해, 또는 평화 시대의 호황 때문인가.

목숨을 다투는 시급한 일들이 그에겐 없었기에 하나님께 의지하는 믿음이 사라졌는가.

이는 국가 최고 지도자의 일부다처제로 인한 깊은 독소가 신앙 문제까지 간다는 성서 기록이다.

이러한 세상사와 성서를 잘 아는 단테가 **'신곡'**에서 밀도 깊이 정욕 죄를 폭넓게 다루며, 심한 벌을 받는다 해서 주지할 바가 크다. 정욕 죄란 기독자이건 누구이건 가리지 않는, 인간 본능의 깊은 악의 요소라고 단테가 '**신곡**'에서 추궁하듯 힐난해서다. 이를 특히 여덟 번째 깊은 '*지옥*'이 *기만 죄*인데, 이를 다시 열 *가지*로 나누어서, 그 첫 번과 두 번째를 아첨과 매음 죄라고 엮어 놓았다.

단테는 눈에 안 보이는 인간의 본능인 정욕과 얽힌, 고대 세계 유명인들이 벌 받는 모습을 통해 아첨과 매음 죄를 비교한다. 동서고금, 남녀 불문, 최고위층 지배자, 식자층, 부자들이 거의 이 간음 죄에 속한다고 질타한다.

단테의 성서 해석과 세상 이치에 남다른 조예 때문이다.

왕상 12장

솔로몬의 아들인 젊은 르호보암 왕의 어리석음으로 인해 이스라엘 열 지파가 떨어져나간다는 서글프고 안타까운 사실이 소상하다.

솔로몬이 그의 후계자인 아들을 제대로 가르치지 아니했거나, 왕위 계승자인 르호보암 자신이 인품이 모자랐다. 솔로몬의 아들로 호사만 누리다 왕위 계승을 받아서인가, 순전한 믿음의 지혜가 모자랐다.

그가 젊어서 훌륭한 군주로 만방에 이름난 부친 솔로몬을 평생 모신 여러 장로들의 현명한 조언을 듣지 않고 무시한다. 이는 여로보암이 방종함을 드러낸다.

물론, 이는 하나님께서 다윗과 솔로몬에게 생전에 이르신 경고 말씀을 이루시는, 하나님 과정의 거룩한 일환이다. 어쩔 수 없는 두려운 일임을 잊어선 안 된다.

그토록 어렵사리 다윗이 평생 동안 온갖 신고를 겪으며 구축해 놓은, 하나님의 유일한 지상의 탄탄한 거룩한 선민들의 왕국이라서 안타깝다.

르호보암 왕의 조부인 다윗의 하나님 믿음이 유별났음을 그리워하게 한다. 다윗이 항시 하나님께 먼저 문의하고 위급을 초래할 시엔, 하나님 시선에서 바른 결단을 순간순간 내렸고, 자신의 큰 잘못 시엔 하나님의 쓰디쓴 질타와 징벌을 진심으로 겸허히 받아들여서다.

다윗은 바른 예언자들과 장로들을 존중해서 그들을 따랐다. 항상 하나님께 기도하고 문의해 솔선수범했다.

하나님께서 주의를 주는 여러 말씀들을 경청할 필요가 크다. 왜냐하면 앞의 구약성서 공부에는 주로 **'너희 조상 아브라함과 이삭과의 약속이기에…'** 라는 말씀을 많이 인용함을 눈여겨 볼 수 있어서다.

열왕기서는 유난히 **'너의 부친 다윗을 위하여…'** 라는 하나님 말씀이 몇 차례나 계속 나온다.

이는 다윗이 자신의 믿음과 하나님 신뢰를 통해, 선민들의 국가가 바로 가게 지도했는가, 하는 기록이란 뜻이다. 동시에 하나님께서 그를 얼마나 기대하고 사랑하셨는가를 보여주는 기록이다.

구약역사 23 **열왕기상 13-14장**

열왕기상 13장

왕상13:1 여로보암이 제물을 태우러 그 제단 옆에 섰을 때 유다 출신 하나님의 한 남자a man가 하나님 말씀에 감동받아 베델 Bethel에 나타났다. ² 그가 하나님 이름으로 그 제단을 향해 울부짖고 통렬히 비난하길 **'오 제단, 제단아! 이는 하나님 말씀이니 들어라! 다윗의 가문에 한 아이가 태어나리니, 이름은 요시야Josiah다.'** [참고 1] **너에게 그가 제단에 제물을 올리는 제사장들을 희생하리니, 그래서 너에게 인간의 뼈를 태우게 하리라.'** ³ 그가 그 날에 표적을 주길 **'이는 하나님께서 명하신 표적이니, 이 제단이 두 동강 날 테고, 그 재들이 흩어지리라.'** ⁴ 여로보암 왕이 베델의 제단에 대해 하나님의 사람이 선언한 내용을 들었을 때 제단에서 그를 가리키며 외치길 '그를 잡아라!' **그 즉시 그에게 가리킨 손이 마비되어 그 손을 되돌릴 수 없었다.** ⁵ **그 제단 또한 조각으로 쪼개지더니 그 재들이 흩어져, 하나님의 사람에게 명하신 표적이 이루어졌다.** ⁶ 왕이 하나님의 사람에게 그의 신이신 하나님께 그를 위해, 무마해 달라 호소하며 그의 손이 고쳐지길 기도해 달라 하였다. 하나님의 사람이 그가 청한 대로 하자, 왕의 손이 회복하여 전처럼 되었다. ⁷ 그가 하나님

I [참고 1]
요시야Josiah는 이스라엘이 두 왕국으로 나뉜 뒤에 300년 후에 나오는 신심 깊은 선한 유다의 왕이다. (열왕기하 23:15-20)

의 사람에게 청하길 '나와 같이 집에 가서 음식을 좀 들고 내가 당신께 사례를 하게 하시오.' ⁸ 그러나 그가 답하길 '네 집의 반을 줄지라도 그 집에 들어가지 않겠다. 나는 여기선 아무것도 먹거나 마시지 않겠다. ⁹ **왜냐면 하나님의 명령이 먹거나 마시지도 말고, 갔던 길로 돌아가지도 말라 하셔서다.'** ¹⁰ 그래서 그가 베델로 갔던 길로 가지 않고 다른 길로 돌아갔다.

¹¹ 그때 베델에 나이 든 예언자가 살고 있었다. 그의 아들들이 와서 하나님의 사람이 그날 거기서 행한 일들과 왕에게 했던 말을 했다. ¹² 그 부친이 묻길 '그가 어느 길로 갔느냐?' 그들이 유다 출신 하나님의 사람이 택한 방향을 가리켜주었다. ¹³ '당나귀 안장을 얹어라.' 당나귀 안장을 채우자, 그가 올라타고 ¹⁴ 하나님의 사람을 따라갔다. 테레빈나무 아래 앉아 있던 그에게 묻길 '당신이 유다 출신 하나님의 사람입니까?' '그렇소.'라고 그가 답했다. ¹⁵ '집에 가서 나랑 같이 식사합시다,' 그 예언자가 말했다. ¹⁶ '난 당신과 돌아가서 당신 집에 들어갈 수 없소,' '이 장소에선 내가 당신과 먹거나 마실 수 없소, ¹⁷ **하나님께서 말씀하길, 너는 거기서 아무것도 먹지도 마시지도 말고, 또한 네가 왔던 길로 돌아가지도 말라 하셨기 때문이오.'** ¹⁸ 그 노인이 그에게 강요하길 '**나 또한 당신처럼 예언자요, 그리고 한 천사가 하나님 말씀이라 명하길, 당신을 내 집에 데려와 같이 먹고 마시라 했소.'** 그가 거짓말했으나 ¹⁹ 유다의 그 사람이 그와 같이 돌아가 그의 집에서 먹고 마셨다. ²⁰ 그들이 식탁에 아직 있는 동안, 하나님 말씀이 그를 데려온 예언자에게 와서 ²¹ 그가 유다 출신 하나님 사람에게 울부짖길 '**이는 하나님 말씀이다, 너는 하나님**

말씀을 무시하고 그의 명령에 순종하지 않았다. ²² **너는 내가 금지한 그리로 돌아가서 먹고 마셨다. 그래서 너의 시신은 네 조상들 무덤에 눕지 못하리라.'**

²³ 하나님의 사람이 먹고 마신 후에, 그 예언자가 그를 위해 당나귀를 가져다 안장을 채워 주었다. ²⁴ 그가 길을 가는데 사자 한 마리를 만나 죽임당하고, 그 시신이 그 길에 누웠으니, 당나귀와 사자가 양옆에 서 있었다. ²⁵ 지나던 행인들이 길 위에 시신이 있고, 사자가 그 옆에 선 것을 보고, 그 소식을 마을에 사는 노 예언자에게 가져왔다. ²⁶ 그의 여행을 깨트리게 야기한, 그 노 예언자가 이를 듣고 말하길 **'하나님 말씀을 얕본 것은 그 사람이다. 하나님께서 그에게 사자를 보내, 그 목을 부러트려 죽여 하나님 말씀을 이루셨다.'** ²⁷ 그가 아들들에게 당나귀 안장을 채우라 해서 ²⁸ 출발하여 시신이 길 위에 그 양옆에 당나귀와 사자가 서 있음을 보았다. 그 사자가 시신을 먹거나 당나귀 등을 부러트리진 않았다. ²⁹ 예언자가 그 하나님 사람의 시신을 수습해 그 당나귀 위에 얹고, 마을로 돌아와 장사지내며 슬퍼했다. ³⁰ 그가 그 시신을 자신의 무덤에 안치하고 애통해서 말하길 **'오 나의 형제여!'** ³¹ 그를 묻은 후에 아들들에게 말하길 **'내가 죽으면, 하나님의 사람을 눕힌 무덤에 장사 지내 내 뼈를 그 옆에 뉘여라,** ³² **왜냐면 베델에서 그 제단에 대해 그가 선언한 하나님 말씀은 사마리아 전체의 신당들, 모든 신전들에 확실히 임할 것이기 때문이다.'**

³³ 이후에도 여로보암이 악한 길을 여전히 저버리지 않고, 백성들 모든 계층에서 신당의 제사장들을 임명하였다. 스스로 제공

하면 누구나 한 신당의 제사장으로 봉헌할 수 있었다. ³⁴ 이렇게 그가 그 자신 집안에 죄를 가져와서 철저히 멸망하여 죽을 운명에 처했다.

열왕기상 14장

왕상14:1 그때 여로보암의 아들 아비야Abijah가 병에 걸리자 ² 여로보암이 그의 아내에게 말하길 '즉시 실로Shiloh에 가되, 네 자신을 가장하고 가서, 사람들이 내 아내인 줄 모르게 해라. 거기에 예언자 아히야Ahijah가 있으니, 그가 내게 이 백성들의 왕이 되리라고 말한 분이다. ³ 빵 열 덩이, 적당량의 건포도, 꿀 한 병을 가져가라.' ⁴ 여로보암의 아내가 그대로 행하여 실로를 향해 즉시 출발해 아히야의 집에 왔다. 이제 아히야가 늙어 앞을 볼 수 없어진 때라, **하나님께서 그에게 말씀하길 '여로보암의 아내가 지금 그녀 아들이 아픈 일로 네게 상담하러 오는 길이다. 너는 그녀에게 여차여차한 답을 주어라.'**

그녀가 들어왔을 때 그녀가 누구인지 숨긴 채였으나, ⁶ 아히야가 문에서 그녀의 발소릴 듣고 말하길 **'여로보암의 아내야, 들어오너라. 왜 네가 누군지 숨기느냐? 내가 너에게 무거운 소식을 주겠다. ⁷ 가서 여로보암에게 전해라. 이는 이스라엘의 신, 하나님 말씀이다. 내가 너를 백성들 중에서 일으켜 내 백성 이스라엘을 다스리라고 왕자로 지명했다. ⁸ 내가 다윗 가문에서 왕국을 찢어내, 이를 네게 주었다. 그러나 너는 나의 종 다윗과 같지 않으니, 그는 전심으로 나를 따르며, 나의 계명들을 지키어 나의 눈에서 오직 바른 일만 행하였다. ⁹ 너는 사악함에서 너의 모든 선임자들을 능가했다. 내게 도전해 나를 분노케 한 일**

은 또한 네가 스스로 금속을 주조해 다른 신상들을 만든 거다. 그렇게 네가 내게 등을 돌렸다. [10] 이로써 내가 여로보암 가문에 재난을 가져오리라, 그들 모두를 멸하리니, 어미의 아들들마다 그들이 아직 가족의 보호 아래 있거나 어쨌거나, 내가 이스라엘에서 여로보암의 가문을 쓸어버리리라, 하나도 남지 않기까지 거름으로 쓸어버리리라. 마을에서 그 가문의 죽은 자들은 개들을 위한 먹이가 되고, 시골에서 죽은 자들은 새들의 먹이가 되리라. 이는 하나님 말씀이다.'

[12] '지금 집으로 가라, 네가 마을에 발을 딛는 순간, 아이가 죽을 거다. [13] 모든 이스라엘이 그를 위해 슬퍼하고 장사지내리라. 그 혼자만 모든 여로보암 가족 중에 합당한 장례를 치르리니, 그 하나에게서만 이스라엘의 신 하나님께서 어떤 선함을 찾으셨기 때문이다.'

[14] '하나님께서 이스라엘을 다스릴 왕을 세우시리니, 그가 여로보암 가문을 끝장을 낼 거다. 이게 첫째이니 다음은 무엇일까? [15] 하나님께서 이스라엘을 치실 텐데 그들이 물가의 갈대마냥 떨 때까지다. 그분께서 이 백성들을 이 좋은 땅, 그들 조상들에게 주신 데서 뿌리를 뽑아, 유프라테스 너머로 그들을 던지시리니, 왜냐면 그들이 신성하단 기둥들을 만들어, 그리도 하나님 분노를 일으켜서다. [16] 그분께서 이스라엘을 저버림은, 여로보암이 범한 죄들 때문이고 이스라엘을 죄짓게 이끌어서다.'

[17] 여로보암의 아내가 틸자Tirzah로 돌아가 집 문지방을 넘을 때 아이가 죽었다. [18] 그들이 그를 묻자 온 이스라엘이 슬퍼했다. 이

처럼 하나님 말씀이 이루어지니, 이는 그분께서 그의 종 예언자 아히야를 통해 말씀하신 대로다.

[19] 여로보암 통치 시의 다른 사건들인 전쟁과 평화는 이스라엘 왕 연대기에 수록했다. [20] 여로보암이 22년간 통치 후에 그의 조상들에게 돌아가, 그의 아들 나답Nadab이 계승했다.

[21] 유다에선 솔로몬의 아들 르호보암이 왕이 되었다. 그가 왕좌에 오를 때 41세였고 예루살렘에서 17년간 다스렸는데, 그 도시가 하나님께서 그분의 이름을 세우고자 이스라엘 모든 족속에게서 뽑아 택하신 데다. 르호보암 모친은 암몬Ammon족 여자로 나마Naamah라고 불렀다. [22] 유다가 하나님 눈에서 잘못을 행하며 죄를 범해 그분의 분노를 일으켰으니, 그들 조상들이 행한 것보다 도를 넘어서다. [23] 신당과 석주들을 모든 높은 언덕마다 세우고 펼쳐진 나무 아래마다 장대들을 세워 신성시했다. [24] 그보다 더 나쁜 건, 온 나라 신당에 남창들이 속했으니, 이는 이스라엘을 위한 은혜로 하나님께서 쫓아낸 온갖 나라들의 혐오스런 행위를 백성들이 받아들였다는 사실이다.

[25-26] 르호보암의 통치 5년째 애굽 왕 시샥Shishak이 예루살렘을 공격해 하나님 성전과 왕궁의 보물들을 가져가버렸다. 그가 모든 걸 약탈해가니 솔로몬을 위해 만든 황금방패들도 포함되었다 [27] 르호보암 왕이 이를 청동으로 대치하여 궁전 입구를 경비하는 호위 장교들에게 청동방패들을 맡겼다. [28] 왕이 하나님 성전에 들어갈 때마다 호위병들이 그것을 운반했다. 그 후에는 그들이 경비

실에 이를 되돌려놓았다.

²⁹ 르호보암 통치의 사건과 다른 활동들을 유다 왕들 연대기에 기록했다. ³⁰ 그와 여로보암 사이에선 계속 싸움이 있었다. ³¹ 그가 조상들에게 돌아가 다윗 시에 묻혔다. 르호보암 모친이 암몬 족 나마로 불렸다. 그가 그의 아들 아비얌Abijam에게 이어졌다.

생각할 점

왕상 13, 14장에는 하나님 말씀을 따르지 않아 생기는, 이스라엘과 유다가 나뉜 왕정 초기 사건들이 나온다. 솔로몬의 우상숭배 때문에 하나님의 칼날 같은 이스라엘 징계 과정이 그분 말씀대로 이루어지는 역사 기록이다.

왕상 13장

앞서 왕상 12장 후반(12:25-33)에서 이스라엘이 남북으로 갈리자, 즉시 북이스라엘 여로보암 왕이 금송아지 두 마리를 만들어, 베델과 단에 두고, 그들의 신으로 섬기라며 신당도 짓는다. 선민들이 하나님 섬기러 예루살렘에 돌아갈까 겁나서 그런다고.

왕상 13장 전반부는 여로보암이 거짓 우상 제사를 선민들 앞에서 지내려 한다. 자신을 왕으로 세워주신 하나님께 어찌 하오리까 하고 기도를 올려 여쭙지 아니한다. 그가 이스라엘 열 지파 장로들에게 의논하지 않았다. 어찌 그리 멋대로 예루살렘 성전을 대신할 우상들로 선민들과 예배 올릴 생각을 하는가.

마치 하나님 인내심을 시험하는 듯하다. 그럼에도 하나님께선 당신이 택한 여로보암의 됨됨이에도 포기를 않으시고 유다 출신 하나님의 사람을 보내시어 어리석은 왕과 선민들을 일깨우신다.

　하나님께선 여로보암 왕과 선민들의 우상숭배를 저지하신다. 하나님께서 보낸 '**하나님의 사람**'이 여로보암의 거짓 신상과 거짓 제단을 저주하고 크게 질책한다. 그의 저주가 즉시 이루어진다. 황금 소 신상과 그 제단이 그들 눈앞에서 박살나버린다. 모두가 하나님 앞에 떨었으리라.

　그럼에도 왕상 13장 후반부가 훨씬 두려운 기사다. 이를 어찌 해석해야 모를 지경으로 어렵다. 그래서인가, 그 놀라운 일을 베델에서 행한 유다에서 온 '**하나님의 사람**'은 이름이 없다. 그가 맡은 하나님의 첫 임무는 잘 이행했으나 하나님 말씀 한 가지를 거역하는 실수를 범해서다.

　이는 일상의 하루 세끼 먹을 양식이 아닌, 하나님 말씀이 생명의 식량이라는 사실을 크게 일깨우는 기사다.

　예수 그리스도의 주기도문의 근본을 깨우치게 만드는 기사 같다. 마치 선민들의 광야의 사십 년간의 **만나** 사건 비유와도 같은 두려운 기사다. 이들은 하나님을 믿고 살며 그분을 직접 뵙던 사람들이어서 더 두렵다.

　모세의 선민들이 모세와 같이 시나이 산에서 천둥과 화염의 불기둥으로 오시어 말씀하는 하나님을 듣고 뵈었다. 그들이 하나님께 40년간을 광야의 만나라는 기적의 양식을 매일 먹고 살았음에도 진심어린 믿음을 갖고 생활하지 아니해서 가나안에 못 들어가고, 헤매다 죽게 하신다.

그 광야서 새로 난 자들만 가나안에 들어가 살며, 세월이 가서 다윗 왕조를 세우기까지 하나님께서 이끄셨다. 선민들의 하나님 믿음이 한결같지 않음을 이런 기록이 깨우쳐준다. 고로 믿음이 바른가를 늘 자문하며 살아야 한다.

유다에서 온 '**하나님의 사람**'이 하나님께 직접 받은 그 말씀의 사명을 끝까지 따르지 않았다. '하나님의 사람'이라며 그를 만나려는 한 노인의 유혹의 말을 들었다, 제아무리 지치고 굶주렸어도, 이스라엘을 벗어나 유다에 도착까진 그가 직접 들은 하나님 지시를 따랐어야 했다.

그때 벌써 하나님 예언을 하는 어중이떠중이들이 얼마나 많았는가를 이로써 일깨우는 기록 같아 보인다.
이는 단테의 '지옥' 죄의 벌들과 직결한다. 이를 심히 깊은 제8지옥, 사기꾼만 죄에 속한다고 분류해서 각성케 해서다. 죄의 종류의 심도를 명쾌히 달리해서, 진실한 믿음의 길로 계몽한다. 얼마나 우매한 거짓 종교가들이 많고, 이들 뒤를 좇는 자들이 많은가를 잘 알려준다.

그 이스라엘 노예언자가 유다의 예언자와 같이 있을 때 하나님 말씀이 임해서 얼마나 놀랐으랴. 그가 슬퍼하며 비참히 죽은 그 젊은 유다인 시신을 장례 치르며 자신도 그 곁에 묻어 달라고 아들들에게 부탁한다. 그가 진심으로 자신의 호기심에 불러들여, 밥을 먹게 해서 죽은 유다인 죽음의 책임을 진심으로 하나님께 뉘우쳤으리라. 요즘도 주의 이름을 빙자해 세상을 구원하겠다는 거짓 점쟁이 위선자들이 너무도 많기에 경고하는 기록 같다.

예수 그리스도께서 광야의 마귀 시험에 맞닥뜨린 첫째가 먹는 유혹이 아니셨는가.

말씀 안에서만 선한 영과 거짓의 악한 영을 가려서 분별할 수 있는 지혜가 우리를 살린다.

왕상 14장

이스라엘 왕 여로보암의 어리석음과 불신의 내용이다. 왜 그가 직접 아히야 선지자에게 달려가 자식 생명을 구해 달라, 부탁하지 않는가. 비루하게 아내에게 왕비 아닌 체 가장하고 아히야에게 가서 물어보라니. 왕비나마 믿음이 있다면, 좋으련만 부창부수의 어리석은 예로 그만이다.

그가 직접 하나님께 잘못을 뉘우치고 진심어린 간청을 올렸다면, 어린 아들의 죽음은 일어나지 않았으리라.

하나님께선 여로보암에게 큰 경고를 수차 발하심에도, 못나게 굴자, 가문의 멸절이란 최후통첩을 아히야를 통해 주셨다. 그에 더해 하나님께선 선민들의 나라 이스라엘과 유다에게 앞으로 닥칠,

외세에게 패배할 예언까지 주신다. 이는 미래의 바빌론 포수까지 언급하는 무서운 경고다.

이스라엘 왕 여로보암과 유다 왕 르호보암의 비행들이 나란히 번갈아 어이없는 기사들이 쏟아진다.

남유다에선 솔로몬의 아들인 르호보암도, 북의 여로보암 못지않게 불의의 행동을 이어간다. 남북으로 갈라진 북이나 남이나, 왕들이 제정신 아닌 듯하다.

거짓 신당에다 신주들, 그에 더해 신전에 남창까지 창궐하게 하다니. 해괴하다. 혐오스러운 최악의 행위다.

생각할 일은 유다와 이스라엘 왕들의 아내가 나오는데, 르호보암의 아내는 암몬족 출신 나마라고 두 번이나 나오고, 이스라엘의 여로보암 아내는 이름조차 없다. 유다의 르호보암 아내, 나마의 선조인 암몬 족은 소돔과 고모라에서 피신한 롯의 후손들이다. 그러니 예전의 아브라함 시대로 되돌아가듯이 선민들에게 동성애까지 판치며 망조가 들었다.

아브라함이 그리 아낀 조카 롯의 후손들이 암몬과 모압의 선조들이다. 소돔과 고모라는 동성애로 하나님 유황불에 사라진 고대 도시다. 이때 하나님 손에서 아브라함이 겨우 살려낸 롯의 후손들이라 그런가.

올바른 결혼의 중차대함을 일깨우는 기사들이다.

단테가 '신곡'에 이를 심도를 달리해 지옥과 연옥에서 다양하게 다루며 풍자한다.

단테의 '지옥' 15곡, 단테의 '연옥' 25곡에서 다룬다.

일곱째 지옥과 일곱째 연옥이다.

아브라함이 창18:25-33에서 하나님께 그리도 정성스레 간청해서 살려 낸, 조카인 롯의 가문이, 결국은 전혀 쓸모없었다는 인류 죄악의 역사를 곱씹은 듯 씁쓸하다.

구약역사 24 **열왕기상 15-16장**

열왕기상 15장

왕상15:1 네바Nebat의 아들인 여로보암 통치 18년째, 아비얌 Abijam이 유다의 왕이 되었다. ² 그가 예루살렘에서 3년간 다스렸다. 그의 모친이 아비샬롬Abishalom의 손녀인 마카Maacah 였다.¹ ^[참고 1] ³ 그는 부친이 전에 지었던 모든 죄를 지었을 뿐 아니라, 그의 조상 다윗이 했던 것처럼 그의 신 하나님께 신실하지 않았다. ⁴ 그러나 다윗을 위해 다윗의 신 하나님께서 등불 하나를 예루살렘에 주신다는 것은, 그의 왕조를 예루살렘에서 안전히 수립하신다는 일이며, ⁵⁻⁶ 그리고 이는 다윗이 하나님 눈에서 그의 온 생애 동안, 헷 족속Hittite 우리아Uriah 사건 이외에는 그분의 어떤 계명에도 불순종하지 않아서다. ⁷ 아비얌 통치의 다른 활동과 사건들을 유다 왕 연대기에 기록했다. 아비얌과 여로보암 사이엔 전쟁이 있었다. ⁸ 아비얌이 그의 조상들에게 돌아가 다윗 시에 묻혔다. 그의 아들 아사Asa가 그를 이었다.

⁹ 이스라엘 왕 여로보암 21년째에 아사가 유다의 왕이 되었다. ¹⁰ 그가 예루살렘에서 41년간 통치했다. 그의 조모가 마카로서 아

I [참고 1]
아사의 부친인 아비얌의 모친이 아비샬롬의 딸 마카다.
마카는 압살롬의 손녀딸이었을 가능성이 있다 한다. 다말과 우리엘 사이에서 결혼해 낳았으리라, 한다. 다말은 압살롬의 딸 이름이다. (삼하14:27) 압살롬의 모친 또한 마카였다. (삼하3:3)

비샬롬의 손녀였다. ¹¹ 아사는 하나님 눈에서 바르게 행하여 그의 선조 다윗처럼 하였다. ¹² 그가 신당에 속해 있던 남창들을 그 땅에서 추방하고 그 선대들이 만든 모든 우상들을 제거했다. ¹³ 그가 심지어 조모인 마카를 자신의 모친 지위인 여왕에서 면직했는데 그녀가 아세라 숭배를 위한 혐오스런 물건을 갖고 있어서다. 아사가 이를 잘라 내려 키드론 분지에 태웠다. ¹⁴ 비록 신당들이 남았으나, 아사 자신이 온 생애 동안 하나님께 신실히 지냈다. ¹⁵ 그가 하나님 성전으로 부친과 그 자신의 모든 봉헌물들인 거룩한 금은의 제기들을 가져왔다.

¹⁶ 아사와 이스라엘 왕 바샤Baasha 사이엔 그들 통치 기간 내내 전쟁이 있었다. ¹⁷ 바샤 왕이 유다를 침공해 라마Ramah를 요새로 삼고는 누구든지 유다의 아사 왕국으로 들어가거나 떠나는 걸 방해했다. ¹⁸ 아사가 하나님 성전과 왕국의 보물로 남아 있던 모든 금과 은을 가지고, 그의 종에게 그것들과 같이 타브림몬의 아들 벤하닷, 헤지온의 아들인 아람Aram 왕에게, 그 수도인 다마스쿠스Damascus로 전갈을 보냈으니, ¹⁹ '우리 사이에 동맹을 맺자, 우리 아버지들 사이에 했던 것처럼. 여기에 내가 너에게 금과 은을 선물로 보내니. 이스라엘 바샤 왕과의 너의 동맹을 깨면, 그가 나에 대한 전투를 포기할 거다.' ²⁰ 벤 하닷이 듣고 아사 왕에게 찬성했다. 그가 그의 군 사령관에게 이스라엘 마을들을 향해 이동하라 명령해서 그들이 이욘Iyyon, 단Dan, 아벨 베스 마카Abel-beth-maacah, 키네렛Kinnereth부분을 공격해 납달리 지역까지 행군했다. ²¹ 바샤가 이를 듣자 라마의 요새화를 멈추고 틸자Tirzah로 돌아갔다.

²² 그래서 아사 왕이 유다의 남자들은 예외 없이 모두가 라마의 돌들을 제거하고 바샤가 굳힌 그 기둥들도 가져가 그것으로 벤저민의 게바Geba와 미즈파Mizpah를 요새화하는 데 동참하라고 선포를 내렸다.

²³ 아사의 통치 기간 일어난 모든 일들, 모험들, 성취들, 그가 세운 마을들을 유다 왕 연대기에 기록했다. 그는 늘그막에 발에 난 병으로 고생했다. ²⁴ 그가 조상들에게 쉬러 가서 그의 조상 다윗 시에 그들과 같이 묻혔다. 그의 아들 예호샤팟Jehoshaphat에게 왕위가 이어졌다.

²⁵ 유다의 아사 왕 2년째 여로보암의 아들, 나답Nadab이 이스라엘 왕이 되어 2년간 다스렸다. ²⁶ 그가 하나님 눈에서 잘못 행하며, 그의 부친 뒤를 따랐으니, 여로보암이 이스라엘을 이끌었던 죄짓기를 되풀이해서다. ²⁷ 잇사갈Issachar 가문의 아히야Ahijah의 아들 바샤Baasha가 음모를 꾸며, 기베톤Gibbethon에서 그를 공격했는데, 이는 나답이 그의 모든 군대와 함락한 블레셋philistine의 한 마을이다. ²⁸ 바샤가 그를 죽이고 왕좌를 강탈했는데, 유다의 아사 왕 3년째다. ²⁹ 그가 왕이 되자마자 여로보암의 모든 가족들을 쳐서, 생존자를 하나도 남기지 않았다. 이처럼 하나님 말씀이 실로 사람Shilonite인 그의 종 아히야를 통해 하신 대로 이루어졌다. (왕상14:10-11) ³⁰ 이는 여로보암의 죄 때문에 일어났는데 그 죄는 그가 이스라엘을 죄짓게 해서 이스라엘의 신 하나님 분노를 일으켜서다. ³¹ 나답의 통치 기간 일어난 다른 사건들과 그의 행동은 이스라엘 왕 연대기에 기록했다. ³² 아사와 이스라엘

바샤 왕 사이에는 그들의 통치 기간 내내 전쟁이 있었다.

³³ 유다의 아사 왕 3년째, 아히야의 아들 바샤가 틸자Tirzah에서 이스라엘의 왕이 되어 24년을 다스렸다. ³⁴ 그가 하나님 눈에서 잘못을 행하며 여로보암의 뒤를 좇으니, 여로보암이 이스라엘을 죄짓게 이끈 죄를 되풀이했다.

열왕기상 16장

왕상16:1 하나님 말씀이 바샤에 대하여 하나니Hanani의 아들 예후Jehu에게 왔다. ² '내가 너를 그 먼지에서 일으켜 내 백성 이스라엘 위에 왕자로 세웠으나, 너는 여로보암 발자취를 좇아, 내 백성 이스라엘을 죄짓게 하여, 내가 그들의 죄로 분노하게 했다. ³ 그러므로 내가 바샤와 그 가문을 쓸어버리니, 내가 네바의 아들 여로보암 가문에게 다룬 듯이 하겠다. ⁴ 바샤 가문의 사람들이 한 마을에서 죽으면 개밥이 되고, 시골에서 죽으면 새들 먹이가 되리라.' ⁵ 바샤의 통치의 사건들, 성취와 모험들은 이스라엘 왕 연대기에 수록했다. ⁶ 바샤가 조상들에게 돌아가 틸자에 묻혔다. 그의 아들 엘라Elah가 계승했다.

⁷ 바샤와 그 가문을 우려한 하나님 말씀이 또한 하나니의 아들, 예언자 예후를 통해 온 것은 하나님 눈에서 그가 행한 모든 잘못 때문인데, 그로써 하나님 분노를 일으켜서다. 그가 여로보암 가문처럼 죄를 지었을 뿐 아니라, 또한 그 가문을 멸망시켜서다.

⁸ 유다의 아사 왕 26년에 바샤의 아들 엘라가 이스라엘의 왕이 되어 틸자에서 2년을 다스렸다. ⁹ 그의 전투마차들의 절반을 지휘하며, 그를 섬기던 짐리Zimri가 거역할 음모를 꾸몄다. 왕이 틸자

에서 혼자 술을 마셔 인사불성으로 알자Arza의 집에 왔는데, 가문의 회계장이 거기 있어서다. ¹⁰ 짐리Zimri가 쳐들어와 왕을 공격, 살해하고 스스로 왕이 되었다. 이는 유다의 아사 왕 27년째 일어났다.

¹¹ 짐리가 왕이 되어 왕좌에 앉자마자 그가 바샤 가문을 모두 죽였다. 한 어머니의 아들 하나도 살리지 않았으며 친척들과 친구들까지 남기지 않았다. ¹² 바샤의 모든 가문을 멸해서 하나님의 바샤에 관해, 예언자 예후를 통해 하신 말씀이 다 이루어졌다. ¹³ 이는 바샤와 그 아들 엘라가 이스라엘을 죄짓게 이끈 죄로서, 이스라엘의 신 하나님께 분노를 일으킨, 그 가치 없는 우상들 때문이었다. ¹⁴ 엘라의 통치, 다른 사건들은 이스라엘 왕 연대기에 기록했다.

¹⁵ 유다 왕 아사의 27년에 짐리가 틸자에서 7일간 다스렸다. 그때 군대가 블레셋의 도시 기베톤을 포위하고 있었다. ¹⁶ 주둔지의 이스라엘 군대가 짐리의 반역과 왕의 살해소식을 듣자, 그들이 합의를 하여, 그들의 사령관 옴리Omri를 이스라엘 왕으로 세웠다. ¹⁷ 그런 후에 옴리와 그의 전 군대가 기베톤에서 철수해 틸자를 함락했다. ¹⁸ 짐리가 그 도시가 함락한 걸 보자, 왕궁 지키기에서 물러나며, 그 모든 것과 그의 머리에 불을 질러, 그렇게 죽었다.ⅠⅠ [참고 2] ¹⁹ 이는 그

Ⅱ [참고 2]
    구약에서 세 번째 자살자가 나왔다.
    사울과 아히토펠에 이어서다. 이스라엘의 왕이 되려던 자가 그것도 분신을 하였다. 단테가 이를 다 알았기에, 그가 기독자의 자살을 지옥보다도 훨씬 심한 연옥의 첫 번 둘레인 해안가에 두었다.
    단테가 그들과는 상종 않고 지나쳐 가기에 알 수 있다.

가 저지른 죄인 하나님 눈에서 잘못을 행한 거니, 여로보암의 자취를 좇아, 그가 이스라엘을 죄로 이끌게 되풀이해서다. ²⁰ 짐리가 통치한 다른 사건은 이스라엘 왕 연대기에 기록했다.

²¹ 그 후에 이스라엘 백성들이 두 부류로 갈라섰다. 기나스Ginath의 아들 티브니Tibni를 지지해, 그를 왕으로 정하자는 쪽과 옴리를 지지한 쪽이다. ²² 옴리의 파가 강함을 증명해 티브니는 생명을 잃고, 옴리가 왕이 되었다.

²³ 유다의 아사 왕 31년째의 일인데, 이스라엘 왕으로서 옴리가 12년간 통치하며 그중 6년을 틸자에 살았다. ²⁴ 그가 세메르Shemer에게 그 언덕을, 은 두 탈렌트로 사서 그 위에 도시를 짓고, 그 이름을 따라서 사마리아Samaria라 불렀다. ²⁵ 옴리는 하나님 눈에서 잘못을 행했다. 그의 사악함에서 그의 선임자들을 다 앞질렀다. ²⁶ 그가 네바의 아들 여로보암의 뒤를 따라, 그가 이스라엘에 가져온 죄짓기를 되풀이했으니, 가치 없는 우상숭배여서 그들의 신 하나님 분노를 일으켰다. ²⁷ 옴리 통치의 다른 사건들, 모험들은 이스라엘 왕 연대기에 썼다. ²⁸ 옴리가 조상들에게 돌아가 사마리아에 장사지냈다. 그의 아들 아합Ahab이 뒤를 이었다.

'아합과 엘리야Eliah'

²⁹ 옴리의 아들 아합이 이스라엘 왕이 된 것은 유다의 아사 왕 38년째로, 그가 사마리아에서 22년간 통치했다. ³⁰ 그는 그의 선임자들보다 훨씬 더 크게 하나님 눈에서 잘못을 행했다. ³¹⁻³² 마치

그는 네바의 아들 여로보암의 죄짓기를 따르기가 모자란 듯, 시돈 Sidon의 에트발Ethbaal 왕의 딸 이세벨Jezebel을 아내로 맞이해 발Baal을 숭배하러 가, 그 앞에 절하고 제단을 세워 사마리아에 발Baal 신전을 지었다. ³³ 그가 또한 신성한 장대를 세웠다. 정말로 그는 이스라엘의 신 하나님 분노를 그 이전의 이스라엘 왕들보다도 훨씬 더 크게 야기했다.

³⁴ 아합의 통치 기간에 베델Bether의 히엘Hiel이 여리고Jericho를 다시 지었다. 그 기초에 그의 장자 아비람Abiram을 놓고, 그 문들에는 그의 가장 어린 아들 세굽Segub을 놓는 생명 값을 치르면서다. 이처럼 하나님께서 눈Nun의 아들 여호수아Joshua를 통해 말씀하신 것을 이루셨다.ᴵᴵᴵ [참고 3]

생각할 점

열왕기상 15-16장은 이스라엘과 유다로 나뉜, 두 나라 왕들의

Ⅲ [참고 3]
  여리고를 다시 지었다고 한다. 여호수아가 예전에 무너트린 여리고가 사람이 살지 않고 있었다는 의미가 아니나, 그 둘레에 성벽이 없는 마을로 남아 있었다. 아합의 통치 기간에 히엘이 그 도시의 벽과 문들을 다시 지으면서 요새화했다. 이는 하나님 은혜의 손으로 가나안 땅을 이스라엘에 선물로 주셨다는, 영원한 기록인데, 여리고가 폐허로 남게 하신, 하나님 의도에 대한 명백한 위배다. 따라서 히엘Hiel은 여호수아가 남긴 저주로 고통을 받았다. (NIV. 성서 주해)

  그때에 여호수아가 이런 저주를 선언했다.

  '하나님의 저주가 이 여리고 시를 다시 지으려고
  나오는 자는 어느 누구에게나 밝혀지게 하시기를.
  그 기초에 그의 장자의 생명 값을 치르고
  그 문들에는 그의 가장 어린 아들 생명 값을 치르리라.' (여6:26)

선정과 실정들이 BC 930-853년까지 약 67년 동안에 걸쳐 번갈아 나온다. 이들의 통치 기간이 다음과 같음을 성서주해에서 참고할 수 있다.

남유다왕국
1대 르호보암(17년), 2대 아비얌(3년), 3대 아사(41년), 도합 61년.
북이스라엘 왕국
1대 여로보암(22년), 2대 나답(2년), 3대 바사(24년), 4대 엘라(2년), 5대 짐리(7일), 6대 옴리(12년), 7대 아합(22년), 도합 84년 7일.

남유다 왕국은 다윗의 후손들이 왕위를 지속한다.

반면에 북이스라엘은 세 번에 걸친 음모와 배신과 살해, 자살로 인해 왕조가 두 배나 빨리 자주 바뀐다. (NIV. 성서주해 연대표는 이스라엘 왕이 8대다. 티브니라는 왕상16:21-22에 나온 왕 후보로 추대되었다가 암살당한 사람도 넣어서다.)

북이스라엘의 첫 왕인 여로보암 아들인 엘라를 죽이고 왕이 된 바샤는 잇사갈(유다와 레아의 다섯째 아들) 족속이다.

하나님께서 기름 붓게 하신 이스라엘 초대 왕 여로보암은 에프라임 족속(왕상11:26)이다. 다윗을 평생 시기한 사무엘에게 기름부음을 받은 사울 왕은 벤저민 족속(삼상 10장)이다. 북이스라엘은 열 지파가 가져가더니만, 열 지파가 번갈아 죽이며 왕위를 차지하는 형국을 벌인다.

'살인하지 말라'는 하나님 계명을 완전히 저버렸다.

하나님께서 비록 선민들의 나라인 이스라엘을 남북 두 나라로 쪼개셨지만, 이스라엘 첫 왕인 여로보암은 선지자 아히야를 보내시어 기름부음을 받고 말씀까지 듣게 해주신다. 그런데 황금 소를 만들어 하나님을 배신하게 선민들을 유도했다. 그래서 하나님께서 늙은 선지자 아히야를 통해, 전해주신 여로보암 후손들에게 내리신다는 징벌에 관해 듣고 죽게 하신다.

여로보암 첫 왕이 그렇더니만 내리 그 모양으로 북이스라엘 왕권을 두고 암살과 모반이다. 3대 왕 바사가 나답을 죽이고, 짐리는 엘라를 죽이고, 짐리는 옴리에게 쫓기다 분신자살까지 행한다.

선민들 열 지파의 나라인 북이스라엘이 하나님 믿음 배신의 역사 위에 서 있다.

남유다와 북이스라엘 초기 왕들 열 명 중에 생애 동안, 하나님께 신실했던 왕은 오직 유다의 아사 왕뿐이다. 유다 왕국을 41년간 통치한 아사는 솔로몬의 증손자이자 다윗의 고증손자다.

이로써 전에 올린, 어린 아사 왕을 그린 시스틴 성당 천장화의 미켈란젤로를 떠올린다. 그 성당 천장에 그린 33장면에는 양옆에 길게 넷씩 여덟의 유다 왕(다윗, 솔로몬, 르호보암, 아사, 웃시야, 히스기야, 요시야, 즈룹바벨)들이 고대 유명 여자 무당(시빌)들 다섯(델피, 쿠마에, 페르시아, 리비아, 에리트리아) 명, 그리고 일곱의 예언자들인 이사야, 예레미야, 에스겔, 다니엘, 요나, 요엘, 즈카리야와 번갈아서 자리를 잡고 있어서다. 가운데는 천지창조 등등 아홉 장면이고 네 구석에도 성서의 유명 장면이다.

  이 중에 아사 왕은 아버지, 그리고 잠자는 어머니와 있다는 제목이 인상 깊다. 모친이 잠을 잔다는 것은 혹시 그녀의 이른 죽음을 묘사한 게 아닌가 싶어서다. 성서에도 모친 이름이 없다. 혹시 극성스런 시모인 마카가 선한 며느리인 아사의 모친을 일찌감치 죽인 게 아닐까 싶다.

  그래서 마카가 심신이 허약했을 아들인 아비얌 왕을 대신해 권력을 휘둘러 권력의 맛을 알았으리라. 더구나 아비얌 왕이 일찍 죽어서 더욱 극성스러워졌을 수 있다. 그런 사악한 그녀가 어린 손자인 아사가 왕이 되자, 손자를 얕보고 나이가 들었을 그녀가 더욱 권력을 탐했으리라.

  그러나 신실한 성품으로 하나님 믿음으로 자라, 심신이 맑고 건강한 아사가 왕위에 오르자 그런 극악한 조모부터 가장 처음에 쳐서 내렸으리라, 볼 수 있다.

  온전한 믿음의 사람인 아사 왕이 어려서부터 조모의 우상숭배 횡포를 겪어서 그녀와 신상들을 유다에서 제거했다. 아사는 바른 심성과 굳은 믿음을 지녀서 자신의 때가 오기를 기다렸으리라. 그런 그의 주변에선 하나님을 섬기는 신실한 사제들과 장로들과 그를 가까이 돌보는 주변 사람들에게 하나님 계명의 바른 가르침을 받았으리라.

  그가 왕이 되자 하나님께서 혐오하는 신전의 남창들부터 제거한 후, 조모의 황후 지위를 박탈, 그녀의 우상들을 제거해 키드론 골짜기에서 불태워 통쾌하다.

　이로써 믿음의 유다 선민들이 아사를 따라, 하나님을 일심으로 찬양하고 섬겼으리라.

　아사 왕 41년 통치 시작이 그러하였다.

　이러한 유다와 달리 이스라엘은 하나님께 배신하는 역사를 거듭한다.

　성서 역사에서 최고 통치자의 믿음의 상태가 얼마나 강하고 선한 통치력을 행사하는가를 하나님께서 살피심을 보여준다.

　다시 곁길로 샌다. 기독교 믿음의 예술가 미켈란젤로가 성서를 잘 알기에 그의 예술혼을 쏟는다. 그가 예루살렘 성전을 거창하게 지어놓고 세상권력과 겉치레만 탐하다 갈라선 선민들 역사에 답답했으리라.

　그럼에도 성서에서 인류의 밝은 미래를 밝혀내고 알려야 한다는 믿음의 예술가의 사명감에 불탔으리라. 기회가 오자 그림 속에서 그가 해야 할 하나님 말씀의 진수를 영원히 힘차게 내뿜도록 온 힘을 다한다. 그것이 시스틴 성당 천장화다. 믿음의 선각자로서, 자신이 전하고 싶은 성서 메시지의 핵심을 빼내서 그의 작품에 발산한다.

　그가 유다 왕국의 여러 왕들을 그리되. 유독 그들의 부모를 함께 그린 사실에서 어릴 때 부모의 신앙교육의 중차대함을 그린다. 그가 그린 최고의 선한 믿음의 유다 왕들은 여덟 명이다. 그 천장화의 그림 33장면 중에, 10번부터 17번까지 그림 제목이 다음의 왕들이다.

    10번, 어머니와 있는 아이, 솔로몬
    11번, 미래 왕의 부모(이새 부부)
    12번, 어머니와 있는 아이, 르호보암(배경에 솔로몬)
    13번, 부모와 있는 아이, 아사
    14번, 부모와 형과 있는 아이, 웃지야Uzziah
    15번, 부모와 있는 아이, 히즈키아Ezekias
    16번, 부모와 있는 아이, 주룹바벨Zurubabel
    17번, 부모와 있는 아이, 요시야Josiah

구약역사 25 **열왕기상 17-18장**

열왕기상 17장

17:1 엘리야Elijah는 길렛Gilead[^I] [참고 1]에 있는 티스베Tishbe[^II] [참고 2] 출신의 티스베 사람Tishbite인데 아합Ahab에게 말하길 '내가 이스라엘의 신 하나님께 그분의 종으로서 생명을 걸고 맹세하노니, 내가 말하지 않는 한, 거기엔 몇 년 동안 비도 이슬도 내리지 않으리라.' ² 그때 하나님 말씀이 그에게 왔다. ³ **'이 장소에서 동쪽으로 향해 떠나라, 그래서 요단Jordan의 동쪽 케리트Kerith 분지[^III] [참고 3] 속으로 숨어들어라. ⁴ 그 시냇물에서 네가 물을 마시도록, 그곳의 까마귀들에게 너를 먹이라고 명령하마.'** ⁵ 엘리야가 하나님께서 하신 말씀대로 했다. 그가 요단의 동쪽 케리트 분지로 가서 머물자, ⁶ 까마귀들이 빵과 고기를 아침과 저녁으로 가져와, 그 냇물로 물을 마셨다.

⁷ 얼마 후에 그 시냇물이 마르는데, 그 땅에 비가 오지 않아서다.

I [참고 1]
　요단강 동쪽의 땅을 길렛Gilead 지방이라 하는데 북쪽인 갈릴리 호수의 동남쪽이 라모스 길렛Ramoth Gilead이다.

II [참고 2]
　요단강이 북에서 남으로 흘러 사해로 들어가는데 그 중간 지점 압복강 위에 티스베Tishbe가 있다.

III [참고 3]
　케리트 분지Kerith Ravine는 라모스 길렛과 티스베 사이에 위치한다.

⁸ 그때 하나님 말씀이 그에게 왔다. ⁹ '시돈Sidon[IV][참고 4]의 마을 자렙팟Zarephath[V][참고 5]으로 가서 거기에 머물러라. 거기의 한 과부에게 너를 먹이라고 명령하마.' ¹⁰ 그가 자렙팟에 가서 그 마을 어귀에 이르자, 막대기를 줍는 한 과부를 보았다. 그가 그녀를 불러, '부디 내게 물주전자로 물을 조금만 마시게 해주시오.' ¹¹ 그녀가 이를 가지러 가자 그녀를 뒤따르며 부르길 '제발 빵 한 조각도 같이 좀 부탁하오.' ¹² 그러나 그녀가 답하길 '당신의 신 하나님께서 살아계신 듯이, 내겐 음식을 만들 식량이 없습니다, 항아리에 오직 한 줌의 밀가루와 기름병에 기름이 약간 있을 뿐입니다. 막대기 두세 개만 더 모아서 가져다가 그걸로 내 아들과 내가 죽기 전에 요리하려고 합니다.' ¹³ '무서워 말라,' 엘리야가 말하길 '가서 네가 말한 대로 해라. 그러나 먼저 나에게 네가 가진 것에서 작은 빵을 만들어 이를 내게 가져오고, 그런 다음에 네 아들과 너를 위해 뭐든 만들라. ¹⁴ 왜냐면 이는 이스라엘의 신 하나님 말씀이어서다. 항아리의 밀가루가 결코 떨어지지 않을 거며 기름병의 기름도 줄지 않으리니, 하나님께서 그 땅에 비를 내리실 때까지다.' ¹⁵ 그녀가 가서 엘리야가 말한 대로 했더니, 그를 위해, 그녀를 위해, 그녀 가족을 위해, 오랫동안 식량이 거기 있었다. ¹⁶ 항아리의 밀가루도 기름병 기름도 떨어지지 않아, 엘리야를 통해 하신 하나님 말씀 그대로였다.

IV [참고 4]
  시돈Sidon은 페니키아의 항구 도시. 성서에서 부와 악덕의 도시, 현재 레바논의 사이다 Saida로 불린다.

V [참고 5]
  자렙팟Zarepthath은 시돈Sidon과 타이어Tyre의 중간에 위치한 고대 도시.

¹⁷ 그런 후에 그 여자 아들인 그 집 소유자가 병들어 매우 나빠지더니 마지막 숨을 쉬고 멈췄다. ¹⁸ 그녀가 엘리야에게 말하길 **'당신이 하나님 사람인데 어떻게든 좀 못하십니까? 당신이 여기 와서 내 죄를 가볍게 하려고 내 아들의 죽음을 부르시다니!'** ¹⁹ **'당신 아들을 나에게 주시오,'** 그가 말했다. 그가 그녀의 팔에서 그 소년을 받아, 그가 머무는 다락방에 올려가 그의 침상에 눕혔다. ²⁰ **그가 하나님께 부르짖길, '나의 신 하나님이시여, 당신께서 머물게 해주신 과부와 그 아들에게 이리도 무정하심이 당신의 배려십니까?'** ²¹ 그리고 그 아이 위에 깊은숨을 내쉬기를 세 번 하고 하나님을 부르며, **'나의 신 하나님께 기도하오니, 생명의 숨길을 이 아이 몸에 되돌려 주십시오.'** ²² 하나님께서 엘리야의 울부짖음을 들으시고 생명의 숨길을 아이 몸에 되돌리시니, 아이가 소생했다.

²³ 엘리야가 그를 안고 다락방에서 내려가 모친에게 말하길 **'봐라, 네 아들이 살아났다.'** ²⁴ 그녀가 엘리야에게 말하길 **'지금 확실히 당신이 하나님 사람이고 하나님 말씀이 당신 입술 위에 진실하심을 압니다.'**

열왕기상 18장

왕상18:1 **시간이 흘러서 3년째 하나님 말씀이 엘리야에게 왔다. '가서, 아합 앞에 서라, 그리고 내가 이 땅에 비를 내리겠다.'** ² 그래서 엘리야가 아합에게 자신을 보이려고 갔다.

이때 사마리아의 기근이 그 정점에 달해, ³ 아합이 그의 가문의 감사관인 오바디야Obadiah를 소환했는데, 그가 신실한 하나님의 신봉자였다. ⁴ 이세벨이 하나님의 예언자들을 학살할 때 그가 그들의 100명을 데려다가 50명씩 동굴에 숨기고 연명할 음식과 음료를 제공했다. ⁵ 아합이 오바디야에게 말하길 '우리가 이 땅의 샘과 분지를 전부 둘러보자, 혹시 말과 당나귀들이 살 수 있는 충분한 목초지를 찾으면, 동물들 한 마리도 잃지 않을 테니까.' ⁶ 그들이 그 땅을 조사하러 둘로 나눠서 아합 자신이 한 길로 오바디야가 다른 길로 갔다.

⁷ 오바디야가 여행할 때 엘리야가 갑자기 그 앞에 섰다. 오바디야가 엘리야를 알아보자 그 앞에 엎드렸다. **'당신이 참으로 나의 주인 엘리야 맞습니까?'** 그가 말했다. ⁸ 그가 답하길 **'그래, 나다. 가서 너의 주인에게 엘리야가 여기 있다고 말해라.'** ⁹ '내가 무슨 잘못을 했습니까?' 오바디야가 항거했다. '어찌하여 나를 아합의 손에 넘기려 하십니까? 그가 나를 죽일 겁니다. ¹⁰ 당신의 신 하나님께서 살아계시듯이, 내 주인이 당신을 찾으라고 어느 지역이나 온 나라에 보내지 않은 데가 없습니다. 만일 그들이 "그가 여기 없습니다." 하면, 당신을 발견할 수 없다는 맹세를 그 지역이나 왕국에서 하도록 시켰습니다. ¹¹ 그런데 지금 당신이 "내가 가서 네 주인에게 엘리야가 여기 있다고 말해라." 하십니다." ¹² "무슨 일이 생기겠습니까? 내가 당신을 떠나자마자 하나님의 영이 당신을 어디론가 데려가 버릴지 누가 압니까? 내가 아합에게 가서 말해야 하는데, 그가 당신을 찾기에 실패하면 나를 죽일 겁니다. 그러나 나는 아직 당신의 종이고 어려서부터 하나님 신봉자입니다. ¹³ 나의 주인님, 이세벨이 하나님 예언자들을 죽이라고 했을 때 그들 100명을 50명씩 동굴에 숨기고 음식과 음료로 연명하게 한 일을,

당신께 어떻게 말하지 않을 수 있겠습니까?" ¹⁴ 지금 당신이 말하길 "가서 너의 주인에게 엘리야가 여기 있다고 말을 하라고요!" 그가 날 죽일 겁니다.' ¹⁵ 엘리야가 답하길 '만군의 하나님께서 살아 계시듯이, 그분의 종인 내가 맹세하니, 이날에 나 스스로 그에게 보여야겠구나.' ¹⁶ 그래서 오바디야가 아합을 찾아서 그런 전갈을 주니, 아합이 엘리야와 마주하러 갔다.

¹⁷ 아합이 엘리야를 보자마자 그에게 말하길 '네가 그, 이스라엘의 말썽꾼인 엘리야냐?' ¹⁸ 엘리야가 대꾸하길 **'이스라엘에 근심을 불러온 건, 내가 아니라, 오직 당신과 당신 부친의 가족이다, 하나님 계명들을 저버리고, 바알을 따르고 있으니까.** ¹⁹ 지금 온 이스라엘을 소환해서 갈멜 산에서 나하고 만나게 하되, 바알 예언자 450명과 아세라 여신 예언자 400명을 포함시켜라, 그들이 이세벨 가문에 속한 자들이다.' ²⁰ 그래서 아합이 이스라엘에 사방통문을 보내어 갈멜 산에 예언자들이 모이게 했다.

²¹ 엘리야가 먼저 가서 백성들을 소집하고 거기서 말하길 **'얼마나 오랫동안 너희가 중도fence에만 서 있을 거냐? 만일 하나님께서 신이시면, 그분을 따르고, 바알이면 그를 따르라.'** 한 마디도 그들이 답하지 않았다. ²² 그래서 엘리야가 말하길 '내가 남은 하나님 예언자로 유일하지만, 거기엔 450명의 예언자가 있다. ²³ 황소 두 마릴 우리에게 가져오게 해라. 그들에게 한 마리를 선택하게 하여 둘로 자르고, 그 위에 장작들을 올리되 불을 붙이진 말라, 그리고 내가 그 다른 걸 준비해서, 그 위에 장작을 놓되 불을 붙이진 말라. ²⁴ 그 다음에 너희가 너희들 신god의 이름을 부르고, 나는 이름대로 하나님을 부르

리라. 그 신the god이 불로써 응답하면, 그가 신God이시다.' 백성들이 모두 외쳐, 찬성했다.

²⁵ 엘리야가 바알의 선지자들에게 말하길 '**황소들 중 하나를 택하여 이를 먼저 제공해라, 거기엔 너희가 많기 때문이니, 이름대로 너희 신을 부르되, 나무에 불을 붙이진 말라.**' ²⁶ 그들이 황소를 잡아서 그들을 위한 준비를 하여, 이를 제공하고, 이름대로 바알 신을 아침부터 낮까지 울면서 부르길, '바알이여, 우리에게 답하소서.' 그러나 거기엔 아무 소리도 대답도 없었다. 그들이 설치한 제단 곁에서 그들이 거칠게 춤을 추었다. ²⁷ 정오에 엘리야가 그들을 조롱했다. '**더 크게 불러라, 그가 너희의 신이니까. 아마도 그가 깊은 생각 중이거나 약혼 중이거나 여행 중이거나 혹은 그가 잠들어서 깨워야 하는지 모르니까.**' ²⁸ 그들이 더 크게 울부짖으며, 그들 관습대로 그들 자신의 몸에 칼이나 창으로 피가 흐를 때까지 깊은 상처를 냈다. ²⁹ 그들이 오후 정규 제물 헌정 시간까지 고래고래 소리쳤으나 여전히 거기엔 아무 소리나 답도, 긴장의 징조조차 없었다.

³⁰ 엘리야가 백성들에게 말하길 '**여기 내게로 오라,**' 그들이 모두 그에게로 왔다. 그가 두 조각났던 하나님의 제단을 수리했다. ³¹ 그가 열두 개의 돌들을 가져오게 했으니, 야곱의 아들들의 각 족속들을 위하여, 그에게 하나님의 말씀대로 이름 지은 자를 위한, 한 개씩이다. ³² **이런 돌들로써, 그가 하나님의 이름으로 제단을 짓고 그 둘레에 도랑을 팠는데, 종자 두 되를 심을 만큼 깊게 했다.** ³³ 그가 장작들을 그 잘라진 소 위에 쌓아 놓았다. ³⁴ 다음에 그가 말하길, '물을 항아리 네 개로 길어다가 그 전 제물 위와 장작 위에 부어라.' 그들이 그렇게 하

자, 그가 말하길 '이를 다시 해라.' 그들이 이를 다시 했다. 그가 말하길 '이를 세 번 해라.' 그들이 이를 세 번 하니, [35] 그 물이 온 주위에 흘러서 그 제단과 심지어 도랑에까지 물이 찼다.

[36-37] 그 정규 제물 헌정 시각에 예언자 엘리야가 앞으로 나서서 기도하길 **'아브라함, 이삭, 이스라엘의 신이신 하나님, 오늘, 당신께서 이스라엘의 신이시고 내가 당신의 종이며, 이 모든 일들이 당신 명령대로 행함을 알게 해 주십시오. 하나님, 응답해 주십시오, 응답해 주십시오, 그래서 이 백성들이 그들의 충성심을 되돌리실 신이신 하나님이심을 알게 해 주십시오.'** [38] 하나님의 불이 떨어져 전 제물, 장작, 돌들, 흙, 도랑의 물까지 핥으며 다 태웠다. [39] 그 광경에 백성들이 모두 엎드려 그들의 얼굴을 땅에 대고 울부짖으며, **'하나님이 신이십니다, 하나님이 신이십니다.'** [40] 엘리야가 그들에게 말하길, **'바알의 예언자들을 잡아라, 하나도 도망가지 못하게 하라.'** 사로잡은 그들을 엘리야가 키손Kishon으로 데리고 내려가서 그 골짜기에서 죽였다.

[41] 엘리야가 아합에게 말하길 **'지금 돌아가서 먹고 마셔라, 왜냐면 내게 지금 무거운 빗소리가 들려서다.'** [42] 그가 그리하는 한편 엘리야 자신은 카멜 산의 틈바귀로 올라갔는데 그곳의 땅에 엎드려 앉아 그의 얼굴을 양 무릎에 묻었다. [43] 그가 그의 종에게 말하길 **'가서 서쪽을 바라보라.'** 그가 가서 보고, **'거기엔 아무것도 보이는 게 없습니다.'** 그가 말했다. 일곱 번을 엘리야가 그에게 가보라 명하여 그가 일곱 번을 갔다. [44] 일곱 번째에 그가 말하길 **'내게 사람 손 크기보다 크지 않은 구름 하나가 보입니다, 서쪽에서부터 다가옵니다.' '지금 가자,'** 엘

리야가 말하며, '그리고 아합에게 말안장을 채워 떠나라고 해라, 아니면 그 비가 그를 멈추게 할 거라고.' ⁴⁵ 그동안 하늘이 점차 검은 구름이 덮여 바람이 불며 강한 비가 내리기 시작했다. 아합이 그의 마차에 타고 지즈릴Jezzeel[VI][참고 6]을 향해 출발했다. ⁴⁶ 하나님의 권능이 엘리야에게 임했다. 그가 옷을 걷어 올리고, 아합 앞에서 모든 길을 지즈릴까지 앞서 달렸다.

생각할 점

왕상 17-18장이 왕상 16장의 마지막 내용을 이어간다.

북이스라엘 왕 아합이 22년간 재위에 있는데, 그가 시돈 출신 이세벨과 결혼, 바알 숭배사당을 짓는다. 아합이 유일신 하나님 길에서 벗어나 일삼은 악행이 어느 왕보다 심했다, 한다. 선민들이 그의 악행을 쫓아가게 해서다.

그런 아합 왕과 선민들 앞에, 열혈한 선지자 엘리야가 왕상 17장에 등장, 호쾌한 일갈을 퍼붓는다. 수년 동안 그 나라엔 비가 내리지 않으리라고. 그리하여 하나님의 사람 엘리야와 어리석고 믿음 없는 아합 왕과 선민들 사이에서 유례없는 통쾌한 일화가 생기도록 하나님께서 일하신다.

길렛의 티스베 출신 엘리야가 자진해서 하나님 이름으로 아합

VI [참고 6]
    지즈릴은 갈멜 산과 사마리아 사이에 위치한, 아합과 악한 왕비 이세벨의 궁전이 있던 도시.

왕과 이스라엘 선민들을 향해 저주에 가까운 힐난을 대담하게 큰 소리로 외친다.

세상에서 최고 통치자 앞에 바른 말을 간하는 일은 자신의 목숨을 거는 거사다. 엘리야가 하나님 믿음의 길에서 벗어나 우상 숭배만 하는 아합 왕과 선민들에 분개해서 견디지 못했다.

이스라엘의 하나님 앞에서 멸망의 길로 걸어가는 왕과 선민들에게 어느 날 엘리야가 외쳤다. 그가 하나님 이름으로 맹세하며 나라 전체에 비난과 저주를 퍼부음으로써 거짓 이방신과의 선전포고를 한다.

*'하나님 이름으로 앞으로 수년간 비가 내리지 않으리.'*란 외침이다.

그런데 그런 말을 왕과 선민들에게 퍼붓기 무섭게 엘리야에게 즉시 하나님 말씀이 임한다, 즉시 거길 떠나 동쪽으로 가라고, 가뭄을 내린다, 하신다!

이런 엘리야의 아합과 선민을 향한 도전의 원인을 생각해야 한다. 아합 왕의 결혼 때문이다. 왕과 선민들이 이방 출신 왕비 이세벨의 우상숭배를 묵인해서다. 이스라엘 왕들의 우상숭배 시작은, 솔로몬 말년의 우상숭배로 인해서다. 이를 답습하듯이 아합이 더욱 심하게 따른다.

솔로몬이 이방인 처첩들을 위해 우상도 신전도 짓고 절을 해서,

나라가 둘로 쪼개진 사실도 잊은 셈이다.

북이스라엘에 새로운 왕들이 엉망으로 통치할지라도, 그나마 하나님 믿음을 굳게 지키며 사는 소수의 선민들이 있다는 증명 기록이 엘리야의 출현이다.

북이스라엘 왕조의 왕들이 서로 죽고 죽이기를 거듭하는 정치놀음에 선민들이 우왕좌왕하지만, 그렇지만은 않았다는 증명이 엘리야의 등장임을 볼 수 있다.

엘리야가 하나님 신앙에서 크게 어긋나고 그릇된 울분에서 아합 왕에게 큰소리로 선언을 해서 이를 알 수 있다.

'이스라엘의 신 하나님께 그분의 종으로서 생명을 걸고 맹세하노니, 거기 그 땅에는 비가 몇 년간 내리지 않으리라, 내가 말하기 전까지는!'

엘리야에게 하나님께서 지시하신 기사는 없다.
순전히 엘리야의 믿음에서 나온 의협심이다.
하나님께서 마치 그러한 엘리야를 기다리신 듯이 즉시 임하시어 그에게 피하라, 지시하신다.

이는 마치 모세가 들판에서 하나님의 번지지 않고 타는 불을 발견하자 도망치지 않고, 그쪽으로 향해 몸을 돌려 돌아서자, 하나님 말씀이 모세에게 임한 기사와 같다.

또한 어린 다윗이 골리앗과 맞설 때와도 같다.

엘리야도 신앙의 힘으로 불의에 나섰다.

하나님께선 그런 때를 맞추어 적극 나선 행동이 절절한 신앙에서 우러난 국가와 민족을 위한 패기를 기다리신 듯이 말씀하신다. 이는 하나님께서 누군가의 속마음을 속속들이 살피고 계시다는 명징한 증거다.

엘리야를 위한 하나님 기적의 기사가 다음과 같다.

1. 요단 동쪽 케리트 분지에 숨어 아합의 생명 위협 추적에서 벗어나게 하심. 거기서 까마귀들이 나른 식량과 그곳 냇물로 연명하게 하심.
2. 냇물도 마르자, 시돈의 자렙팟의 한 과부에게 가라 하여 그 과부의 식량이 떨어지지 않게 하심.
3. 그 과부의 아들이 갑자기 죽자 그녀가 원망, 이를 엘리야의 기도와 처치로 소년의 생명을 되살려주심.
4. 삼 년 후엔 갈멜 산에서 바알숭배자들과 대치, 엘리야 제물에 내린 불로써 하나님 위용 과시. 바알 숭배자들 450명을 죽게 하심.
5. 드디어 비가 내린다. 아합의 마차보다 퍼붓는 빗속을 앞서 달리도록 엘리야에게 능력을 주심.

이런 기사로 이스라엘과 엘리야를 사랑하신 하나님을 감동으로 뵙게 된다.

엘리야와 대조되는 아합도 살핀다.

온 나라가 엘리야의 말대로 3년째 가물어 극심한 지경에, 오직 자신 가문 가축을 먹일 초지를 찾아 부하와 나선다.

아합과 동행한 행정관 겸 감사관인 부하 오바디야가 하나님 섬기는 신앙인이다. 아합과 오바디야가 초지를 찾아 각자 헤매다 엘리야를 부하가 만난다. 이들이 믿음의 사람인지라 뜻밖에 만난 그들의 대화가 당당해 인상 깊다.

엘리야를 알아본 오바디야가 경의를 표하면서도, 엘리야의 부탁을 정중히 거절하는 대화가 멋지다. 이들은 서로가 처한 사회적 입장이 다르다. 오바디야는 고위 행정 관료니 엘리야에 비해 사회 신분이 높다. 그래서 왕을 만나게 주선해달라는 하나님의 사람 엘리야의 청탁을 정중히 거절한다. 오바디야가 자신의 입장을 밝히며 그간의 엘리야에 관한 아합 왕의 근황을 설명한다.

그 논리가 옳기에 엘리야가 아합을 직접 만나겠다, 한다.

이런 기사의 멋짐은 두 사람 입장이 다르나 하나님 앞에서 동등하단 기록이다. 엘리야가 아합 정부 요시찰 수배 인물이다. 겉보기엔 그의 저주로 3년째 선민들이 기근으로 고통 받는 중이다. 그의 면담을 왕에게 주선하면 엘리야를 감추어 두었다는 누명과 왕명 거부한 반역죄도 첨가된다.

이는 한마디로 용감한 엘리야도 막상은 소심한 겁쟁이에 보통 사람이었음을 여지없이 드러낸다.

하나님께서 엘리야에게 아합을 만나라는 지시를 하셔서 오바디야 앞에 나타나 부탁을 한 양상이다. 좌우간에 엘리야가 세상 권력에 겁을 냈다는 독특한 기사다.

이를 보면 하나님 앞에서는 누구나 동등하고 평등하다. 하나님께서 하나님의 사람을 찾는 기준을 알려주는 기록 같다. 오바디야는 그 동안에 자신의 목숨을 걸고 아합 왕 손에서 선한 믿음의 사람들 목숨을 구한 모험을 감행했다.

아합이 엘리야를 찾아 죽이고자 하나님의 사람들을 죽일 때 100명을 50명씩, 두 무리로 나누어 숨긴 다음에 그들을 먹여서 생명을 안전히 지키고 구해주었다.

자고로 악한 권력에 맞서 선한 사람들을 숨겨준다는 일은 목숨을 건 용기다. 가족들과 친구들의 신뢰와 협조와 재력이 필수 조건인 의로운 일이다. 들키면 모두 죽기에 생명을 걸어야 한다.

하나님께서 엘리야만이 아닌 오바디야와도 함께하신 기록이라 소중하다. 오바디야와의 대화에서 엘리야가 힘을 얻는다. 그가 스스로 아합을 만나러 가서 뜻밖의 제안을 하는데 이도 엘리야 자신의 생각이다.

이는 엘리야가 먼저 아합과 선민들에게 도전한 일을 엘리야 스스로 해결하게끔, 하나님께서 지켜보시며 그가 하는 일을 도우시기에 놀랍다. 왜냐면 엘리야의 제안에 아합 왕이 선뜻 응해서다.

아합과 이세벨의 결혼으로 생긴 선민들의 바알 신 우상숭배를,

하나님 믿음의 길로 돌아서게끔, 엘리야를 통해 하나님께서 이끄신다.

거짓 신과 참 하나님의 숭배를 엘리야가 450대 1로 대결한다. 그가 바알 신 숭배자들과 희생제물을 바쳐서 어느 신이 진짜인지 가려내자는 제안에 모두 호응한다.
아합은 제 발로 나타난 엘리야가 그런 쉬운 제안을 하다니, 그를 죽일 기회다 여기며 반겼으리라. 그가 엘리야가 내건 조건대로 전국의 바알 신 숭배자들더러 다 모이라고, 명한다.
기근으로 하루가 시급한 아합 왕이 이를 말릴 리 없다.
갈멜 산에서 통쾌한 격전을 벌인다.

그들이 모이자, 하나님 제단의 부서진 부분을 수리한다. 그리고 하나님 말씀대로 이스라엘이라고 이름 지은 야곱의 아들들의 각 지파를 위한, 돌 열두 개를 가져온다. 이 돌들로 그가 하나님 이름으로 제단을 짓는다. 그리고 그 둘레에 씨앗 두 되를 심을 만치 충분하게 크게 깊게 땅을 파준다. (왕상18:30-32)

엘리야가 선민들에게 그들 믿음의 뿌리를 보여주는 열두 지파를 상징하는 돌을 가져다 하나님 제단을 쌓고, 씨를 두 되나 심을 만치 제단 둘레를 깊이 판다.
이는 무슨 뜻인가. 북이스라엘이 열 지파지만, 선민들이 지상에서 유일신 하나님의 열두 지파 국가임을 명심하라는 으름장이다.

북이스라엘이 남유다와 함께 하나님 섬기는 선민들임을 명심해 하나님을 섬기라는 표시다.

　엘리야가 선민들 앞에서 기도하자 하나님께서 단박에 응답하신다. 그리하여 거짓 선지자들을 다 죽이는 거사를 행한 후에는 비가 올 징조에 대비해 일곱 번이나 하늘을 살피며 엘리야가 기도 올린다. 그의 조수가 사람 손 크기보다 크지 않은 구름이 보인다 하자, 엘리야가 아합 왕에게 마차 타고 궁으로 빨리 떠나라 전갈한다. 엘리야 자신이 맹렬한 폭우 속에 왕의 마차보다 앞서 줄곧 달린다. 그가 하나님께 무한히 감사하며 빗속을 달렸으리라.
　엘리야가 아합 왕이 깨닫길 바랐으리라.
　엘리야는 자신의 경고대로 다 이루어주신 하나님께 깊이 감사했으리라. 이는 엘리야가 하늘에 불려 올려간 선지자라서 많은 생각을 요한다.
　참고로 엘리야의 이름 뜻은 다음과 같다. **하나님은 나의 신이시다.**

구약역사 26 열왕기상 19-20장

열왕기상 19장

^{왕상19:1} 아합이 이세벨에게, 엘리야가 행한 모든 일들과 모든 예언자들을 칼로 죽였다고 말하자, ² 그녀가 이런 전갈을 엘리야에게 보냈다. '신들이 꼭 같은 일을 그보다 더해서, 내일 이 시간이 오기 전에 그들을 죽이듯이 나도 행하겠다.' ³ 엘리야가 죽을까 봐 두려워 도망가니, 유다에 있는 브엘세바Beersheba^{I [참고 1]}에 도착해 그의 종

I [참고 1]
'브엘세바Beersheba'
엘리야가 피신한 지명이 성서역사에서 중요한 사건이 일어난 장소라 참고한다.

1. 창21:14-21
선민들 믿음의 조상 아브라함의 첩 하갈이 낳은 아들 이스마엘을, 사라가 이삭을 낳고 커지자 사라가 두 모자를 집에서 내보낸다. 그들 두 모자가 광야에서 식량이 떨어져 하갈이 울 때 천사가 도와주며 이스마엘의 앞날에 하나님 축복을 전해준 장소가 **브엘세바 벌판**이다. 이때 아브라함이 느꼈을 비참한 심정을 헤아려보자.
이스마엘이 15, 16세 정도로 컸으나 부친으로서 참담했을 심정을 이해할 수 있다. 그가 두 모자를 '하나님께 맡깁니다.'며 보냈으리라. 그래서 아브라함을 사랑하신 하나님께서 천사의 전갈을 보내주신다. 이들이 현재 아브라함의 하나님을 함께 섬기는 회교도들의 조상이다.

2. 창21:25-34
이를 위해 먼저 창 19장과 20장의 기사가 필요하니 다음과 같다. 창 19장에서 아브라함이 유황불로 멸할 도시 소돔과 고모라에서 조카인 롯의 가족을 구한다. 이때의 아브라함은 네겝Negeb에 들어가, 게라Gerar에서 외국인으로 산다. 아름다운 아내 사라를 누이라 칭해, 게라의 왕 아비멜렉Abimelech이 그녀를 취하려 하자, 그 밤에 하나님께서 꿈속에서 그 왕과 그의 집안을 멸한다 하신다. 그 와중에도 그 왕이 하나님께 아브라함이 거짓말을 했다고 항변 올리자, 자신과 집안의 생명을 구하게 된다. 아브라함이 하나님께 다시 중재해서 그의 후손들도 존속하게 도와준다.
창21:25-30에선 아비멜렉 왕과 아브라함의 부하들이 서로의 가축 무리에게 우물물을 먹이려는 일로 다툰다. 아브라함이 아비멜렉 땅에 살지만 가축을 먹이려면 아브라함이 판 우물에 물이 마르지 않아서다. 아브라함과 아비멜렉이 다시 만나 평화조약을 맺는다.

은 거기에 두고, ⁴ 그 자신은 하루쯤 더 여행하여 광야로 나갔다. **그가 양골담초 덤불에 이르자, 그 아래 앉아**[참고 2] **죽기 위한 기도를 올린다. '이로써 충분합니다. 하나님, 나의 생명을 지금 거둬 주십시오. 왜냐면 앞의 조상들보다 나은 게 없어서입니다.'** ⁵ 그가 그 덤불 아래 누워 잠든 동안, 한 천사가 그를 흔들며 말하길 ⁶ **'일어나 먹어라.'** 그

창21:31 이 장소를 왜 브엘세바라고 부르냐 하면, 그들 둘이 서약으로 맹세해서다. ³²그들이 브엘세바에서 조약을 맺고, 아비멜렉은 군대를 데리고 떠나 필레스틴 사람들 땅으로 돌아갔고, ³³아브라함은 브엘세바에서 타마리스크 나무를 심고, 하나님께 그 이름으로써 영원하신 신이라고 불렀다. ³⁴그가 수년 동안 필리스틴 나라에서 외국인으로 살았다.

3. 창26:23-34
창 26장은 '게라Gerar와 브엘세바Beersheba의 이삭'
창 26장 전반 기사는 그 땅에 기근이 나서 이삭이, 게라의 필리스틴 왕 아비멜렉에게 간다. 하나님께서 이삭에게 애급으로 가지 말고, 내가 약속한 이곳에 머물라고 하셔서다.
이삭 또한 아내인 레베카가 아름다워, 그의 모친 사라와 같은 위기에 처하지만 아비멜렉이 구해준다. 이삭이 농사를 짓자, 그해에 백배나 수확을 올려, 부를 얻고 번창한다.
이삭이 부친 아브라함이 죽은 후에 필리스틴 사람들이 메꾸어버린 부친의 우물을 다시 판다. 그 우물로서 수차례 위기에 빠지나 매번 하나님께서 구해주신다. 필리스틴 사람들조차, 하나님께서 이삭을 그가 짓는 농사의 수확에 넘치게 축복하시는 걸 깨닫자, 그들이 먼저 조약을 맺자고 나온다.
그때 새로 파낸 우물에서 물이 나오자, ^{창26:33} **그 이름을 시바Shibah라고 한다. 그 도시가 오늘까지 브엘세바라고 불리는 이유라고 하면서.**

II [참고 2]
'양골 담초 그늘 아래'
엘리야가 광야의 양골 담초 그늘 아래서 죽음을 기다린 기사에서 **요나**의 기사를 떠올린다. 물론 요나가 처한 입장과는 다르지만 그러하다. 왜냐면 요나는 타락한 도시 니느베의 사람들이 망해서 죽으리라 예상, 도시 멸망을 구경하려 기다린다.
자신의 기대치와 달리 하나님 재앙이 도시에 내리지 않자, 요나가 엉뚱하게 하나님께 화를 낸다. 요나가 피한 하루살이 덩굴 식물과 많은 도시 사람 생명에 관한 하나님의 힘찬 다그침과 핀잔에 깨우침을 받아서다.

소돔과 고모라로 롯의 가족을 구하고자 아브라함이 천사의 모습으로 오신 하나님과 긴 말씀을 나눈 기사도 떠오른다. 그 도시의 많은 사람들을 하나님의 유황불에서 구해내고자 의인 열 명이 남기까지 아브라함이 하나님과 힘겨루기 같은 내기를 해서다. (창18:16-33)

가 보니, 그 머리맡 쪽에 뜨거운 돌들에 구운 빵이 있고 물 주전자가 있었다. 그가 먹고 마시고 다시 누웠다. ⁷ 하나님의 천사가 다시 와서, 그를 흔들며 두 번째로 말하길 **'일어나 먹어라, 네가 할 여행이 대단히 멀다.'** ⁸ 그가 일어나 먹고 마시고, 그렇게 그런 음식으로 견디며 40일 밤과 낮을 걸어 신God의 산, 호렙으로 갔다.^{III} [참고 3] ⁹ 거기의 한 동굴로

III [참고 3]
엘리야의 '호렙 산을 향한 40일 도보 여행'
엘리야가 호렙 산에 가려고 사십 일간 밤낮으로 광야를 걸었다는 기사에서 자연스레 여러 장면이 떠오른다. 모세가 하나님과 처음 만난 장소이자 선민들이 모두 모여 하나님과 약속을 맺은 산이 시나이 반도에 위치한 호렙 산이다.
그리고 광야를 걸었다는 기사에선 공관 복음서가 떠오른다. 구세주 예수 그리스도께서 마귀의 시험을 받고자 광야에서 기도하신 날짜의 수와 같아서다.

예수 그리스도께선 40일간 철저히 혼자고 혼자셨다.
엘리야에겐 하나님께서 천사를 통해 40일간 식량을 주셨다.
이는 그 예전의 광야에서 헤매던 선민들에게 내려주신 하나님의 만나를 연상케 한다.

엘리야가 갈멜 산 거사 후에 이세벨 손길을 피해 남쪽 유다 지역을 지난다. 그가 하나님의 산 호렙에 이르게 하신다. 하나님께서 엘리야에게 그분 자신을 보여주시는 장엄한 장면이다.
엘리야가 무작정 아합의 악한 왕비를 피해 도망쳤다.
엘리야의 첫 번째 도망은 악한 아합 왕 손아귀에서다. 그때 엘리야에게 즉시 피하라, 하나님께서 피난처까지 마련해주셨다.
왕상 20장의 두 번째 도피는 세월이 흘러 늙고 지친 엘리야가 죽을 때라고 죽음을 하나님께 청한다고 볼 수 있다.
하나님께서는 왕비 에스더마냥 '죽게 되면 죽으리라 하면, 살려주시는 하나님이심'을 우리들에게 다시금 보여주신다.

다시금 엘리야를 부르시는 하나님에게서 모세의 또 다른 닮은 기사가 접쳐진다. 모세가 하나님을 뵙겠다, 고집하자 바위틈에 그를 숨기시고, 하나님께서 그리 지나가신 기록이다. (출33:18-23)
엘리야와 모세는 자신들의 죽음까지 불사한 일생을 보냈던 하나님의 사람들인데 약간 결이 다른 셈이다. 즉 모세와 엘리야는 큰 차이점이 하나 있다.
모세는 처음에 하나님께서 부르셨을 때 소극적이고 주저했다. 즉시 '네,' 하고 답하지 않았다. 생명의 위협을 감수하고 애굽의 바로 왕과 맞설 자신이 없어 여러 변명을 그분께 늘

들어가 그 밤을 지냈다.

하나님 말씀이 그에게 왔으니, '**엘리야야, 왜 네가 여기 있냐?**' [10] '만군의 신 하나님을 위한 나의 큰 열성 때문입니다,' '이스라엘 백성들이 당신의 계명을 저버리고, 당신의 제단들을 조각내고, 당신의 예언자들을 칼로 죽였습니다. 나 홀로 남았는데, 그들이 내 생명을 취하려고 나를 찾습니다.' [11] 이에 대한 대답이 오니, '가서 그 산 위에 하나님 앞에 서라.' 하나님께서 지나가셨다, 크고 강한 바람이 산을 휘감고 불어서 그 앞의 바위들이 조각났지만, 하나님께선 그 바람 속에 계시지 않았다. 그 바람이 지난 뒤에 지진이 났지만, 하나님은 그 지진 속에 계시지 않았다. [12] 그 지진으로 불이 났지만, 그 불 속에도 하나님은 계시지 않았다. 그 불 다음엔 희미한 중얼거리는 소리가 났다.[IV [참고 4]] [13] 그

어놓았다. 그래서 하나님께서 그의 형 아론까지 동원해 주신다는 점이다.

엘리야는 모세보다 4백여 년 후세대지만, 그 스스로 하나님 믿음의 열성이 꽉 찬 사람이었다. 엘리야 말 그대로, 순전히 '하나님을 위한' 자신의 큰 열성 때문에 목숨을 걸었다. 하나님께선 이러한 점을 높이 보셨다.
그리하여 하나님께선 엘리야가 쉬던 바위굴 앞에 서 있게 하고 지나가셨다. 그리고 두 번이나 거듭 말씀을 들려주며 마지막 할 일을 그에게 당부하신다.
모세는 하나님 뵙길 청했으나 엘리야는 그렇지 않았음에도 그리해 주셨다.
엘리야도 모세처럼 호렙 산에서 하나님을 뵙는다. (왕상19:10, 14)

IV [참고 4]
'화염'의 사건
'불'이라고 나와서 모세의 호렙 산에서 첫 번 기사(출 3장)와 두 번째 기사(출 19장)가 떠오른다. 모세가 처음엔, 불타지만 좀체 번지지 않는 화염의 덤불이 신기해 그리로 가보려고 향하자마자, 하나님께 부름을 받는 장면이다.
두 번째는 드디어 애굽에서 이끌고 나온 이스라엘 백성들과 호렙 산 위에서 '불과 화염' 속에 오신, 하나님께 두려워 떨면서 하나님만 믿고 산다고 모세를 중재로 약속하는 장면에서다. 애굽서 나올 때도 밤엔 불과 화염으로 선민을 보호하고 인도하셨다.

세 번째의 불과 화염은 엘리야가 갈멜 산의 선민들의 제단에 내리신다. 이로써 하나님 실

가 이를 듣자 그의 외투자락에 얼굴을 감싸고 밖으로 나가, 그 동굴 입구에 섰다. **거기에 목소리 하나가 왔으니, '왜 네가 여기에 있느냐, 엘리야?'** [14] '만군의 신이신 하나님을 위한 나의 큰 열성 때문입니다,' 그가 답하길 '이스라엘 백성들이 당신의 계명을 저버리고, 당신의 제단들을 부수고, 당신의 예언자들을 칼로 죽였습니다. 나만 홀로 남아 그들이 나를 죽이려 찾습니다.'

[15] **하나님께서 그에게 말씀하길 '돌아가라, 광야로 가는 길로 해서 다마스쿠스Damascus 시로 들어가, 하자엘Hazael을 아람Aram의 왕으로 기름을 부어라,** [16] **또한 님시Nimshi의 아들 예후Jehu를 이스라엘 왕으로 기름 붓고, 그리고 너를 대신할 예언자로 아벨 메홀라Abel-meholah의 샤팟Shaphat의 아들 엘리사Elisha를 임명해라.** [17] **누구든지 하자엘의 칼에서 도망하는 자는 예후가 죽일 것이요, 누구든지 예후의 칼에서 도망하는 자는 엘리사의 칼에 죽으리라.** [18] **그러나 내가 이스라엘에 7,000명을 남기리니, 모두 다 바알에게 무릎을 꿇지 않고, 그 입술로 그에게 입맞춤을 하지 아니한 사람들이다.'**

[19] 엘리야가 출발해서 샤팟의 아들 엘리사가 쟁기질하는 걸 발견했다. 열두 쌍의 황소들이 그 앞에 있고, 그 자신은 마지막 소들과 있었다. **엘리야가 지나면서 그의 외투를 그에게 던졌다.** [20] 엘리사가 그의 황소들을 떠나 엘리야에게 달려와 말하길 '나의 부모님께 작별인사를 하러 돌아가게 해주십시오, 그런 다음에 당신을 따르겠습니다.' '돌아가라,' 그가 답하니 '내가 어떻게 너를 막느냐?' [21] 그가 그를 더 멀리 따르지 않고 집으로 가서 그의 황소 한 쌍을 죽이며 그 나무 멍에를 태워,

---

재의 실체를 선민의 조상들 모두에게 각인하듯, 하나님께서 모습을 보여주셨다.

그 고기를 취해 이를 그 마을 사람들에게 주어서 먹게 했다. 그 다음에 그가 엘리야를 따라와 그의 제자가 되었다.

열왕기상 20장

왕상20:1 아람Aram의 벤 하닷Ben-hadad 왕이 그의 모든 군대를 소집, 그와 같이 32명의 왕들과 마차들로 행군, 사마리아를 빼앗고자 포위 공격했다. [2] 그가 그 도시에 사절을 보내 이스라엘 아합 왕에게 말하길, '벤 하닷의 말을 들어라. [3] 너의 은과 금은 나의 것이고, 너의 아내들과 훌륭한 자녀들도 나의 것이다.' [4] 이스라엘 왕이 답하길, '나의 주, 왕의 말대로 나와 내가 가진 모든 건 그렇습니다.' [5] 사절들이 다시 와서 말하길, '벤 하닷이 이르노라, 내가 요구하니, 너의 은과 금, 아내들과 자녀들을 나에게 넘겨라. [6] 내일 이 시간에 나의 종들을 보내, 너의 궁전과 소유한 집들을 뒤져서 너의 자랑인 모든 소유를 가져가겠다.'

[7] 이스라엘 왕이 그 땅의 모든 장로들을 불러서 말하길, '너희들이 근심 때문에 고개 숙인 남자를 보리니 금은과 아내들과 아이들을 달라고 주장할 때 내가 그에게 항변하지 않아서다.' [8] 장로들과 백성들이 모두 답하길, '그의 말을 듣지 마십시오. 결코 승낙해선 안 됩니다.' [9] 그래서 그가 벤 하닷의 사절들에게 이러한 답을 주었다. '나의 주, 왕에게 말하시오. 내가 첫 번의 경우에는 폐하의 요구를 받아들였으나, 지금은 당신의 청에 응할 수 없습니다.' 사절들이 돌아가 그들 주인에게 보고하자 [10] 벤 하닷이 대답을 보내왔다. '신들이 내게 같은 일을 더하리니, 내 부하들에게 줄, 한 줌의 먼지라도 사마리아에 남아 있으려

나.' [11] 이스라엘 왕이 답하길, '이 말을 그에게 전하시오, "자랑할 시간은 전투를 마친 다음 일입니다.' [12] 이 전갈이 벤 하닷에게 닿았을 때 벤 하닷과 그들의 왕이 주둔지에서 연회를 하던 중이라, 즉시 그의 부하들을 배치, 도시를 공격하라 했다.

[13] 그동안 **예언자 한 사람이** 아합 왕에게 와서 선언하길, **'이는 하나님 말씀이오. 너희는 이 굉장한 군대가 보이냐? 내가 오늘 이를 너희들 손에 줄 터이니, 너희는 내가 하나님이심을 알리라.'** [14] '이를 위해 누구를 병사로 씁니까?' 아합이 물었다. **'하나님께서 말씀하길, 그 지역의 장교들로 복무하는 젊은이들이다.'** '누가 공격을 시작할 거냐?' 왕이 물었다. **'당신이오.' 예언자가 말했다.** [15] 아합이 젊은이들을 소집하니 모두 232명이고, 그들 뒤에 선 이스라엘 백성들이 모두 7,000명이었다.

[16] 그들이 한낮에 진군하는데, 그 한편에선 벤 하닷과 그의 동맹들인 32명의 왕들이 그들 주둔지에서 인사불성이 되게끔 술을 마시고 있었다. [17] 젊은이들이 먼저 돌격했으니, 벤 하닷이 사마리아에서 사람들이 나왔다는 말을 들었다. [18] '만일 그들이 평화를 위해 나왔다면,' 그가 말하길, '그들을 살려 두라, 만일 전쟁을 위해 왔더라도 살려두라.'

[19] 군대가 그들 뒤를 따르게 하면서, 그 젊은이들이 그 도시에서 나갔다. [20] 각자가 그의 상대를 죽이자, 아람 사람들이 도망쳐 이스라엘 사람들이 추격했다. 아람의 벤 하닷 왕이 말 등에 올라타고 몇몇 기병들과 같이 도망쳤다. [21] 이스라엘 왕이 진군하여 아람 사람들에게 큰 패배를 안기고 말들과 마차들을 가져갔다.

²² **그 예언자가 이스라엘 왕에게 와서 조언하길, '당신의 군대를 일으키십시오. 당신은 당신이 어찌해야 할지를 아십니다. 해가 바뀌면, 아람의 왕이 새로이 공격할 겁니다.'** ²³ 아람 왕의 장관들이 그에게(벤 하닷 왕) 이런 조언을 하였다. '그들의 신들이 그 언덕들의 신들입니다. 그래서 그들이 우리보다 너무 강했던 겁니다. 그들과 평야에서 싸우도록 합시다. 그러면 우리가 그들보다 더 높은 우위에 섭니다. ²⁴ 당신이 해야 할 것은 왕들을, 그들의 명령과 그들의 장소에 다른 장교들을 지명하는 데서 가볍게 해주는 겁니다. ²⁵ 당신이 잃어버린 군대와 똑같은 군대를 일으키시오. 당신의 기병들과 마차들을 먼저 것들만큼 강하게 높이시오, 그 다음에 평야에서 이스라엘과 싸웁시다. 그러면 확실히 우리가 우세할 겁니다.' 그들의 조언을 듣고 그대로 행했다.

²⁶ 해가 바뀌자, 벤 하닷이 아람 인들을 소집해 이스라엘을 공격하려고 출발해 아펙Apheck까지 행군했다. ²⁷ 이스라엘 사람들 또한 군대를 소집해 적군을 맞이하러 나아갔다. 이스라엘 군대가 그들과 마주보고 진을 쳤을 때 그들은 새로 태어난 염소 한 쌍보다도 나아보이지 않았는데 곧 아람 사람들이 그 들판을 뒤덮었다. ²⁸ 하나님의 사람이 이스라엘 왕에게 와서 말하길 **'이는 하나님 말씀이다, 아람 사람들이 하나님을 언덕들 위의 신이라 여기면서 골짜기들의 신이 아니라고 생각한다. 그래서 내가 이 많은 군대를 너의 손에 모두 넘겨줄 터이니, 너는 내가 하나님이신 줄 알아라.'**

²⁹ 그들이 이레 동안에 반대쪽에 진을 쳤다. 일곱째 날에 전투가 일어나 이스라엘이 아람의 보병을 하루에 10만 명이나 죽였다. ³⁰ 생존자들이 아펙Aphek으로 달아나 요새로 들어가 그 도시 성벽 안

에 2만 7천 명이 남았다. 벤 하닷이 그 요새에 피난처를 취해 내실 깊숙이 퇴각했다.

³¹ 그의 부관이 그에게 말하길, '우리가 듣기로는 이스라엘 왕들은 믿을 만한 사람들이라 합니다. 그러니까 우리가 베옷을 뒤집어쓰고 우리 허리를 거친 끈으로 묶고 머리도 두르고 이스라엘 왕 앞에 나갑시다. 이로써 어쩌면 그가 우리 생명을 남겨줄지 모릅니다.' ³² 그래서 그들이 베옷과 끈으로 조이고 이스라엘 왕 앞에 가서 말하길 **'당신의 종, 벤 하닷이 생명을 간청합니다.'** '내 충성스런 사촌이여,' 그가 말하길 '아직 그가 살아 있냐?' ³³ 은혜의 징조라 생각한 그 남자들이 즉시 이에 사로잡혀 말하길 '네, 당신의 사촌 벤 하닷입니다.' '가서 그를 끌어내라' 그가 말했다. 벤 하닷이 아합의 앞으로 나오자, 자신의 마차로 그를 초대했다. ³⁴ 벤 하닷이 그에게 말하길 '나는 나의 부친이 당신 부친에게 준 마을들을 되돌려 받고자 합니다. 그러면 당신이 다마스쿠스 시에다 당신의 교역 구역을 설치할 수 있으니, 내 부친이 사마리아에 세운 것처럼 말입니다.' 아합이 말하길 '그 말들로 내가 너를 보내주겠다.' 그렇게 그가 그에게 약조하고 가게 했다.

³⁵ **한 무리의 예언자들 중 하나가 하나님 명령으로 어떤 남자에게 그를 치라고 명령했으나 그 남자가 거절했다.** ³⁶ '네가 하나님께 순종하지 않았기에,' 그 예언자가 말하길, '네가 나를 떠나면 사자 한 마리가 너를 공격하리라.' 그 남자가 떠났을 때 사자 한 마리가 그를 덮쳐 공격했다. ³⁷ 그 예언자가 또 다른 남자를 만나서 그를 치라고 주문했다. 이 남자가 그를 쳐서 상처를 입혔다. ³⁸ 그 예언자가 떠나면서 그의 두 눈 위에 붕대를 감아서 가장하고 왕을 위해 길옆에서 기다렸다. ³⁹ 왕이

지나가자 그가 그를 불렀다. '**주인님, 내가 치열한 전투에 갔었는데, 한 병사가 내게 포로 하나를 넘겨주며 말하길 "이 친구를 잘 지켜라. 만일 어떤 경우든지 그가 도망가 버리면, 너의 생명을 잃게 되리라, 혹은 네가 은 한 냥 a talent을 지불해야만 할 거다."** [40] **내가 이런저런 일로 분주한 사이, 그가 사라졌습니다, 주인님.**' 이스라엘의 왕이 그에게 말하길 '**너 자신이 사형 언도를 받겠구나.**' [41] 이에 그 예언자가 눈에서 붕대를 찢어내자, 왕이 그가 예언자들 중 하나임을 보았다. [42] **그가 왕에게 말하길 '이는 하나님 말씀이다. 내가 금지시킨 그 남자를 네가 가게 해서 네 생명이 그의 생명을 위해, 너의 백성들 생명이 그의 백성들을 위해 상실하리라.**' [43] 이스라엘 왕이 화가 나고 뿌루퉁하니 집으로 떠나 사마리아로 들어갔다.

생각할 점
왕상 19장

악한 왕비 이세벨이 엘리야에게 복수의 칼날을 간다고 위협한다. 엘리야가 겁먹고 도망간다. 엘리야가 갈멜 산의 일대 사건(왕상 18장)을 하나님 힘으로 해냈지만, 악한 왕비의 사악함을 피해 숙소를 떠나 도주한다. 그 갈멜 산의 기적이 하나님께서 그와 함께해 주신 일임에도 엘리야는 자신을 죽인다는 왕비 손에서 도망간다.

이런 기사들이 하나님의 사람이란 어떠해야 하는가를 알려준다. 하나님의 사람인 엘리야는, 삐딱하게 사악한 우상 숭배의 길을 걷는 아합 왕과 선민들을 위해, 하나님 믿음으로 되돌리려는 열정만 가득했다. 엘리야가 자신의 생명을 위협받자 광야로 도망간다.

그 광야에서 죽으리라 하고, 자신의 종까지 밀어 내고 혼자 들판에 나가서 주저앉아 하나님께 이젠 죽어도 충분하니 감사하고 죽겠노라, 기도한다. 결코 자신의 목숨을 위한 기도를 올리지 않는다. 그가 광야에서 진이 빠져 하나님께 감사하고 죽으리라, 혼절했으리라.

하나님께서 광야에서 죽으려던 엘리야를 깨워, 그가 해야 할 일을, 세 가지 당부하신다. 그리하여 엘리야가 일어나, 다시 이스라엘로 돌아간다. 이 기사는, 엘리야가 이때 죽었다 살아난 셈이라고, 깨닫고 생각하게 해준다.

다시 그가 힘 있게 하나님께서 명하신 일들을 다 완수하고자 되돌아간다. 그가 돌아가는 도중에 하나님께서 엘리야의 후계자인 엘리사도 만나게 해주신다.

하나님께선 엘리야의 늘그막에 이스라엘에 하나님을 섬기도록 그분께서 남겨두신 7,000명의 사람들과 엘리야 자신을 이을 선민들의 충성스런 젊은 후계자를 만나게 해주신다. 하나님께서 엘리야를 지켜주시고 그를 통해 일하셨음을 보여주신다.

그가 얼마나 하나님께 감탄, 감사하며 행복했으랴.

앞으로 나오지만 엘리야는 에녹처럼 산 채로 하나님께 불려간, 성서에서 극히 드문 하나님의 사람이다.

창세기 초의 인물인 에녹은 하나님과 함께 걷다가 불려갔다. 에녹과 달리, 엘리야의 승천은 그의 후계자인 엘리사가 지켜본다. 그런 증인을 남겨 영원히 이를 전한다.

신약에서는 그리스도께서 5백여 명의 사람들이 지켜보는 가운데 승천하셨다. 그리스도께서 십자가상에서 신음하실 때 사람들이 엘리야를 부르시는 듯하다, 복음서가 전한다.

왕상 20장

하나님의 선민들을 향하신 사랑이 지대하심을 깨닫게 해준다. 악하고 어리석은 이스라엘 아합 왕일지라도 하나님께서 도우신다. 하나님을 믿지도 섬기지도 아니하는 선민들 왕임에도 도우신다. 마치 선민들과 아합 왕이 그들의 잘못을 스스로 깨닫기를 일깨우고자, 그들이 돌아서기를 기다리신 듯 하나님께서 도우신다.

이는 엘리야가 아합 왕비의 살해 위협을 피해, 먼 남쪽 호렙 산까지 피신 간 사이에 벌어진 사건이다. 엘리야 대신에 다른 하나님의 사람을 아합 왕에게 보내서, 두 차례나 하나님께서 아람의 침략에서 이스라엘을 구해주신다.

이는 아합 왕이 자신의 조상들의 신이신 하나님에 관해 믿음은 커녕 심한 무지를 드러내는 사건이다. 아합이 처음엔 아람 왕의 안하무인인 외교 결례 협박에 겁나서, 이스라엘 장로들의 조언을 구한다.

아합 왕이 일단 이스라엘 장로들의 조언을 구했기에 즉시 하나님께서 도우신다. 장로들의 조언대로 아합이 아람의 무례한 위협 협상을 거절하자, 하나님의 사람이 와서, 왕과 선민을 돕는다. 두 차례나 크게 돕는다.

그런 그 하나님 사람의 전언 속엔 심지가 있으니, **그가 하는 말들이 모두 하나님 말씀이니까, 하나님께서 하시는 일임을 아합 왕과 이스라엘이 반드시 알아야 한다는 조건이다.**

그러나 연속 두 번의 승리에 취한 아합이 전혀 이를 깨닫지 못하자, 그에게 기회를 놓쳐서 결국은 이스라엘이 망하리란 하나님 사람의 말씀 전갈을 듣게 된다.

하나님께서는 선민들을 남북 두 나라로 쪼개셨지만 당신의 선민들 열 지파가 속한 북이스라엘 선민들을 결코 포기 않으셨다.

이들을 계속 지켜서 왕과 그 곁의 장로들인 지도층들의 동태를 살피며 선민들을 도와주셨다. 아합 왕처럼 미련한 왕과 그를 따른 선민들임에도, 하나님께선 엘리야 같은 선지자를 보내셨기에 이를 알 수 있다.

엘리야 말고도 또 다른 하나님의 사람을 보내시어, 선민들이 하나님 믿음의 바른길에서 벗어나지 않게끔 도와주신다.

구약역사 27 **열왕기상 21-22장**

열왕기상 21장

왕상21:1 시간이 얼마 지난 후에 사건 하나가 일어났으니, 사마리아의 아합 왕 궁전에 접한 지즈릴Jezreel에 포도원을 가진 지즈릴 사람 나봇Naboth과 관련해서다. ² 아합이 나봇에게 제안하길, '네 포도원이 내 궁전에 붙어 있다. 이를 내 정원으로 삼고자 한다. 이와 바꾸고자 네게 그보다 더 좋은 포도원을 주거나, 그 값어치의 은을 주겠다.' ³ 그러나 나봇이 답하길 '하나님께서 내게 항상 있던 가문의 땅을 당신에게 넘기길 금하십니다.' ⁴ 아합이 화가 나서 부은 채로 집에 갔는데, 나봇이 자신의 조상 땅을 넘겨주길 거절해서다. 그가 침상에 가서 얼굴을 파묻고 먹기를 거부했다. ⁵ 그의 아내 이세벨이 그에게 와서 묻길 '왜 부어 있고, 먹기를 거부합니까?' ⁶ 그가, '내가 지즈릴의 나봇에게 그의 포도원을 값을 치르고 사거나 그가 좋을 대로 다른 가격의 무엇이든 바꾸자고 제안했으나 거절했소.' ⁷ '이스라엘 왕이 당신이요, 아니요?' 이세벨이 반박했다. '가서 식사부터 하고 진정하세요. 내가 당신에게 나봇의 포도원을 선물로 주게 할 테니까.'

⁸ 그녀가 아합의 이름으로 편지들을 써서, 그의 직인으로 봉인해, 나봇의 도시의 명사들과 장로들에게 보냈는데, 나봇과 같이 시의회에 앉는 사람들이다. ⁹ 그녀가 쓰길, '잔치를 베풀어 나봇이 사람들 사이의 영예의 자리에 앉게 하시오. ¹⁰ 그의 반대쪽에는 무뢰배 두 명을 앉혀서, 왕과 하나님을 그가 저주했다고 말하게 하시오. 그

러면 그를 끌어내어 돌로 죽이시오.' [11] 나봇 시의 명사들과 장로들이 이세벨이 보낸 편지의 지시대로 행했다. [12] 그들이 잔치를 선언하며 나봇을 영예의 자리에 앉혔다. [13] 두 명의 무뢰배들이 와서 그의 맞은편에 앉아 공공연히 그에게 왕과 하나님을 저주했다고 말썽을 일으켰다. 그래서 그가 도시 밖으로 끌려 나가 돌에 맞아 죽었고, [14] 이세벨에게 나봇이 돌에 맞아 죽었다는 전갈이 왔다.

[15] 이세벨이 나봇의 죽음을 듣자마자 아합에게 말하길 '일어나 나봇이 당신에게 팔기를 거절한 포도원을 가지시오, 그가 더 이상 살아 있지 않기 때문이오, 지즈릴의 나봇은 죽었습니다.' [16] 나봇이 죽었다고 듣자 아합이 일어나서 그 포도원을 가지러 갔다.

[17] 하나님 말씀이 티스빗 사람 엘리야에게 왔다. [18] **'즉시 내려가 이스라엘 왕 아합에게 가라, 그가 사마리아에 있다. 너는 그가 나봇의 포도원을 소유하려고 간 것을 볼 거다.** [19] 그에게 말해라, "이건 하나님 말씀이니, 네가 살인을 하고, 그 재산을 차지하냐?" 그에게 말해라, "이것이 하나님 말씀이다: 개들이 나봇의 피를 핥은 데서 너의 피도 핥으리라."' [20] 아합이 엘리야에게 말하길 '그래서 나의 적인 네가 나를 찾았구나.' '그렇소,' 그가 말하길 '왜냐면 당신 스스로 하나님 눈 안에서 잘못과 관련한 행동을 했기 때문이오.' [21] "내가 너에게 재난을 가져오리라. 내가 너를 쓰러뜨려 없애고, 이스라엘에서 아합 가문의 모든 어머니 아들들이 집의 보호 아래 있건 말건, 죽이리라. [22] 내가 너의 가문을 네바의 아들 여로보암 가문에게 한 듯이, 그리고 아히야의 아들 바샤에게 한 듯이 다루리라, 왜냐면 네가 이스라엘을 죄로 이끌게 해서, 나의 분노를 일으켜서다."' [23] 하나님께서

이세벨에게 말씀을 계속하니, '이세벨이 지즈릴의 요새 근처에서 개들에게 먹히리라. ²⁴ 아합의 가문이 그 도시 안에서 죽은 자들은 개들 먹이가 되고, 들판에서 죽은 자들은 새들 먹이가 되리라.'

²⁵ 하나님 눈 안에서 아합이 행한 잘못과 관련해 그처럼 자신을 팔았던 자가 결코 없었으니, 모두 그의 아내 이세벨의 유혹 때문이었다. ²⁶ 그가 거짓 신들을 따라 총체적인 혐오 죄를 범했으니, 하나님께서 이스라엘을 위하여 쫓아낸 아모리트 족이 행한 모든 짓거리를 행해서다.

²⁷ 아합이 엘리야의 말들을 들었을 때 자신의 옷을 찢고 베옷을 뒤집어쓰고 금식했다. 그가 베옷 속에 앉아 계속 신음하며 보냈다. ²⁸ 하나님 말씀이 티스빗 사람 엘리야에게 왔다. ²⁹ **'네가 보느냐, 아합이 스스로 내 앞에서 얼마나 낮추는가를? 그가 그처럼 자신을 낮추기에 내가 그 가문에 내린 재앙을 그의 생전엔 가져오지 않겠다, 그러나 그의 아들 대에서 행하리라.'**

열왕기상 22장

왕상22:1 3년 동안 이스라엘과 아람 사람들 사이에 전쟁이 없었다. ² 그 3년째 유다의 예호샤팟 왕이 이스라엘 왕을 방문하러 내려갔는데 ³ 아합이 그의 각료들에게 말하길, '너희는 라모스 길렛이 우리에게 속한 걸 아는데, 아직 우리가 이를 아람의 왕에게서 찾으려 아무것도 하지 않았다.'고 말한 때였다. ⁴ 예호샤팟에게도 그가 말하길 '내가 라모스 길렛을 침공하려는데, 당신이 합류하겠습니까?' 예호샤팟이 답하길 '나의 것은 무엇이든 당신 것이오, 나 자신, 내 백성, 내 말

들이 그렇듯이.' ⁵ 그러나 그가 이스라엘 왕에게 말하길 **'제일 먼저 하나님께 의견을 구합시다.'**

⁶ 이스라엘 왕이 예언자들을 소집했는데 그들 중 400명에게 묻기를 '내가 라모스 길렛을 공격할까, 혹은 말아야 할까?' '공격하십시오.'가 대답이었다. '하나님께서 폐하의 손에 이를 넘기실 겁니다.' ⁷ 예호샤팟이 묻길 **'이곳에 우리가 안내를 찾을 만한 또 다른 하나님 예언자가 없습니까?'** ⁸ '한 사람이 더 있소,' 이스라엘 왕이 답하길 '우리에게 하나님 안내를 전할 만한 사람이지만, 나는 그 남자를 증오하오, 왜냐하면 그가 나를 위해 절대로 선한 예언들을 아니하고, 오직 악한 것만 말해서입니다. 그의 이름은 임라Imlah의 아들 미카이야Micaiah입니다.' 예호샤팟이 주장하길 '나의 주, 왕이여, 당신 입술에 그런 말이 결코 지나가지 않게 해주십시오!' ⁹ 그래서 이스라엘 왕이 환관 중 하나를 불러, 온 속력으로 달려 임라의 아들 미카이야를 끌어오라, 말했다.

¹⁰ 이스라엘 왕과 유다의 왕 예호샤팟이, 그들 왕가의 정장으로 사마리아 문 출입구에서 왕좌에 앉자, 모든 예언자들이 예언했다. ¹¹ 그들 중, 하나인 케나나kenaanah의 아들 즈데키야Zedekiah가 스스로 뿔 나팔로 선언하길 '이는 하나님 말씀이다. 이런 뿔들로써 너희가 아람 사람들을 꿰뚫어, 그들을 끝장내리라.' ¹² 같은 맥락으로 그들 모두 예언하길 '라모스 길렛을 공격하면, 그날 승리합니다. 하나님께서 이를 당신들 손에 넘기실 겁니다.'

¹³ 미카이야를 데리러 갔던 전달자가 예언자들이 이구동성으로 왕에게 한, 그런 호의의 대답을 말한다며 덧붙이길 '그러니 너는 그

들과 같은 마음을 먹어라.' 하였다. [14] 미카이야가 말하길 **'하나님께서 살아 계시니, 나는 오로지 하나님께서 내게 하시는 말씀만 말할 거다.'** [15] 그가 왕의 면전에 닿자 왕이 묻길 '미카이야야, 내가 라모스 길렛을 공격하랴, 혹은 자제하랴?' '공격하는 날 이깁니다,' 그가 답하니 '하나님께서 길렛을 당신 손에 넘기실 겁니다.' [16] 왕이 말하길 **'얼마나 자주 내가 너에게 간청해야 하나님 이름으로 진실 이외엔 아무것도 말하지 않을 거냐?'** [1] 그러자 미카이야가 말하길

'내가 온 이스라엘이 산들 위로 흩어지는 것을 봅니다,
양치기 없는 양처럼
그리고 나는 하나님께서 말씀하신 것을 들었습니다,
"그들은 주인이 아무도 없다,
그들을 집으로 평화로이 가게 해라."'

[18] 이스라엘 왕이 예호샤팟에게 말하길 '내가 당신에게 말하지 않았소, 그가 내게 그저 악한 것 외에는 절대 선한 건, 아무것도 예언하지 않는다고요?' [19] 미카이야가 계속하여, **'지금 하나님 말씀을 들으시오, 내가 하나님께서 그의 보좌에 앉으심을 봅니다, 그분의 오른쪽, 왼쪽에서 그분 시중을 드는 만군들과 함께하신 것을.** [20] 하나님께서 말씀하시길, "누가 아합에게 라모스 길렛을 공격하라고 부추기겠느냐?" 그 하나가 하나를 말하니, 다른 하나가 또 다르게 말하며, [21] 한 영이 앞으로 나서기까지 하는데, 그가 하나님 앞에 서서 말하길 "내가 그를 유혹할 겁니다." [22] "어찌할 거냐?" 하나님께서 말씀하셨다. "내가 나

갈 겁니다." 그가 답하니, "그래서 모든 예언자들의 입술에 거짓 영을 줄 겁니다." "그를 유혹해라, 네가 이기리라," 하나님께서 말씀하셨다. "가서 이를 하여라." ²³ 그러니까 네가 보아라, 어떻게 하나님께서 모든 그의 예언자들의 입에 거짓 영이 있게 하시는가를, 왜냐면 그분께서 너를 위한 재앙을 명하셨기 때문이다.'

²⁴ 그러한 말에 케나나의 아들 즈데키야가 미카이야에게 와서 그의 뺨을 쳤다. '그래서 하나님의 영이 나를 지나치고, 너에게 그렇게 말하라고 하였냐?' 그가 대답을 요구했다. ²⁵ 미카이야가 반박하길 **'그것을 네가 그날에 도망쳐 내실 안에 숨을 때 알리라.'** ²⁶ 이스라엘 왕이 미카이야를 잡으라고 명하여, 그 시의 통치자 아몬과 왕의 아들 요아스에게 감금하라 명했다. ²⁷ '이 자를 옥에 던져라,' 그가 말하길, '내가 안전히 집에 오기까지, 그에게 죄수의 음식인 빵과 물만 주어라.' ²⁸ 미카이야가 선언하길 **'혹여 당신이 안전하게 돌아온다고는 하나님께서 내게 말씀하지 않으셨습니다.'**

²⁹ 이스라엘 왕과 유다 왕 예호샤팟이 라모스 길렛으로 행군했다. ³⁰ 이스라엘 왕이 가장을 하고 전쟁터로 갔는데 이는 그가 예호샤팟에게 말한즉, '내가 나 자신을 가장하고 싸움터에 갈 테지만, 당신은 당신 왕의 예복을 입고 가야만 합니다.' 말해서다. ³¹ 아람Aram 왕이 그의 마차부대 대장들 32명에게 이 사람 저 사람과 싸우지 말고, 오직 이스라엘 왕하고만 싸우라고 명령했다. ³² 대장들이 예호샤팟을 보았을 때 그들은 그가 이스라엘 왕이라고 생각해서 그에게로 돌아서 공격했는데, 예호샤팟이 울부짖으니, ³³ 그 대장들이 그가 이스라엘 왕이 아님을 보고 나서 그에 대한 공격을 멈

추었다. ³⁴ 어쨌거나 한 남자가 그의 활을 되는 대로 쏘았는데, 이스라엘 왕을 맞히었으니, 갑옷과 가슴방패를 연결하는 솔기였다. 왕이 그의 마부에게 말하길, '돌아서서 이 전선에서 내가 벗어나게 해라, 내가 상처 입었다.' ³⁵ 그날 싸움이 최고조에 이르렀을 때라 왕이 아람 사람들과 마주해, 그의 마차에 기댄 채로 버텼는데 그 상처에서 피가 마차 바닥까지 흘렀고, 그 저녁에 그가 죽었다. ³⁶ 해 질 녘에 전령이 전 군대를 통해 울면서 지나갔으니, '모든 사람은 그의 도시로, 각자 그의 고향으로.' ³⁷ 이렇게 왕이 죽었다. 그를 사마리아로 데려와 장사지냈다. ³⁸ 그 마차를 사마리아의 구정물에 씻었는데 거긴 창녀들이 몸을 씻는 데라 개들이 그 피를 핥아서, 하나님 말씀이 이루어졌다.

³⁹ 아합의 통치 기간의 다른 활동과 사건들, 그가 세운 마을들과 상아로 장식한 궁전은 이스라엘 연대기에 수록했다. ⁴⁰ 아합이 그의 조상들에게 돌아가, 그의 아들 아하지야Ahaziah가 왕위를 계승했다.

⁴¹ 아사의 아들 예호샤팟이 이스라엘 아합 왕 4년에 유다의 왕이 되었다. ⁴² 그가 왕좌에 오를 때 35세였고, 그의 모친은 실히Shilhi의 딸 아주바Azubah다. ⁴³ 그가 부친 아사의 발자취를 따랐으며, 그에서 크게 일탈하진 않고, 하나님 눈 안에서 바른 것을 행했다. 그러나 사당들이 남아있게 허용, 백성들이 거기서 번제 희생물을 계속 올리게 했다. ⁴⁴ 예호샤팟이 이스라엘 왕과 평화롭게 지냈다. ⁴⁵ 예호샤팟 통치하의 다른 사건들, 그의 모험과 전쟁들이 유다 왕 연대기에 수록됐다. ⁴⁶ 그가 그 땅에서 그의 부친 아사의 날부터

여전히 남아 있던 그 사당들에 붙어 있던, 그런 남창들을 그 땅에서 추방했다.

⁴⁷ 에돔엔 그런 왕(총독)이 하나도 없었으니, 오직 예호샤팟만이 유일했다. ⁴⁸ 그가 상인들을 키워서 오펄Ophir까지 금을 위해 항해하게 했으나, 그들이 결코 그 항해를 못했는데 에지온 게발 Ezion-geber에서 난파해서다. (왕상10:11, 10:22) ⁴⁹ 아합의 아들 아하지야가 예호샤팟에게 그의 부하들과 함께 바다에 가기를 제안했으나 동의하지 않았다.

⁵⁰ 예호샤팟이 그의 조상들에게 돌아가, 그의 부친 다윗 시에다 장사지냈고, 그의 아들 요람이 승계했다.

⁵¹ 아합의 아들 아하지야가 사마리아에서 이스라엘 왕이 된 것은, 유다의 예호샤팟 왕 재위 17년째였고, 이스라엘을 그가 2년간 다스렸다. ⁵² 그가 하나님 눈 안에서 잘못을 행했으니, 그의 부모 발자취를 따라, 이스라엘을 죄짓게 이끈 네바의 아들 여로보암이 행한 그런 일들이다. ⁵³ 그가 바알을 섬기고 숭배해, 그의 부친처럼 이스라엘의 신 하나님 분노를 유발했다.

생각할 점
왕상 21장
아합의 여러 악행 중에 가장 악한 사건일 수 있다.

왕이 자신의 궁정 정원을 넓힌다고, 나봇 가족이 대대로 생계를 유지한 자그만 포도원을 요구하다 거절당한다. 이에 악한 왕비 이세벨이 나봇에게 당치 않은 모함의 누명을 씌워 무참히 죽이고 그 땅을 차지하게 해준다.

　국가 통치자의 부당한 탐욕이 주제다. 성실하고 정직한 백성의 오래된 소유 재산을 최고 권력을 악용, 모함해 죽이고 빼앗다니. 우상 숭배자 아합 왕비의 사악함이 이스라엘 왕정에 극에 달한다.

　이들은 '단테의 **지옥**'에 등장하는 상상을 불허하는 온갖 사악함의 진열장 같은 인물이 아합과 이세벨이다. 모세 시대부터 선민 남자들이 이방 여인을 취해 자녀를 낳으면, 그들을 이방인 취급한다는 관습이 이세벨 때문에 극대화한다고 볼 수 있다.

　대체 아합 왕이 왜 그런 이방 여인과 결혼했는가.

　어찌하여 왕의 그런 혼사에 관해, 왕실과 궁정 측근들과 사제들이 보고만 있었는가.

　하나님 불신이 북이스라엘에 불러들인 결과라고밖에 볼 수 없다.

　이때 하나님께서 유다에 피신해 있던, 엘리야를 다시 부르시어 당신 말씀을 아합 왕에게 전하라고 지시하신다. 아합 자신과 그 왕비, 그리고 그들 가문의 후손들에게 내리실 무서운 징벌에 관해서다.

　엘리야가 그런 하나님 말씀을 왕에게 가서 전하자 왕이 두려워, 급속히 자신을 낮추고 베옷 입고 금식하며 신음을 며칠씩 지속한다.

　아합이 하나님 앞에서 뉘우치고 근신한다.

　이를 살피신, 하나님께서 엘리야를 다시 불러서, 아합 왕에게 말씀을 전하신다. 아합이 하나님께 깊이 회개하기에 그에게 내릴 징벌들을 당장이 아닌, 그의 다음 세대로 유예를 하게 해주신다, 하신다.

이로써 일단은 아합이 엘리야가 전한 하나님의 무서운 질책에 정신을 차려 깊이 회개하고 받아들인다는 사실이 중대하다. 왜냐면 하나님께서는 제 아무리 사악한 죄인일지라도 그 자신이 죄의 징벌을 하나님께 듣고, 진심으로 회개하고 참회를 한다면 하나님께서 이를 들어주셔서다.

그가 하나님 형벌의 집행을 그의 생애 동안은 유예를 해주신다는 말씀을 듣는다. 허나 그 징벌을 결코 면해주진 아니하심을 반드시 명심해야 한다.

이는 다윗의 밧세바로 인한 우리아 살해 사건에 나단을 보내, 꾸짖으신 말씀 속에도 들어있다. (삼하12:1-16)

솔로몬 말년의 우상숭배 때 그에게 내리신 처벌의 이행을 다음 세대에 행하신다는 하나님 말씀으로 이를 알 수 있다. (왕상11:9-13)

하나님께서 한번 말씀하신 경고에 대한 징벌은 반드시 행하신다는 엄숙함이 성서의 기록에선 명확하다.

이를 잊고 살다간 영원한 생명의 삶을 살 수 없으리.

왕상 22장

아합의 떳떳하지 못한 얕은 잔꾀가 웃긴다.

어찌하든 아합이 왕의 복장 아닌 평복으로 전투에 임하여도 비참히 죽는다. 아합이 미카이야의 예언에 겁나서 다른 복장을 입지만 결국은 그 예언대로 죽는다. 아합은 그의 마지막 시간까지도 하나님 말씀을 전하는 미카이야의 말을 새겨듣지 않고 멋대로 하다 죽음을 맞이한다.

아합은 그의 생전에 엘리야를 통해, 하나님께서 행해 주신, 그 많은 놀라운 기적의 현장에서 직접 체험을 겪고도, 하나님 실재하심을 믿거나 깨닫지 못했다는 기록이다.

아합 왕 같은 부류가 많기에 이런 기록이 있으리라.

유다 왕 예호샤팟도 생각대로 행하기는 아합 못지않다. 그가 왕이 되자 이스라엘을 친선 방문했다가 졸지에 아합과 전쟁터에 나가는 사유가 그래서다.

하나님과 궁정의 장로들과 의논 없이 맘대로 거기로 간 듯하다. 아합 왕이 그런 그에게 전쟁 참가 동행을 요청하자 예호샤팟이 거절도 못하고 얼마나 황당했으랴.

그럼에도 유다의 아사 왕 아들인지라 아합 왕보다는 훨씬 나은 점이 있었다. 그가 아합의 황당한 전쟁 제안에 즉각 거절을 못하나, 순발력으로 대응한다. 그가 갓 재위한 유다 왕이니 전투 경험이 전무 하나, 하나님께 의견을 구하자고, 아합에게 즉각 제안한 사실은 귀중하다.

그의 근본엔 하나님을 믿고 의지했다는 품성 증명이다.

유다의 새로운 왕인 예호샤팟은 갈멜 산에서 이스라엘에 왕성했던 이방 우상 선지자 450명을 잡아 죽인, 선지자 엘리야를 그가 알고 있었다는 증명일 수 있다.

그럼에도 아합의 궁정엔 하나님의 거짓 예언자들 400여 명이 있었다니 놀랍다. 이들이 거짓 예언자들임을 예호샤팟이 보았다. 유다 왕이 끝내 주장, 엘리야는 아니더라도 하나님의 사람인 미카이야를 찾아, 그의 말을 아합 왕과 함께 선민의 군사들도 듣게 한다.

하나님께선 이방인들과 갑자기 싸우려는 유다의 예호샤팟 왕이 하나님을 찾기에 응답을 받게 해주신다. 이스라엘과 유다의 왕과 선민들이 하나님 예언을 모두가 나란히 듣게 해 주신다. 근사한 장면이라 할 수 있다.

미카이야가 말한 대로 그날에 다 이루어진다.

유다의 예호샤팟 왕이 이스라엘의 아합 왕과 이방과의 전투에 나가서, 하나님 말씀대로 그런 결말을 맺는다.

엘리야를 통한 하나님 말씀대로 아합이 자기 눈으로 자손들이 망하는 참사는 안 보나, 그 자신이 죽는다. 그가 죽음의 고통을 그날 하루 종일 겪으며 그 아수라장 속에 혼자 괴롭게 죽어갔다. 그가 엘리야의 전갈을 곱씹었을까.

이로써 예호샤팟이 통치하는 내내 남북 두 나라가 평화로울 수밖에 없다는 결론을 낼 수 있다.

이는 남북의 왕들이 나란히 하나님 말씀을 들어서리라.

중요한 점은 하나님의 사람 미카이야가 아합의 전투 예언에서 욥기 첫 부분이 떠오르게 한다. 미카이야가 남과 북의 두 왕들과 사마리아 궁전의 신하들과 선민들 앞에서 다음과 같은 말을 전하여서다.

'하나님께서 만군에 둘러싸여 계신다.' (왕상22:19)
미카이야가 연이어 보고 들은 즉, 만군들과 하나님의 대화를 다음과 같다고 전한다. (왕상22:20)
'하나님께서, 누가 먼저 아합에게 라모스 길렛을 공격하라고 유혹을 하겠느냐?' 물으시자 만군이 서로 말하더니, 영 하나가 하나님 앞에 나서, 자신이 유혹하겠다고 한다. (왕상22:21)
하나님께서 그 방법을 묻고 들으신 후에, **'가서 그리하라' '그리 되리라.' 하신다.** (왕상22:22)

이 대목은 욥기 시작인 천국 장면과 비교된다. (욥1:6-12)
하나님께서 사탄과도 대화를 하시며 욥에 대한 이런저런 사탄의 불만에 그에게 **'네 맘대로 욥에게 해보라.' '단 그 사람은 건들지 말라. Only the man himself you must not touch'** 하신 대목이다.
이는 사탄이 욥에게 유혹(시험)을 해보라는 승인이시다.

'욥이 사탄의 뜻대로 되리라.' 말씀을 하지 않으신다는 점에서, 미카이야가 본 하늘의 장면과는 사뭇 다르다.
하지만, 미카이야도 하늘에 계신 하나님의 장관의 위용을 본다는 사실이 똑같지 아니한가.
이는 하나님께서 엘리야를 통해서 아합 가문의 앞날을 벌써 이르셨기 때문일 수 있다.

　게다가 라모스 길렛 땅을 되찾으려는 아합의 생각이, 하나님께는 전연 의논 한 마디 없이 행하는 권력 추구의 야욕 때문이라고밖에 볼 수 없다.

　아합이 왕 노릇하며 하나님께 국정 자문을 구한 일이 절대로 없었다는 증거다. 라모스 길렛을 도로 빼앗아 영토를 넓힌다는 야욕뿐이다. 선민의 군사들이 적들과의 전투로 죽어간다는 생각을 할 줄 몰랐다.

　그저 기름진 땅에 관한 욕심만 가득해서 마치 나봇의 포도원을 탐낸 일과 같다.

　땅 투기를 해선 절대 아니 될 본보기 기사다.

　열왕기상은 총 22장인데 북이스라엘 아합 왕 기사가 4분의 1을 차지한다는 점에서 의의가 크다.

　왕상16:29-22:40까지, 무려 여섯 장에 걸쳐 나온다.

　왕상16:29은 **'아합과 엘리야'** 라는 소제목(REB. 성서).

　이는 곧바로 선과 악의 대결이라 볼 수 있다.

구약역사 28 **열왕기하 1-2장**

열왕기하 1장 '엘리사Elisha와 아합 가문the house of Ahab'

왕하1:1 아합이 죽은 다음에 모압Moab이 이스라엘을 배신하였다.

² 아하지야Ahaziah가 사마리아에서 그의 다락방 창문에서 떨어져 다쳤을 때 사신들을 에크론의 신 바알제붑Baal-Jebub에게 보내, 그 부상에서 나을지 어떨지를 물으라고 했다. ³ 하나님 천사가 티스빗Tishbite의 엘리야에게 가서 사마리아 왕의 사신들을 만나서 말을 하라고 명하길 **'거기 이스라엘에는 신이 없느냐, 너희가 에크론의 신 바알제붑에게 의논하러 가다니? ⁴ 너희가 해야 하는 일은, 너희 주인에게 가서 하나님 말씀이니, 너는 네가 누운 그 침상에서 일어나지 못하고 죽으리라고 전해라.'** 하여 엘리야가 떠났다.

⁵ 그 사신들이 왕에게 돌아왔을 때 그들에게 왜 돌아왔냐고 물었다. ⁶ 그들이 답하길 한 남자가 그들을 만나러 와서 그들을 보낸 왕에게 돌아가, 말을 전하라며 명령하길, **'이는 하나님 말씀이다, 거기 이스라엘에 하나님이 안 계시냐, 네가 에크론의 신 바알제붑에게 물어보라고 보내다니, 너는 네가 누운 그 침상에서 일어나지 못하고 죽으리라.'** ⁷ 왕이 그들에게 묻길, 전갈을 해준 남자가 어떻게 생겼냐고 물었다. ⁸ '털북숭이 남자로서 허리에 가죽 허리띠를 둘렀습니다.' 답했다. '이는 티스빗의 엘리야구나,' 왕이 말했다.

⁹ 왕이 대장 하나에 50명 부하를 엘리야에게 보냈다. 그가 예언

자에게 올라가니 언덕 위에 앉아 있기에 말하길 '하나님의 사람이여, 왕이 당신을 내려오라고 하십니다.' ¹⁰ 엘리야가 답하길 **'만일 내가 하나님의 사람이면, 하늘에서 불이 내려, 너와 네 무리를 태우기를!'** 불이 하늘에서 내려와 그 장교와 그 50명의 부하를 태웠다.

¹¹ 왕이 또 다른 장교와 그의 부하 50명을 보내니, 그가 예언자에게 올라가서 말하길 '하나님의 사람이여, 이는 왕의 명령이니 즉시 내려오십시오.' ¹² 엘리야가 답하길 **'만일 내가 하나님의 사람이면, 하늘에서 불이 내려, 너와 네 부하를 태우기를!'** 불이 하늘에서 떨어져 그와 그 무리를 태웠다.

¹³ 왕이 세 번째 장교와 그의 부하 50명을 보내니, 이 셋째 장교가 언덕 위의 엘리야에게 올라가서 그 앞에 무릎을 꿇었다. '하나님의 사람이시여,' 그가 간청을 했으니, '당신의 부하인 이 50명과 나를 간주하시어 우리 생명을 좀 구해주십시오. ¹⁴ **하늘에서 불이 떨어져 다른 장교 두 명과 그들의 부하 50명이 불탔습니다. 그렇지만 지금 나의 생명을 간수해 주십시오.'** ¹⁵ 하나님 천사가 엘리야에게 말하길 **'그와 같이 내려가라, 두려워하지 말라.'** 그가 일어나서 같이 왕에게 내려가 ¹⁶ 왕에게 말하길, **'이는 하나님 말씀이다, 너는 에크론의 신 바알제붑에게 의논하러 사신을 보냈다. 이스라엘에 네가 의논할 하나님이 없어서냐? 네가 행한 이 일로 네가 누운 그 침상에서 일어나지 못하고 죽을 거다.'** ¹⁷ 아하지야의 죽음이 엘리야가 말한 하나님 말씀대로 되었다. 아하지야가 아들이 없어, 그의 형제 예호람Jehoram이 승계했다. 이는 유다의 예호샤팟 왕의 아들 요람Joram의 두 번째 해였다.

¹⁸ 아하지야 통치 기간의 다른 일들은 이스라엘 왕 연대기에 수록했다.

열왕기하 2장

왕하2:1 하나님께서 엘리야를 회오리바람 속에서 하늘로 올리려고 하실 즈음, 엘리야와 엘리사는 길갈에서 출발했다. ² 엘리야가 엘리사에게 말하길 '여기에 머물러라, 하나님께서 나를 베델로 보내시기 때문이다.' 엘리사가 답하길 **'하나님께서 살아계시듯이 당신의 생명도 이 위에 있습니다, 나는 당신을 떠나지 않을 겁니다.'** 그들이 베델까지 시골을 내려가는데 ³ 예언자들 한 무리가 거기로 엘리사를 만나러 와서 말하길 '너는 하나님께서 너의 주인이자 스승을 오늘 데려가시려 하는 걸 아느냐?' '압니다,' 그가 답하며 덧붙였다. '아무 말도 마시오.'

⁴ 엘리야가 그에게 말하길 **'엘리사야, 여기 있어라, 왜냐하면 하나님께서 나를 여리고로 보내시기 때문이다.'** 그가 답하길 **'하나님께서 살아계시듯이 당신의 생명도 이 위에 있기에 나는 당신을 떠나지 않을 겁니다.'** 그래서 그들이 여리고로 가자 ⁵ 거기에 한 무리의 예언자들이 엘리사에게 와서 말하길 '너는 아느냐, 하나님께서 오늘 너의 주인이자 스승을 데려가시려 하는 것을?' '나는 압니다,' 그가 답하길 '아무것도 말하지 마십시오.'

⁶ 그때 엘리야가 엘리사에게 말하길 **'여기 있어라, 하나님께서 나를 요단으로 보내시기 때문이다.'** 그가 답하길 **'하나님께서 살아계신 것처럼 당신도 이 위에 계시니, 나는 당신을 떠나지 않을 겁니다.'**

그래서 그 둘이 계속해 길을 갔다. ⁷ 예언자들 50명이 따라오며 먼 거리에서 그들 두 사람을 요단강 옆에 서서 바라보았다. ⁸ 엘리야가 그의 외투를 벗어 둘둘 말더니 물 위로 던졌다. 물이 오른쪽과 왼쪽으로 나뉘어 두 사람이 마른 땅 위를 넘어서 건넜다.

⁹ 그들이 건너는 동안 엘리야가 엘리사에게, '내가 무엇을 해줄까를 말해라, 너에게서 내가 취해지기 전에.' 엘리사가 말하길 '**나에게 당신의 영의 몫을 두 배로 물려주십시오.**' ¹⁰ '네가 힘든 청을 하는구나,' 엘리야가 말했다. '**만일 네가 택해지는 나를 본다면, 너의 소원은 허락 받은 것이리라, 만일 아니라면, 이는 아니리라.**' ¹¹ 그들이 계속 가며 말을 잇더니, 갑자기 거기에 불 마차와 불의 말들이 나타나 그들을 서로 떨어지게 하더니, 엘리야가 회오리바람 속에 하늘로 옮겨 갔다. ¹² 그 광경에 엘리사가 울부짖길, '**나의 아버지, 나의 아버지, 이스라엘의 마차와 마부들이여!**' 그리고 더는 그가 엘리야를 보지 못했다.

그가 그의 외투를 벗어들고 둘로 찢었다. ¹³ 그가 엘리야가 떨어트린 외투를 집어 들고 돌아서서 요단 강둑에 섰다. ¹⁴ 거기서 그가 엘리야의 외투를 그가 했듯이 던지며 말하길, '**하나님은 어디 계십니까, 엘리야의 신이시여?**' 그가 했듯이 그 또한 물을 치자, 물이 오른쪽 왼쪽으로 나뉘어서 건너갔다.

¹⁵ 여리고 출신 예언자들이 이를 보며 말하길 '엘리야의 영이 엘리사에게 머무는구나.' 그들이 그를 만나러 와서 그 앞의 바닥에서 절하며, ¹⁶ 말하길 '당신의 종들 50명은 튼튼합니다. 그들을 가게 해서 당신 스승을 찾도록 하십시오. 아마도 하나님의 영이 그를 올려서 어떤 산 위나 어떤 골짜기에 두셨을 겁니다.' 그러나 그가 말하길 '**아니다, 너희**

가 그들을 보내선 안 된다.' [17] 그들이 어쨌거나 거절할 마음을 가질 수 없기까지 그를 압박했다. 그래서 그들이 50명을 보내서 3일간 찾았지만 그를 찾지 못했다. [18] 그들이 엘리사에게 돌아왔을 때 그가 여리고에 머물고 있었는데, 그들에게 말하길 **'내가 너희에게 가지 말라고 하지 않았더냐?'**

[19] 그 도시 사람들이 엘리사에게 말하길 '주님Lord, 당신은 이 도시가 얼마나 좋은 위치인지를 볼 수 있지만, 물이 오염되어서 들판이 불모지입니다.' [20] 그가 말하길 '쓰지 않은 새 대접에 소금을 담아서 내게 가져오시오.' 그들이 이를 가져오자, [21] 그가 그 샘에 가서 소금을 그 안에 부으며 말하길, **'이는 하나님 말씀이니, 내가 이 물을 정화했다. 이는 더 이상 죽음도 없고 못쓰게 되지 않으리라.'** [22] 그 물이 이날까지 순수하니, 엘리사의 말대로 이루어졌다.

[23] 거기부터 베델로 올라가는 길을 그가 걷고 있을 때 몇몇 작은 소년들이 그 마을에서 내려와 그를 업신여기며 말하길 '너, 대머리야 저리 가라, 꺼져라.' [24] 그가 돌아서서 그들을 바라보다 하나님 이름으로 저주했다. 그러자 숲에서 암곰 두 마리가 나와서 그들 42명을 사정없이 물어뜯었다. [25] 거기부터 그가 갈멜 산으로 계속 갔다가 그다음에는 사마리아로 돌아갔다.

생각할 점

열왕기하로 들기 전에 열왕기상, 그 이전의 선민들에 관한 기록을 요점만 복습한다. 창세기, 출애굽기, 사무엘상·하, 열왕기상의 내용을 짧게 헤아려 보는 일이다.

이스라엘 선민들 역사이자 또한 기독자들의 믿음의 선조들의 소중한 역사여서다.

창세기를 보면, 하나님께서 우주와 지구와 인류의 시조까지 차례로 창조하신다. 그 이후엔 하나님께서 인류의 시조인 아담과 이브의 후손들이 노아 시대까지 이어지게 하신다. 인류의 타락과 죄악에 노하신 하나님께서 40주야의 홍수로 인류를 멸망하신다. (창7:12-21)

신실한 믿음의 가족인 노아의 가족만을 방주를 짓게 해서 각종 동물들과 함께 구하신다. 그 홍수 이후의 인류는 노아의 세 아들 중의 한 명인 셈Shem의 후대에서 믿음의 조상 아브라함이 나온다.

아브라함을 하나님께서 부르시어, 그의 가문의 미래의 번성을 하나님께 약속받는다. 아브라함이 하나님 존재를 깊이 받아들여 그분 말씀을 듣고 믿어서다. 우주를 지으시고 만물의 근원이신 하나님을 아브라함이 믿었다.

하나님께서 아브라함에게 제물을 준비하게 하시고 해가 지자 불의 화염 속에 오시어 제물이 타는 동안 아브라함 후손과 그들 미래의 번창함의 약속을 해주신다. (창 15장)

하나님께서 아브라함에게 하늘의 별과 바닷가 모래처럼 많은 후손을 주신다는 택함 받은 족속이란 약속 말씀이다. 그래서 믿음의 조상 아브라함의 4대에 걸친 가족사가 창세기 내용이다.

출애굽기는, 아브라함 4대째 후손들인 야곱의 열두 아들들이,

애굽에 들어가서 400여 년을 사는 동안 수가 크게 불어난다. 그 후손들이 열두 지파로 불릴 정도로 많아졌으나, 애굽의 노예 신분으로 전락해서 비참하다.

이리하여 하나님께서 부르신 모세가, 애굽의 노예인 아브라함 후손들을 이끌고 하나님 약속의 땅 가나안을 향해, 애굽을 탈출하게 하신다. 홍해를 건넌 이들이, 가나안으로 가는 도중의 시온(호렙) 산에 이르자 하나님 주신 십계명을 지키며 하나님만 섬긴다는, 약속을 모세를 앞세워 선민들이 하나님과 서약한다. 이리하여 세상에서 하나님의 선민들로 불리기 시작한다.

사무엘 상하서는 모세가 죽고 여호수아가 인도해서 약속의 땅 가나안에 들어와 어느 정도 열두 지파가 각기 자리 잡고 정착한 후의 역사 기록이다. 여호수아를 이은 사사들이 시대를 달리하며 선민들을 지도했다. 이들은 각자 하나님의 지명으로 부름을 받고 지도자로 일했다. 그런데 사무엘이 사사로 있을 때 선민들이 왕을 세워 달라고 하나님께 요구한다.

사무엘이 거절하지만 선민들이 완강해, 하나님께 아뢴다. 하나님께서 선민들이 왕에게 시달리리라고, 알려주어도 고집 피워, 사울을 왕으로 택해주신다. 왕이 된 사울의 불신에, 사무엘이 선민들의 앞날을 위해 슬퍼하자, 하나님께서 신앙심 깊은 어린 다윗을 다시 지명해주신다.

열왕기상은 다윗의 죽음, 솔로몬의 성전 완공과 번창함이 솔로몬 이후에 북이스라엘과 남유다 왕국으로 분열하며 왕과 선민들이 하나님 믿음의 길에서 비틀거리기 시작한 기록이다. 하나님 배신의 길로 왕과 선민들이 향한다.

열왕기하 1장

왕상 1장은 명군인 다윗을 이은, 솔로몬 왕의 치적이 절반 정도다. 솔로몬이 하나님 말씀대로 다윗이 준비해 놓은 대로, 하나님 이름이 머무실 예루살렘 성전을 지어 하나님께 봉헌식을 행한 이스라엘 왕국 한창때의 역사다.

그러나 솔로몬이 부친 다윗처럼 하나님을 평생 믿고 모시지 않았다. 솔로몬 말년에 우상숭배 죄를 크게 범했다.

이에 대한 징벌이 하나님께서 예고하신 대로 부친 다윗이 그리 애써 이룩한 선민들의 나라인 이스라엘이 둘로 쪼개진다. 북이스라엘과 남유다로.

열왕기상에 유다와 이스라엘 왕이 13명 나온다. 유다 4명, 이스라엘 9명인데 북이스라엘은 열 지파가 죽이길 거듭해 왕조가 자주 바뀐다.

북이스라엘에는 하나님 눈앞에 선한 왕이 없었다.

그나마 유다의 왕들 중에는 아사 왕과 그 아들인 예호샤팟 왕이 있다. 마치 서로 경쟁하듯 선민들의 남북조 왕들 13명 중에 10명이 하나님 눈앞에서 우상숭배로 돌아섰다. 솔로몬 아들인 르호보암도 선민들의 우상숭배를 근절시키지 못했다. 이 중에 가장 많은 부분을 차지한 아합 왕의 악행들이 기가 막힐 지경이다.

아합 왕(왕상16:29-22:40)의 행적과 일생을 통해 볼 수 있듯 왕이 악하면 악한 자들만 그 주변에 모여, 선민들이 살기 힘들다. 이때는 선한 선지자들의 역할이 커진다. 신앙 없는 왕의 악정에 희생당할 선민들을 위해, 선지자 엘리야가 나타났다.

하나님께서 엘리야를 통해, 선민들이 하나님 섬기는 길에서 벗어나지 않게 이끄셨다. 하나님께선 선민들이 우상숭배에 떨어질까 노심초사하셨다. 그럴 때는 하나님 믿음에 열성인 사람들이 나타나 그들을 돕게 하셨다.

열왕기하는 이스라엘이 그들의 하나님을 믿는 길에서 벗어난 내용이 많다. 하나님께선 이스라엘 왕들과 선민들이 믿음 안에서 올바로 가게 하시고자 지켜보며 참견하신다. 왕인 최고지도자들을 세심히 보셨다.

아합의 아들 아마지야가 병상에 있을 때 그가 하나님께 의뢰하지 않았다. 그리하여 엘리야가 해야 할 일을 하나님께서 일러주신다. 이는 왕이 죽기 직전까지도 어리석었음을 엘리야를 통해 일깨우셨음을 심각하게 알려주신다.

엘리야가 그 왕만 아니라 왕을 보좌하는 신하들에게도 하나님 존재를 일러주고자 힘을 썼기 때문이다.

엘리야 시대에 아합 왕이 하나님 예고대로 비참하게 죽고, 그의 아들 아마지야마저 병상에서 죽었다. 하나님께서 엘리야를 통해, 대를 이어 잘못하는 이스라엘 왕들과 신하들까지 바르게 돌아서도록 도우시고 힘쓰셨다. 그런 왕들과 선민들을 깨우치는 선지자

역할을 엘리야가 하도록, 하나님께서 일일이 참견하고 알려주셨다.

왕하 2장

시작이 하나님께서 엘리야를 하늘로 데려가신다는 기사다. 세상에서 그가 보낸 마지막 며칠간의 기록 같다.

엘리야는 하나님께서 알려주신 젊은 제자 엘리사가 지켜보는 가운데, 하늘의 불마차로 회오리바람 속에 하늘로 불려간다는 장관의 기록이다. 하나님께서 나이 든 엘리야를 하늘의 불마차에 올라타게 하시다니.

창세기에서 에녹이 하나님께서 그와 함께 걷다가 그를 하나님께서 데려가셨다는 기사(창5:21-24)도 있다. 그리고 이를 히브리서(히11:5-6)에서 사도 바울이 어떻게 해석하는가도 공부했다. ('단테의 신곡읽기, 4 히브리서' 30-42쪽 참조 요)

그리하여 자연히 그리스도의 승천이 떠오른다. 물론 그리스도의 부활하심과 승천은 에녹과 엘리야와는 비할 바 없이 확연히 다르다.

그러나 그리스도 생전의 모든 말씀에는 당신의 부활에 관한 말씀이 중심이다. 그러나 이를 전혀 이해 못하는 제자들에게 주께서 부활로 나타나시어 40일간이나 함께하신 기사가 복음서를 뒤이은 사도행전 시작에 나온다. (행1:3)

그리스도께서는 그 당시에 자신의 제자들만 아니라 500여 명이

나 지켜보는 가운데서 하늘의 구름으로 오르셨다.

에녹이나 엘리야와는 달리, 예수 그리스도께서는 세상에 다시 오신다는 재림의 말씀을 하셨다. 그 당시에 주님이 사라진 하늘만 바라보는 제자들에게 천사가 말해준다.

'그분께서 하늘로 가신 모습처럼 하늘에서 다시 내려오신다.' 알려준다.

예수 그리스도께선 그러한 승천 직전에 제자들에게 당부하셨다. **'예루살렘을 떠나지 말고 한곳에 모여, 보혜사 성령을 기다리라, 말씀하셨다.'** (행1:4-11)

그리하여 주님 말씀대로 제자들이 안식일에 120여 명이나 한데 모여 있었다. 그리고 제자들은 오순절에 성령이 임하시는 놀라운 경험을 제각기 받는다. (행1:15, 2:1-3)

왕하 2장에는, 하나님께서 엘리야의 승천을 오직 제자인 엘리사만 직접 보게 하셨다. 끈기 있게 엘리야 곁에 있겠다고 따르며 엘리사가 고집하며 진지하게 주장해서다.

이에 비해, 에녹은 본 사람이 누군지 아무도 모른다.

그러나 누군가 보았기에 그러한 한 줄의 놀라운 에녹에 관한 기사가 창세기에 나온다.

엘리야가 말한 대로, 하나님께서 엘리사에게 그의 요청을 이루어주셨다. 그 놀라운 장면을 그가 보게끔 허락하셨기 때문이다. 하나님께서 엘리야에 이어 엘리사까지 사랑하셨다. 엘리사가 능동적이고 적극적이고 용감하고 활달하고 다정한 성품임을 아셨다. 그가 자신의 스승을 몹시 사랑했음을 하나님께서 아셨다.

엘리사 또한 하나님께서 택하신 하나님의 사람이다.

엘리사가 혼자서 돌아오며, 요단강 물에 스승의 외투를 던져, 물을 반으로 가르고 마른 땅 위로 건너온다. 이로써 엘리야 능력을 엘리사가 받은 현실을 본, 예언자들 50명이 다가와 절한다. 그들이 엘리야를 찾게 그가 사라진 들과 산에 사람들을 보낸다고 우긴다.

이로써 예언자라는 50명이 그때는 겉치레꾼들임을 보여준다. 어쩌면 하나님의 사람을 자칭하는 사람들이 많았던 듯하다.

하나님을 믿는다는 자들 사이에 사이비가 많을 수 있다는 사실로 보인다.

구약역사 29 **열왕기하 3-4장**

열왕기하 3장

왕하1:1 유다의 예호샤팟 왕 18년째에 아합의 아들 예호람Jehoram이 사마리아에서 이스라엘 왕이 되어 12년간 통치했다. ² 그가 하나님 눈 안에서 비록 잘못을 행했으나, 그의 부모들만큼은 아니어서 부친이 만든 바알Baal의 신성한 기둥들은 제거했다. ³ 그러나 네바의 아들 여로보암이 이스라엘을 이끈 그 죄들을 고수해 저버리진 않았다.

⁴ 모압의 메사Mesha 왕은 목양업자로 정기적으로 이스라엘 왕에게 10만 마리 양털(lamb새끼 양, 새끼 양의 고기나 가죽)과 10만 마리 양(거세하지 않은 숫양ram)을 공급했다. ⁵ 아합이 죽었을 때 모압 왕이 이스라엘 왕에 거역해 ⁶ 예호람 왕이 사마리아에서 모든 이스라엘을 소집해서 진군에 나섰다. ⁷ 그가 또한 유다의 예호샤팟 왕에게 이런 전갈을 보냈다. '모압 왕이 내게 거역했습니다. 당신이 나와 같이 모압 전투에 참여하겠습니까?' '내가 합류하겠습니다,' 그가 답하길 '내 것은 당신 거니, 나 자신, 내 백성, 군마들 모두 그렇습니다.' ⁸ '어느 방향에서 우리가 공격을 할까요?' 그가 물었다. '에돔의 광야를 통해섭니다.' 답했다.

⁹ 이스라엘 왕이 유다의 왕, 에돔의 왕과 출발하여, 7일 동안 간접 통로로 따라가자 군대와 짐 나르는 짐승들에게 남은 물이 없었다. ¹⁰ 이스라엘 왕이 울부짖길, '아하, 하나님께서 왕을 셋이나 함

께 오게 하시고, 겨우 모압 인들 자비 아래다 놓으셨군요.' [11] 예호샤팟이 말하길 **'여기에 우리가 신의 안내를 받을 하나님 예언자가 한 분, 안 계십니까?'** 이스라엘 왕의 장교들 중, 하나가 답하길 **'샤팟 Shaphat의 아들 엘리사가 이곳에 있습니다, 그는 엘리야의 손에 세례를 받은 남자입니다.'** [12] 예호샤팟이 말하길 **'하나님 말씀이 그에게 있습니다.'** 이스라엘 왕과 예호샤팟과 에돔 왕이 엘리사에게 내려갔더니 [13] 그가 이스라엘 왕에게 말하길 **'당신이 왜 내게 옵니까? 당신 부모의 예언자들에게나 가십시오.' '아닙니다,'** 이스라엘 왕이 답하길 **'이는 하나님께서 우리들 왕 셋을 불러서, 모압 인들의 자비에 놓으신 겁니다.'** [14] 엘리사가 말하길 **'내가 섬기는 만군의 하나님처럼, 당신을 위해선 내가 한눈 팔 겨를이 없을 겁니다. 다만 유다의 왕 예호샤팟을 위한, 나의 배려만 없다면요.'** [15] **'그러니 내게 음유시인**(하프연주자)**을 데려오십시오.'** 그래서 음유시인이 연주할 동안에, 하나님의 권능이 엘리사에게 임하여 [16] 그가 말하길 **'이는 하나님 말씀이다. 이 모든 골짜기들에 연못을 이룰 거다.**[참고 1] [17] **하나님께서 명하길, 너희는 바람도 비도 보지는 못하리라, 하지만 이 분지는 너희를 위해, 군대를 위해, 짐 나르는 짐승들을 위해 마실 물이 가득 차리라.** [18] **그건 하나님 시야에선 하찮은 소란이다. 그분께서 또한 하실 일은 모압을 너희 자비에 두시는 거다.** [19] **너희가 그 땅의 요새지 마을마다, 좋은 도시마다 남김없이 파괴할 거다. 그들의 훌륭**

I [참고 1]
  이스라엘 군대가 주둔한 넓은 골짜기 아라바the Arabah는 동쪽엔 모압의 고원지대이고 서쪽은 유다 지역이고 바로 남쪽에 사해가 있다. (NIV 557쪽 엘리야와 엘리사의 생애 지도 참조)

한 나무들을 다 자를 거다. 너희가 모든 샘들을 그치게 할 거다. 너희가 돌들로 흩어진 땅의 모든 좋은 부분들을 망칠 거다.' [20] 아침에 정규 예배시간에, 그들이 에돔의 방향에서 물이 흘러오는 것을 보았고, 곧 그 땅에 넘쳤다.

[21] 한편 모압 사람들은 왕들 셋이 싸우러 온다는 바람에, 늙거나 젊거나 무기를 다룰 모든 남자들을 불러, 최전선에 배치했다. [22] 다음날 그들이 일어났을 때 해가 물 위를 비추자, 모압 사람들이 그들 앞의 물이 피처럼 붉은 것을 보고 [23] 울부짖길, **'이건 피다! 왕들이 서로 다투고, 서로를 공격해야만 했나 보다, 이젠 모압을 약탈하려고 할 거다!'** [24] 그러나 그들이 이스라엘 주둔지에 왔을 때 이스라엘 사람들이 단합하여 그들을 공격해 모압 사람들은 황급히 도망쳤다. 이스라엘 사람들이 앞서서 모압에 몰려 들어가, 가는 데마다 파괴시켰다. [25] 그들이 마을들을 바닥까지 약탈해 돌들로 땅의 좋은 조각마다 흩트리고, 각자가 돌을 그 위에 놓았다. 그들이 모든 샘마다 물을 끊었다. 모든 좋은 나무들을 베었다. 그들이 모압을 약탈하길, 키르하레셋Kir-hareseth[참고 2]에 서 있는 건물들이 하나도 안 남게까지 하고, 심지어 이 도시를 투석기 사용자들이 에워싸서 공격했다.

[26] 모압 왕이 대항하며 그 전쟁의 진행을 보며 700명의 칼로 무장한 부하들과 같이 아람Aram(에돔Edom)의 왕에게로 갈 길을 내

II [참고 2]
    모압의 수도로서 사해 동쪽 11마일 정도, 아논 강의 남쪽에서 15마일 정도에 위치.(참조: 이사야 16:7, 11. 예레미야48:31, 36)

고자 했으나, 그 시도가 실패했다. ²⁷ 그러자 그가 왕위를 계승할 장자를 데려다가 그 도시 성벽 위에서 전 제물로서 제공했다. 그런 끔찍한 광경에 이스라엘 사람들이 천막을 철수하고 그들 땅으로 돌아간 자들이 있었다.^{III} [참고 3]

열왕기하 4장

왕하1 예언자들 중 한 사람의 아내가 엘리사에게 와서 울부짖길, '나의 남편이자 당신의 종이 죽었습니다,' 그녀가 말하길 '당신은 압니다, 그가 하나님을 두려워한 남자임을. 지금 한 빚쟁이가 나의 두 아들을 노예로 데려가려고 올 겁니다.' ² 그가 그녀에게 묻길 **'내가 어떻게 너를 도울 수 있겠느냐? 네가 집안에 가진 게 무언가를 말해라.'** '아무것도 없습니다,' 그녀가 답하길 '기름 한 병만 제외하구요.' ³ **'가 보거라,'** 그가 말하길 **'그리고 이웃의 모든 사람에게서 그릇을 빌려라. 네가 가질 수 있는 만큼 빈 것들로만. ⁴ 네가 집에 가서 아들들과 문을 닫아라. 그다음에 그 기름병의 기름을 그 모든 빈 그릇에 다 부어라, 그리고 그것들이 차면, 한쪽에 놓아두어라.'** ⁵ 그녀가 그를 떠나서 안에서 아들들과 문을 닫았다. 그들이 그녀에게 그릇들을 가져왔을 때 그녀가 그릇을 채웠다. ⁶ 그것이 모두 찼을 때 그녀가 아들 중 하나에게 말하길 '다른 것을 가져 오너라.' '남은 게 하나도 없습니다.' 그가 답했다. 그때 흐르던 기름이 그쳤다. ⁷ 그녀가 밖으로 나와서 하나님의 사람에게 말하니, 그가 말하길 **'가서 그**

III [참고 3]
    그들이 철수하고 퇴각했다.

기름을 팔아서 빚을 갚으라, 그리고 너와 네 아들들은 남은 걸로 살 수 있을 거다.'

⁸ 이는 한때 엘리사가 슈넴Shunem(왕상1:3 나이든 다윗을 시중든 어린 소녀 아비샥의 출신지. 이사갈Issachar 지파의 영토인, 지즈릴Jezreel 평야에 위치)에 넘어갔을 때 생긴 일이다. 거기의 한 부유한 여인이 그에게 호의를 받아들이길 강청해, 다음부터 거기 갈 때마다 그가 들러서 식사했다. ⁹ 어느 날 그녀가 남편에게 말하길 **'나는 여기에 주기적으로 오는 남자가 거룩한 하나님의 사람인 줄 압니다. ¹⁰ 벽을 좀 올려, 그에게 작은 다락방을 만들어, 그 안에 침상, 탁자, 의자, 등불 한 개를 넣어서 우리에게 올 때마다 그분이 머물게 하면 어떻겠습니까?'**

¹¹ 그래서 그가 한 번은 거기 도착해, 이 다락방에 가서 눕고 나서 ¹² 그의 종 게하시Gehazi에게 말하길 '이 슈넴족 여인을 불러라.' 그가 그녀를 불러 그녀가 예언자 앞에 나오니, ¹³ 엘리사가 그의 종에게 말하길 **'그녀에게 말해라, "네가 우리를 위해 이 모든 고생을 했구나. 너를 위해 무엇을 해주랴? 왕이나 혹은 사령관에게 말을 해주랴?"'** 그러나 그녀가 답하길 '나는 내가 있는 데서, 나 자신의 백성들과 만족합니다.' ¹⁴ 그가 말하길 '그럼, 그녀를 위해 무엇을 할 수 있는가?' 게하시가 말하길 '오직 한 가지만 있습니다. 그녀에겐 아이가 없습니다. 그리고 그녀의 남편은 늙었습니다.' ¹⁵ '그녀를 다시 불러라.' 엘리사가 말했다. 그녀를 다시 불러 문에 나타났을 때 ¹⁶ 그가 말하길 **'때가 차면 내년 이맘때 너는 네 팔 안에 아들을 안고 있을 거다.'** 그러나 그녀가 말하길 '아니, 아닙니다, 나의 주님, 당신은 하나님 사람이니, 당신 종에

게 거짓말하지는 않을 겁니다.' ¹⁷ 다음 해 때가 되자 그녀가 임신, 아들을 낳으니 엘리사가 예언한 대로다.

¹⁸ 그 아이가 충분히 자란 어느 날 부친이 수확하는 농부들과 있는 데로 나갔다. ¹⁹ 별안간 아이가 부친에게 울부짖길 **'아, 내 머리, 내 머리!'** 부친이 종에게 아이를 모친에게 데려가라고 말하여 ²⁰ 그를 그녀에게 데려오자, 그녀 무릎에 한낮까지 있다가 죽었다. ²¹ 그녀가 그를 올려다가 하나님 사람의 침상에 눕히고 문을 닫고 나갔다. ²² 그녀가 남편을 불러 말하길 **'나에게 종자 한 사람과 암나귀 한 마리를 주세요. 내가 할 수 있는 한, 빨리 하나님 사람에게 갔다가 곧 돌아오겠습니다.'** ²³ **'왜 오늘 그에게 가는가?'** 그가 묻길, '오늘은 안식일도 새 달도 아닌데.' '그건 절대 개의하지 마십시오.' 그녀가 답했다. ²⁴ 나귀에 안장이 채워지자 그녀가 종에게 말하길 '이를 끌어라, 내가 말하기 전까진 절대 늦추지 말라.' ²⁵ 그렇게 그녀가 출발해 갈멜Carmel 산에 하나님의 사람에게 왔다.

하나님의 사람이 먼 거리에서 그녀를 알아채고 그의 종 게하시에게 말하길, **'슈넴 여인이 오고 있다.** ²⁶ 달려가 그녀를 만나서 물어라, "너희 다들 안녕하냐? 네 남편도 잘 있느냐? 네 아들도 잘 있느냐?"' 그녀가 답하길, '모두 잘 있습니다.' ²⁷ 그녀가 하나님의 사람이 있는 그 언덕에 이르자, 그의 발을 부여잡았다. 게하시가 앞으로 달려와 그녀를 밀어내려 했으나, 하나님의 사람이 말하길 **'그녀를 놔 두어라, 그녀가 깊은 상심 속에 있다. 하나님께서 이를 내게서 감추시었고, 말씀도 하지 않으셨다.'** ²⁸ '나의 주님,' 그녀가 말하길, '내가 아들을 청했습니까? 당신께 내 소망들을 말하며, 이를 밀어붙여 청한 일도 없지 않습니까?' ²⁹ 엘리사가 게하시에게 돌아섰다. '빨리 네 외투와 내 지팡이를 가지고 달려가라. 길에서 누굴 만나도 멈추거나 인사도 말라, 누가 인사하면 답하지 말라. 내 지팡이를 그 소년의 얼굴 위에 놓아라.' ³⁰ 그러나 그 모친이 울부짖길 **'하나님께서 살아계시듯이 당신의 생명도 이 위에 있으니 나는 당신을 떠나지 않겠습니다.'** 그래서 그가 일어나 그녀를 따라갔다.

³¹ 게하시가 앞서 가서 그 지팡이를 그 소년의 얼굴에 놓았으나, 아무 소리도 생명의 기색도 없어서, 그가 엘리사를 만나러 되돌아와서 소년이 움직이지 않는다고 말했다. ³² 엘리사가 그 집에 들어갔을 때 죽은 소년은 그 침상에 눕혀 있었다. ³³ 그 방에 들어가 그가 문을 닫고, 둘만 있자 하나님께 기도했다. ³⁴ 다음에 침상으로 가서 그 아이 위에 누워 그의 입을 그 소년 입에, 그의 두 눈을 그 소년 두 눈에, 그의 손들을 그 소년 손 위에 대었다. 그렇게 그가 그에게 웅크리자, 그 소년의 몸이 따듯해져 왔다. ³⁵ 엘리사가 그 자리에서 일어나 한 번 걷다가 다시 침상에 가서 그 위에 웅크리고 숨을 일곱 번 불어 넣으니 소년이 두 눈을 떴다. ³⁶ 그 예언자가 게하시를 불러 말하길 '슈넴 여인을 불러라.' 그녀가 그 부름에 답하니 그 예언자가 말하길, '네 아이를 데려가라.' ³⁷ 그녀가 들어와 그의 앞에 엎드렸다. 그리고 아들을 받아서 나갔다.

³⁸ 한때 엘리사가 길갈Gilgal로 돌아갔는데 그 땅에 기근이 났을 때다. 어느 날 예언자들 한 무리가 그의 발 앞에 앉아 있을 때 그가 그의 종에게 말하길 **'동료들에게 죽을 준비해서 먹이게 불에 큰 냄비를 걸어라.'** ³⁹ 그들 중 하나가 들로 나가서 약초들과 야생 포

도를 발견해, 그의 옷자락에다 야생 조롱박을 한가득 모아서 가져왔다. 그가 돌아와 이들을 잘라서 냄비에 넣었는데, 그것들이 무언지를 모른 채였다. ⁴⁰ 그 죽이 사람들 먹기에는 넘쳤으나 이를 맛보고 그들이 외치길 **'하나님의 사람이여, 이 냄비엔 죽음이 있어요.'** 그래서 이들이 이를 먹을 수 없었다. ⁴¹ 예언자가 말하길 **'식량meal을(밀가루flour) 조금 가져오너라.'** 그가 이를 그 냄비 속에 던져 넣고 말하길 **'지금 사람들이 먹도록 퍼 주어라.'** 이번에는 그 냄비에 아무런 해가 없었다.

⁴² 바알 샬리샤Baal-shalisha 출신의 한 남자가 하나님의 사람에게 갓 생산해 만든 밀 빵 얼마큼, 스무 개의 보리 빵 덩이, 새로 난 옥수수를 가져왔다. 엘리사가 말하길 **'이를 사람들이 먹도록 주어라.'** ⁴³ 그의 시종이 반대하길, '내가 이것으로 100명의 사람들과 앞에서 나눌 수가 없습니다.' 여전히 엘리사가 주장하길 **'사람들에게 이를 먹도록 주어라. 왜냐면 이는 하나님의 말씀이시다. 그들이 먹을 것이며, 거기에 얼마가 남을 거다.'** ⁴⁴ 그래서 그가 이를 그들 앞에 놓아서 그들이 먹고 얼마를 남겼으니, 하나님 말씀대로였다.

생각할 점
왕하 3장
왕하 3-4장은 이스라엘 선지자인 엘리사가 하나님 뜻으로 이루어낸 여러 상황에서 일어난 기적들로 선민들이 감탄한다. 또한 그가 스승인 엘리야처럼 여러 기적을 행해 선민들이 하나님의 사람임에 새삼 놀란다.

왕하 3장이 유별나다. 아브라함 후손들이 힘을 합치는 기사다. 야곱과 에서의 후손들이 이방 민족 모압을 공격하러 간다는 처음 나온 진기한 기록이다.

유다의 예호샤팟 왕이 아합의 아들인 예호람 왕의 요청에 그를 돕는데, 에돔 왕까지 세 명이 모압과 싸우러 간다. 에돔은 이삭의 쌍둥이 아들 중에 맏이인 에서의 후손을 말한다. 에서의 쌍둥이 동생 야곱과 그의 아들들이 선민들 열두 지파를 이루기에 이스라엘이라 불린다.

이들이 서로 간에 나뉘어 원수처럼 싸우며 살면서도 여러 다른 이방 족속이 그들 중 하나를 침공할 시엔 셋이 하나로 합쳤다는 극히 보기 드문 기록이다. 남과 북의 선민들 군대, 그리고 에돔의 군대가 힘을 합쳐, 막강한 모압과 싸우는 데, 엘리사가 크게 도왔다는 기록이다.

에돔 족이 사해 남쪽 지역에 살았다. 이들 쌍둥이 형제가 나중에 화해한다. 부친 이삭의 장례식도 같이 치렀다. (창35:28-29)

그 이후로 몇백 년이 지나서 그들이 함께했다는 기사라서 흐뭇하다. 왜냐면 아브라함의 부인 사라가 주선해 아브라함에게 낳은 애굽 여인 하갈의 아들 이스마엘의 후손들과는 급이 다른 느낌이 들어서다.

아브라함의 아들인 이삭의 쌍둥이 형제인 야곱과 에서의 후손들에 관한 이런 진지한 기록이 엘리사 시대에 있었다니, 요즘 같은 시대에 새겨둘 만하다.

이스라엘이 애급 탈출 이후 가나안 땅에 정착하기 위해 오랜 세월이 지난다. 다윗이 어렵사리 이루어낸 막강 이스라엘이 아들 솔로몬의 아들 대에 남북으로 쪼개진다. 이스라엘과 유다가 몇 세대 흘렀어도, 유사시엔 남북이 합치고, 에돔 족까지 합세했다는 참 희귀한 선한 기록이다.

아합과 이세벨 때문에 이스라엘이 이방신 숭배로 심히 타락했을지라도, 선민 중에는 하나님의 사람인 엘리야와 엘리사를 통해, 하나님을 진실히 섬기는 일반 선민들이 많았음을 보여주는 기록이라 할 수 있다.

죽느냐 사느냐 하는 갈림길에서 하나님께 의논하기 위해, 하나님의 사람을 유다 왕이 찾으니, 이스라엘 장교가 엘리사가 있다고 알려주기에 알 수 있다.

평소에 이들 세 명의 왕들이 얼마나 지독히 싸웠는가는, 모압 왕이 말하는 걸로 충분하다. 그들 세 명의 왕들이 평소 오죽 죽어라 싸워댔으면, 모압 왕과 군대들이 햇살로 붉게 비친 마른 들판에 흐르는 물길을 보면서, 그들이 서로 싸우다 죽여서 흘린 피가 물에 흘러온다, 착각하는가.

하나님께서 그렇게 보이게 역사하신 일이지만 그러하다.

동시에 이들이 한 핏줄이나, 냅다 싸워댔다는 증명이다. 하나님께서 그들의 묘한 상황 심리를 역이용하게 하시며, 강적인 모압을 당신 선민들이 제압하게 해주신다. 이를 요즘 같은 세대에 새겨들 보라는 계시가 아니신가.

이 기사에서 예호샤팟이 가장 먼저 하나님께 문의를 의뢰하였다는 사실을 놓쳐선 아니 된다. 예호샤팟이 아합과의 전투 요청에 선지자 미카야를 찾게 하였듯이, 아합의 아들 예호람도 엘리야를 뒤이은 엘리사를 만나게 해서, 그들 모두에게 하나님 말씀을 듣고 순종하게 이끈다.

예호샤팟은 유다 왕으로 이스라엘을 동족으로 대한 선한 왕이다. 하나님께선 진심으로 찾는 자를 도우신다.

왕하 4장

왕하 4장 또한 엘리사가 놀라운 기적들을 행하게끔 하나님께서 도우신다. 이로 인해 복음서의 여러 기사들을 떠올리게 한다. 사람들이 먹는 문제와 죽은 자를 살리는 생명을 위한 기사들이 많이 나와서다.

북이스라엘 선민을 위해, 하나님에 의해 엘리야에게 부름을 받은 엘리사도 위대한 일을 많이 행한다. 이는 하나님께서 그를 심히 사랑하심을 보여주는 기록이다. 엘리사도 선민들을 위해, 하나님 믿음에서 가르침을 받고 엘리야처럼 지냈기에 깊은 존중을 선민들에게 받는다.

엘리사가 행한, 네 가지 큰 기적.

첫째, 한 가난한 예언자의 죽음과 유족의 생사에 관한 기적. (4:1-7)
둘째, 슈넴의 부유했던 한 부부의 친절과 생명의 기적. (4:8-37)
셋째, 길갈에 기근이 심할 때 예언자들 식량의 기적. (4:38-41)
넷째, 적은 양의 음식으로 100명을 먹인 기적.(4:42-44)

이런 기사들로 인간 생사의 옳고 그름이 매 순간마다 하나님을 적극 찾는 사람들에게 달려 있음을 알려준다.

첫째는 엘리사를 찾아온, 한 과부의 신실함은 대담하고 적극적이며 당당했다. 그녀는 정직하고 신실했을, 생활엔 무능했을 남편 예언자의 죽음에 애도도 비관도 원망도 없다. 당장 닥친 빚의 청산으로 어린 두 아들을 빚의 담보로 노예로 빼앗길까 노심초사한다. 아들을 위한 생명의 강박감에 필사적이었다. 예언자의 아내답게 그녀 믿음의 이성이 엘리사에게 도움을 청하게 인도했으리라. 엘리사를 찾아갈 용기를 냈고 이를 들은 엘리사가 적극 수용한다. 하나님께선 엘리사의 뜻대로 이루어주신다. 하나님께선 그 선하고 용감한 과부가 두 아들과 함께 살아가게 해주셨다.

두 번째는 특이하다. 엘리사가 그 자신에게 따뜻한 호의를 베푼 슈넴의 한 부부에게 보답으로 아들을 갖게 해준 기적이다. 그들 부부가 결코 청하지 않은 일이다. 그런데 귀하게 태어나 잘 자라던 아이가 어느 하루 갑자기 죽는다. 이에 그 모친이 아이를 엘리사가 들를 때마다 쉬는 방에 뉘어놓고, 갈멜 산의 엘리사에게 달려간다. 멀리서 그녀를 바라본 엘리사가 하는 말이 독특하니, 하나님께서 아무런 말씀이 없으셨다는 거다.

그녀가 엘리사에게 그녀 집에 같이 가길 간청한다. 끝내 죽은 아들에게 엘리야를 모셔, 아이가 살아나게 한다. 그녀가 하나님을 섬겼기에 엘리사를 그녀 집에 모시기 시작했고, 아들의 생과 사에 관해 하나님 권능을 행할 하나님의 사람인 엘리사에게 달려갔으리라.

엘리사가 아이를 되살리는 기적은 엘리사와 아이 모친이 하나님께 믿고 힘껏 의지했기에 아이가 살아나게 하나님께서 도우셨다는 기록이다.

세 번째는 먹지 못할 독풀이 가득한, 많은 분량의 죽을 사람들에게 모르고 먹일까 봐, 엘리사가 급히 손을 써서 독이 없어지게 한다. 고로 이를 안심하고 나누어 먹을 수 있게 한다. 기근이 심한 땅인 길갈에 사는 예언자들에게 생긴 일이다. 굶주린 예언자들이란 사실이 유난하다. 엘리사가 많은 곳을 다녔음을 이런 기사들이 알려준다. 그를 찾는 사람들에게 그가 찾아다닌 일로 보인다.

첫 번 예언자의 과부처럼 하나님 일을 하던 사람들, 예언자들이 무리지어 다녔던 듯하다. 그들의 굶주림을 엘리사가 해결하였다는 일이 중요하다. 그들 스스로 들판에 나가서 먹을 것들을 준비했다는 사실 또한 중요하다. 사람들의 자선이나 기증에 의뢰하지 않고 그들 스스로 생계를 해결하고자 힘썼다는 기사여서다.

네 번째는 소량의 음식으로 100명의 사람들이 먹고도 남은 일이다. 이는 훗날의 그리스도의 오병이어 기적의 예시 같은 기사다.

그러나 그리스도의 기적과는 다른 사실이다. 이는 엘리사에게 주려고, 한 신실한 사람이 새로이 수확한 식량으로 만든 음식을 가져와서다. 엘리사가 즉각 이를 그와 같이 있던 사람들에게 나눠주라, 종에게 이른다.

엘리사가 곁에 모인 사람들을 먹일 걱정을 하고 있었음을 알 수 있다. 음식이 생기자 곧장 거리낌 없이 그들에게 나누라, 이른다. 그의 종이 모자란다, 거부하자, 엘리사가 하나님 말씀이라며 먹고 남으리라, 말해준다.

바르고 선한 엘리사에게 하나님께서 함께하셨기에 가능한 일이다. 그들에게 생긴 다소의 식량이 실은 엘리사와 늘 같이 하던 시종들만 먹기에 충분했으리라. 그곳에 갑자기 불어났을 100명이 나누어 먹을 양은 아니었으리라. 그럼에도 엘리사의 말대로 충분히 그들이 먹고 남도록 하나님께서 그들을 도우셨다.

그리스도의 오병이어 사건과 엘리사의 사건은 다르다. (요6:1-15).

엘리사가 많은 사람들을 먹인 음식들은 누군가 그들이 먹으라고 많이 가져온 거다. 또 앞서 나온 기록인 그 가난한 과부의 집에도 작은 기름이 조금은 남아 있었다.

이에 비해 우리 주 예수께선 오천여 명 앞에서 아무것도 없으셨다. '거기에 뭐가 먹을 게 없느냐'고 주께서 제자들에게 물으셨다. 그 군중들 중에 자신들이 먹으려고 가져온 빵 다섯 덩이와 물고기 두 마리가 있었다. 이는 예수와 그분의 제자들을 위해서 가져온 음식이 아니다. 이를 가져오라 하시어 사람들을 줄 지어 앉게 하고 제자들부터 오천 명을 배불리 먹고 남게 하셨다.

이처럼 구약의 모든 사건들이 그리스도께로 그 중심이 모여들게 하는 내용들이라, 감탄을 자아내게 한다.
그리스도 오시기 전의 엘리사와 그리스도 사이엔 수백 년간의 세월이 있으나, 굶주린 군중을 먹인 사실은 같다.
세월이나 사람의 숫자가 중요한 건 아니라고 누차 가르쳐주는 기사가 하나님의 거룩한 기록임을 깨닫는다.

그리하여 궁금한 일이 하나 생긴다.
과연 그들 중의 얼마가 그리스도 재림의 날에 다시 살아나 서로를 알아보고 반길 수 있으랴.
오늘을 사는 기독자인 우리 또한 매일 먹는다.
이런 기사들로써 육의 양식이냐, 영의 양식이냐를 가려서 먹어야 살리라.
그리해야만 홍해를 건넌 선민들이 광야의 40년간 하나님의 만나를 먹고도, 가나안으로 들지 못하고 다 죽은 사실을 잊지 않으리라.

구약역사 30 열왕기하 5-7장

열왕기하 5장

왕하1:1 아람Aram 왕의 군대 총사령관 나만Naaman은 그의 주군에게 존중받는 위대한 남자였는데, 왜냐면 그를 통해 하나님께서 아람에게 승리를 주셔서다. 그는 강한 전사였으나 나환자였다. ² 그 군대가 침공하던 중에 아람 인들이 이스라엘 땅의 한 처녀를 포로로 데려와 나만 아내의 하녀가 되었다. ³ 그녀가 안주인에게 말하길 '오직 내 주인이 사마리아에 사는 예언자를 만날 수만 있다면, 그 나병을 고칠 수 있을 겁니다.' ⁴ 나만이 그의 주군에게 가서 그 이스라엘 소녀가 말한 것을 보고했다. ⁵ '네가 가는 게 분명히 좋겠구나.' 아람 왕이 말하며, '내가 이스라엘 왕에게 편지를 보내야겠다.' 나만이 은 10달란트talents, 금 6,000세겔, 옷 열 벌을 가지고 출발했다. ⁶ 그가 이스라엘 왕에게 아람 왕의 편지도 가져가 읽었다. '나의 종 나만을 당신에게 보내니, 당신이 그의 나병을 고쳐주길 간청합니다.' ⁷ 이스라엘 왕이 편지를 읽고 나서 자신의 옷을 찢으며 말하길 **'내가 죽이고 살리는 신인가, 이 친구가 그 질병을 고치라고 한 남자를 보내다니? 보라, 그가 나와 다투고자 어떻게 파헤치는가를.'** ⁸ 하나님의 사람 엘리사가 이스라엘 왕이 옷을 찢은 사연을 듣고, 이런 전갈을 보냈다. **'왜 당신 옷을 찢었소? 그 사람을 내게 보내서 이스라엘에 예언자가 있음을 알게 하시오.'** ⁹ 나만이 그의 기병들과 엘리사의 집 입구에 와서 멈췄을 때 ¹⁰ 엘리사가 그에게 말하라고 전갈 하

나를 보내니, '네가 만일 요단강에 가서 일곱 번 씻으면, 너의 몸이 회복하고 깨끗해질 거다.'

¹¹⁻¹² 이에 나만이 분노해 나가며 말하길 '나는 적어도 그가 나와서, 그의 신 하나님 이름을 부르며 서서, 그의 손을 나의 환부에 놓고 흔들어, 나병을 고친다고 생각했다. 다마스커스의 강들인 아바나, 파르팔이 이스라엘의 모든 물들보다 좋지 않으냐? 내가 그 물들에서 씻으면 깨끗해질 수 없냐?' 그렇게 그가 화를 하며 돌아서 가버렸다.

¹³ 그러나 그의 종이 그에게 와서 말하길 '만일 예언자께서 당신에게 어떤 어려운 일을 하라고 말했더라도, 이를 이행하지 않았겠습니까? 그렇다면 얼마나 더 당신이 할 수 있을까요, 그가 오직 당신에게 말한 건, "씻어라, 그럼 깨끗하여지리라!"' ¹⁴ 그래서 그가 내려가서 자신을 요단 강물 속에 담그기를 하나님의 사람이 말한 대로 일곱 번을 하니, 그의 육신이 회복해서 어린아이마냥 깨끗해졌다.

¹⁵ 그가 시종들과 같이 하나님의 사람에게 돌아가 그 앞에 서서 말하길, '이제 나는 압니다, 세상 어디에도 신이 없고 오직 이스라엘에만 계십니다. 당신 종의 큰 감사의 표시를 당신께서 받아주시겠습니까?' ¹⁶ '내가 섬기는 하나님께서 살아계신 것처럼,' 예언자가 말하니 '아무것도 나는 받을 수 없습니다.' 받아들이기를 강요했으나 거절하였다. ¹⁷ '당신이 받을 수 없다면,' 나만이 말하길 '주인님, 내가 당나귀 두 마리의 흙을 가져가도록 해주십시오, 왜냐면 나는 이제 더 이상 하나님 이외의 어떤 신에게든 번제물이나 희생제물을 올리지 않을 셈이어섭니다. ¹⁸ 오직 한 가지 사실만 하나님께서 나를 용서해주시기 바랍니다. 나의 주군이 림몬Rimmon(아람의 신은 폭풍과 전쟁의 신.

천둥을 뜻한다. 가나안과 페니키아에선 바알로 알려짐.) **신전으로 예배하러 갈 때 나의 팔에 기댑니다. 그래서 그가 림몬 신전에서 예배할 때 나도 예배하니, 이를 하나님께서 용서해 주시기 바랍니다.'** [19] 엘리사는 그가 평화로이 가도록 작별했다.

　나만이 그의 길을 간 지 얼마 되지 않았을 때 [20] 하나님의 사람 엘리사의 종인 게하시가 스스로 말하길 '나의 주인께선 이 아람 사람 나만이 가져온 것을 무엇이든 받지 않고 가게 하는가? 하나님께서 살아계시듯이 내가 그에게 달려가 무언가를 좀 가져야겠다.' [21] 그래서 게하시가 나만의 뒤를 쫓아 서둘렀다. 나만이 그가 뒤에서 달려오는 것을 보자 그의 마차에서 내려 그를 만나 말하길 '내가 무언가 잘못한 게 있습니까?' [22] '아무것도 없습니다,' 게하시가 답하길, '그런데 내 주인이 나를 보내며 말하길 에프라임 고원에서 예언자들 무리에서 두 젊은이가 방금 도착했는데, 당신이 그들에게 은 한 달렌트와 옷 두 벌을 제공할 수 있습니까?' [23] 나만이 말하길, '물론입니다, 은 두 달렌트를 가지시오.' 그가 그에게 그것을 가지라고 강권했다. 다음엔 두 주머니에 은 두 달렌트를 넣고 두 벌의 옷을 주고 그의 종 둘을 주면서 그것들을 운반해 그 앞에서 걸어가게 했다. [24] 게하시가 그 요새에 이르자 그 두 종에게서 그것을 받아서 그 집에 보관하고, 그 사람들을 해산하여 그들이 돌아갔다.

　[25] 그가 안으로 들어가 그의 주인 앞에 서자, 엘리사가 말하길, **'게하시야, 네가 어디에 있었냐?' '아무 데도 가지 않았습니다.'** 게하시가 말했다. [26] 그러나 그가 그에게 말하길 **'그 사람이 너를 만나러 마차에서 내렸을 때 영으로 내가 거기 있지 않았겠냐? 돈과 옷들, 올리브 나무**

와 포도원들, 양들과 소들, 남종과 여종들을 가지려고 하는 시간이었느냐? ²⁷ 나만의 나병이 너와 너의 후손들을 영원히 묶으리라.' 게하시가 엘리사의 면전에서 떠나자 피부가 질병으로 눈처럼 하얘졌다.

열왕기하 6장

^{왕하1:1} 엘리사와 함께 있던 예언자들 무리가 그에게 말하길, **'당신이 보다시피 우리가 사는 이 장소가 우리에게 너무 좁습니다.** ² **우리 각자 요단으로 가서 기둥들을 하나씩 가져와 우리가 살 곳을 만들게 해주십시오.'** 예언자가 말하길 **'그래, 가라.'** ³ 그중 하나가 말하길 **'주인님, 제발 우리와 함께 가주세요.' '내가 가겠다.'** 그가 말하고 ⁴ 그들과 함께 갔다. 그들이 요단에 이르러 나무들을 자르기 시작했을 때 ⁵ 우연히 그들 중 하나가 나무등걸을 자르다 도끼날이 자루에서 빠져 물속으로 날아갔다. **'오 주인님!'** 그가 외쳤다. **'이건 빌려온 겁니다.'** ⁶ **'그게 어디에 떨어졌느냐?'** 하나님의 사람이 물었다. 그 장소를 보여주었을 때 그가 나뭇가지 하나를 꺾어 물속에 던져 그 쇠도끼가 물에 뜨게 하였다. ⁷ 엘리사가 말하길 **'이를 건져라.'** 그가 아래로 내려가 집어 올렸다.

⁸ 한 번은 아람의 왕이 이스라엘과 전쟁 중에 그 부하들과 회의를 열어 말하길 '내가 이런저런 방향으로 공격하고자 한다.' ⁹ 하나님의 사람이 이스라엘 왕에게 경고했다. **'이 장소는 피하고 조심하시오. 왜냐면 아람 사람들이 그리로 내려오려고 해섭니다.'** ¹⁰ 이스라엘 왕이 하나님 사람이 그에게 준 경고대로 군사를 그 장소로 보냈다. ¹¹ 아

람의 왕이 이에 크게 분노해 그의 부하들을 소집해 그들에게 말하길, '내게 말해라, 이 중의 누가 이스라엘 왕을 위해 있는가?' [12] '거긴 아무도 없습니다, 나의 주, 왕이여,' 그의 부하 중 하나가 말하니, **'그러나 엘리사, 이스라엘 안에 있는 예언자가 당신이 당신 침실에서 한 말을 그대로 이스라엘 왕에게 말합니다.'** [13] '가서 **그가 어디에 있는지 찾아라,**' 왕이 말하길 '**내가 그를 체포하러 보내야겠다.**' 이런 보고가 도탄 Dothan에 있던 예언자에게 왔고, [14] 그가 강한 군대의 마차와 말들을 그리 보냈다. 그들이 밤에 와서 그 마을을 둘러쌌다. [15] 하나님 사람의 조수가 다음 날 아침 일찍 일어나 밖에 나가자 마을을 군 마차의 말들과 군대로 둘러싼 걸 보았다. '오, 주인님,' 그가 말하길 '어느 길로 우리가 돌아가야 합니까?' [16] 엘리사가 답하길 **'겁내지 말라, 왜냐면 우리 쪽이 그들보다 훨씬 많으니까.'** [17] 그가 이런 기도를 올렸다. **'하나님, 그의 눈이 열려서 보게 해주십시오.'** 하나님께서 그 젊은이의 눈을 여시어 그 언덕을 덮은 불의 마차들이 엘리사의 모든 주위를 둘러선 것을 보게 하셨다. [18] 아람의 군대들이 그를 향해 내려오자, 그가 하나님께 기도하였다. **'내가 기도를 올리니 하나님, 이 군대를 눈멀게 함으로써 쳐주시기를,'** 엘리사가 청한 대로 그들 모두 장님이 되었다. [19] 엘리사가 그들에게 말하길 **'너희는 틀린 길 위에 있다. 이는 마을로 가는 길이 아니다. 나를 따르라, 너희가 찾는 그 사람에게 내가 데려가마.'** 그가 그들을 사마리아로 인도했다.

[20] 그들이 사마리아에 들어가자 엘리사가 기도하길 **'하나님, 이 사람들의 눈을 열어서 그들이 다시 보게 해 주십시오.'** 그분께서 그들의 눈을 열자, 그들이 사마리아 안에 들어왔음을 알았다. [21] 이스라엘 왕

이 그들을 보았을 때 엘리사에게 말하길 '나의 아버지, 내가 저들을 멸할까요?' ²² **'아니, 네가 그리해선 아니 된다,'** 그가 답했다. **'네가 너 자신의 칼과 활로써 포로로 잡지 않은 이들을 멸할 수 있느냐? 이 사람들을 위하여 물과 음식을 주어라, 그래서 먹고 마신 후에 그들 주인에게 돌아가게 해라.'** ²³ 그래서 왕이 그들을 위해 큰 잔치를 베풀어 먹고 마신 후에 그들 주인에게 돌려보냈다. 이때부터 아람 사람들의 이스라엘 침공이 그쳤다.

²⁴ 그러나 나중에 아람의 왕 벤 하닷이 그의 전 군대를 소집해, 사마리아로 행진하며 포위를 해 왔다 ²⁵ 그 도시가 점점 가까이 포위당하자 대부분이 굶주려 당나귀 머리 하나가 은 80세겔, 완두콩 꼬투리 씨 4분의 1겝이 5세겔에 팔렸다. ²⁶ 하루는 이스라엘 왕이 성벽을 따라 걷는데 한 여자가 그를 부르기를, '도와주세요, 나의 왕이시여!' ²⁷ 그가 말하길, '하나님께서 너를 도우시지 않는 한은, 어디서 내가 너를 도울 길을 찾겠느냐? 타작마당에서냐, 포도 짜는 데서냐? ²⁸ 너의 문제가 무어냐?' 그녀가 답하길, '이 여자가 내게 말하길, "너의 아이를 우리가 오늘 먹게 넘겨라, 그리고 우리 애는 내일 먹자." ²⁹ 그래서 우리는 내 아들을 요리해 먹었습니다. 그러나 다음 날 내가 "지금 네 아들을 우리가 먹게 넘겨라." 하고 그녀에게 말했을 때 그녀가 그를 숨겼습니다.' ³⁰ 왕이 그녀의 말을 듣고 자신의 옷을 찢었다. 그가 성벽을 따라 걸을 때 사람들은 그의 속옷이 베옷인 걸 보았다. ³¹ 그가 말하길, **'하나님께서 내게 그 같은 일을 하시고도 더 하시다니, 만일 샤팟Shaphat의 아들 엘리사의 머리가 오늘 그의 어**

깨 위에 있을지를.'

³² 엘리사가 그의 집에 장로들과 앉아 있었다. 왕이 궁정에서 이런 자 하나를 급파했으나 그 사자가 도착하기 전에 엘리사가 장로들에게 말하길 **'봐라, 어떻게 이 살인자의 아들이 내 머리를 자르라고 보냈는지! 그 사자가 왔을 때 문을 단단히 잠가 그를 막아라. 그의 주인을 따르는 그의 발소릴 너희는 들을 수 없느냐?'** ³³ 그가 아직 말하는 동안에 왕이 도착해 말하길, **'우리의 궁지를 보십시오! 이는 하나님께서 하시는 일입니다. 왜 우리를 돕지 않으시는 그분을 위해 내가 더 이상 기다려야 합니까?'**

열왕기하 7장

왕하7:1 엘리사가 답하길 **'들어라, 여기에 하나님 말씀이 있다. 내일 이 시간까지 밀가루 한 되, 보리 두 되가 사마리아 문에서 1세겔에 팔릴 거다.'** ² 왕의 팔을 받치던 그의 장교가 하나님 사람에게 말하길 **'설사 하나님께서 하늘의 창들을 여실지라도 그런 일이 생길 순 없습니다!'** **'네가 너 자신의 눈으로 이를 볼지라도 먹지는 못하리라.'** 그가 답했다.

³ 그 도시 문가에 네 명의 나환자들이 있었다. 그들이 서로 말하길 **'왜 우리가 여기 머물러 죽기만 기다리지? ⁴ 우리끼리 말이지만, 우리가 도시에 들어갈지라도 거긴 기근이라 죽으리라, 우리가 여기 머물러도 죽으리라. 자, 그렇다면, 우리가 아람 사람들 막사에 가서 항복하자. 만일 그들이 우릴 살리면 살리라, 만일 그들이 우릴 죽이면, 죽기밖에 더하겠냐.'**

⁵ 황혼에 그들이 아람군의 막사를 향해 출발해 그 바깥에 닿았는데, 거기 아무도 없었다. ⁶ **하나님께서 아람 군대들에게 막강한 군대의 마차와 말들 소리가 들리게 하여, 소문이 퍼지길, '이스라엘 왕이 히타이트와 애굽의 왕들을 고용해 우리를 공격한다.'** ⁷ 그들이 어둠이 짙어지자 도망가며 그들의 천막, 말, 당나귀들을 버리고 갔다. 막사들을 세운 채 두고, 그들 생명만을 위해 도망갔다. ⁸ 이들 나환자들이 바깥쪽 막사 하나에 들어갔다. 그들이 먹고 마시고 금은과 옷들을 약탈해 와서 감추었다. 다음에 그들이 되돌아가, 다른 데로 들어가 샅샅이 뒤지고 도망쳐 약탈품을 숨겼다.

⁹ 그러나 그들이 서로에게 말하길 **'우리가 하는 일이 바르지 않다. 이 좋은 날의 소식을 우리끼리 숨기고 있다. 만일 우리가 이를 아침까지 숨기면 비난 받을 거다. 우리가 지금 가서 이 소식을 왕궁에 전해야만 한다.'** ¹⁰ 그들이 가서 도시 성문의 보초를 불러, 그들이 어떻게 아람 군대에 갔는데, 거기 아무도 없고 사람소리도 들리지 않는다고 말했다. 말들과 당나귀들은 매여 있고 막사들만 서 있고, 아무도 없다고. ¹¹ 그 보초가 외치며, 그 소식을 왕궁의 왕가에 알렸.

¹² 그 밤에 왕이 일어나 부하에게 말하길 '내가 너에게 아람 인들이 행한 걸 말해야겠다. 그들이 우리 굶주림을 알고서 그들 막사를 떠나, 그 들판에 숨어서 우리 나오기를 기다려 우리를 산 채로 잡아, 그 도시로 들어갈 수 있다고.' ¹³ 그 부하들 중 하나가 말하길 '사람들의 한 무리를 얼마 남은 말들과 같이 보냅시다. 만일 그들이 죽더라도, 벌써 죽은 모든 다른 이들보다 더 나쁠 것도 없습니다. 그들이 가서 무슨 일인지 보게 하시지요.' ¹⁴ 그들이 두 사람을 뽑아 말에 태워, 아람 군대 진영에

무슨 일이 생겼나 알아보란 명령으로 파송했다. ¹⁵ 멀리 요단까지 따라가는 모든 길에서 그들이 아람 군대가 서두르느라 버린 옷들과 가구들이 흩어진 걸 발견하고, 돌아와 왕에게 보고했다.

¹⁶ 사람들이 아람 사람들 막사로 가서 물건들을 약탈하여 밀가루 한 되가 1세겔, 보리 두 되가 1세겔에 팔려, 하나님 말씀대로 사실이 되었다. ¹⁷ 왕이 그의 팔을 받치던 장교를 일러 그 문을 지키라 임명하자, 군중들에게 그가 밟혀 죽어, 왕이 하나님 사람을 방문했을 때 예언한 대로 되었다. ¹⁸ 왜냐면 하나님의 사람이 왕에게 말했으니, **'내일 이 시간까지 1세겔로 보리 두 되나 밀가루 한 되를 사마리아 문에서 살 수 있으리라.'** ¹⁹ 그 장교가 답하길, '만일 하나님께서 하늘의 창들을 여실지라도, 그런 일이 생길 리 없다!' 하나님의 사람이 말하길 **'네 눈으로 이를 볼지라도, 너는 이를 어느 것도 먹지 못하리라.'** ²⁰ 이가 그에게 생기니 그 문에서 군중들에게 밟혀 죽은 거다.

생각할 점

열왕기하 3-7장 내용들은 북이스라엘 10대 왕인 요람Joram의 통치 시기인 BC 852-841년까지 12년간에 생긴 일의 기록이다.

당시에 이스라엘 왕과 선민들을 위해 대활약을 펼친, 두 선지자 엘리야와 엘리사의 기록을 살펴보기로 한다.

엘리야 기록은 왕상16:29-왕하2:14까지로 9장에 걸친다.
엘리사 기록은 왕상19:16-왕하8:15까지 12장에 걸친다.
REB. 성서는 **엘리야**가 처음 나오는 왕상16:19부터 **'엘리야와 아**

합 가문'이란 제목이다. 엘리야 후계자 **엘리사**가 나오는 왕하 1장부터 제목이 **'엘리사와 아합 가문'**이다.

이를 보면, 북이스라엘의 두 선지자 엘리야와 엘리사가 상대했던 선민들 왕가 가문이 아합 왕가의 3대임을 볼 수 있다.

아합, 아마지야, 예호람, 세 명의 북이스라엘 왕이다.

엘리야는 아합과 아마지야 왕을 상대로 활동했다.

엘리사는 아합의 손자인 예호람 시대에 활동했다.

엘리사가 왕하 5-7장에서 행한 기적들
1. 왕하 5장 '아람 군 사령관 나만의 나병 치유, 게하시의 나병 발병'
2. 왕하6:1-7 '요단 강물에 빠진 쇠도끼를 건짐'
3. 왕하6:8-23 '아람 왕의 막강 군대를 포획, 그들 접대 후 방면'
4. 왕하6:24-7장 '사마리아 포위한 아람 군대, 환청으로 퇴치'

왕하 5장 '아람 장수 나만의 나병 치유'

위와 같이 하나님께서 엘리사를 통해 이루신 놀라운 기적의 기사는 믿음의 깊이를 생각하게 이끈다. 특히 이스라엘의 대적인 아람 군 최고 장수 나만의 나병 치유와 게하시 사건이다. 아람 장수 나만은 엘리사에게 들은 대로 요단 강물에서 나병이 치유되자 감격한다. 그가 엘리사에게 앞으로는 하나님만을 평생 섬긴다는 신앙고백으로, 이별을 고하고 그의 나라로 돌아간다. 그 후 나만 집안 전체가 조용히 깊이 하나님을 섬기며 겸허히 살아갔으리라. 이를 들은 많은 사람들이 그러했을 수 있다.

주의할 점은 이스라엘 처녀가 그 집 여종일 때 생긴 일이란 점이다. 나만 부부는 사이도 좋고 인품도 좋아, 아무리 하찮은 사람의 의견일지라도 존중했음이 드러난다. 그 집에 방금 들어온 이방이자 적국의 한 여종의 말을 귀담아 듣고 실천에 옮기다니. 나병의 질고가 대단했음을 반영한다. 적국 방문이니 왕의 허가로 나만이 왕의 친선 선물까지 들고, 이스라엘 하나님께 달려간다.

그들은 이방인들이지만 이스라엘에는 유일신께서 존재한다는 사실은 대대로 들어서 알고는 있었다는 증명이다.

세상을 살피는 하나님께서는 자신의 소문을 듣고 아람의 나만이, 하나님의 사람 엘리사에게 달려온 자체를 보셨으리라. 그보다는 먼저 그 집에 잡혀간 선민의 한 사람인 진실한 그 여종의 하나님 믿음을 그분께서 살피셨으리라.

이로써 우리는 솔로몬이 그의 예루살렘 성전 봉헌식에서 올린 기도를, 하나님께서 항상 지켜주고 계셨음을 새삼 깊은 감동으로 깨닫는다.

믿음의 사람의 진실한 소망 기도는 하나님께서 항상 들어주시고 함께 해주심을 보여주는 기록이다. 하나님께선 그분께 의지하는 신실한 사람들의 절실한 기도는 귀 기울여 들으시고 도와주신다. 이방인이라고 문제 삼지 않으신다. 그때도 이런 진실한 사람인 일반 선민들을 통해 하나님의 존재와 그분을 향한 믿음의 길이 지상에 퍼져나갔다.

물론 이들과 정반대 성향을 가진 사람도 존재한다.
엘리사의 시종 게하시가 그런 종류다. 게하시는 오랜 기간(열하 4:12에 처음 등장) 하나님의 사람 엘리사를 보필했음에도, 전혀 하나님을 두려워할 줄 모른 탐욕스런 종자의 부류였다. 엘리사를 가장 가까이 오랜 기간 모시고 여러 일을 겪고도 주인의 하나님을 섬길 줄 몰랐다.
엘리사는 그를 알았으나, 참고 그가 깨닫기를 기다렸으리라. 엘리사가 그냥 보낸 나만에게 게하시가 행한 탐욕에 더는 참지 못했으리라.

여기서 생전의 예수를 3년간 모시고도 몰라보고 은 서른 냥에 스승을 배신해 팔아넘긴 가룟 유다가 떠오른다.

이런 선민들의 바람직하지 못한 예와 비교되게끔, 그 이방의 나병이 든, 아람 장수 나만에겐 충실한 종이 있었다. 감히, 자신의 주인에게 바른 직언을 할 줄 아는 뚝심 있는 충실한 종이다. 요단강 강물에 일곱 번 목욕보다 훨씬 더 힘든 일을 하나님의 사람이 시켰어도 행하지 않았겠냐고, 직언한다. 그 하나님 사람 지시대로 해보라, 권한다.
겨우 강물에 목욕하라는 쉬운 일도 안 하고 그냥 돌아갈 거냐고 타이른다. 그 순간엔 그 시종조차 하나님 땅에 와서 아마도 전해 들었을 하나님 말씀을 믿은 셈이다. 충성스런 그 시종이 평소에도 자신의 상전인 나만 장군을 믿고 존중했기에 그런 권유를 했으리라.

그도 이후엔 온 가족이 이스라엘 하나님을 믿고 살았으리라. 이로써 하나님께서 나만과 그 시종까지 모두를 보고 계셨음을 알 수 있다.

이에 비해 이스라엘 왕 요람과 그 최측근 장교가 이들과는 정반대다. 선민들의 왕이나 그의 장교나 어째 그리도 똑같이 그들 조상의 하나님께 외경심도 신앙심도 없이 무지하고 몰상식했는가.

엘리사가 그들 앞에서 하나님께서 이루어주시는 여러 기적들을 그동안 그렇게 보고 겪었으련만, 그들은 끝까지 오만방자했다.

왕하 6, 7장 '아람 군대 포획과 접대, 환청으로 물리침'

1. 물에서 건진 그 쇠도끼가 당시엔 대단히 귀한 철제 도구였음을 염두에 두어야 한다. 이들이 엘리사와 함께 선민들을 돕고 선도하는 예언자들이기에 그들의 집을 짓기 위해 철제기구 장인에게 귀한 도끼를 빌려 왔으리라.

요즘도 건설장비 대여가 중요하다.

그 시대가 철기시대에 접어들었기에 집집마다 농기구인 철제 도구가 드물고 귀했으리라. 이스라엘은 동이나 철광석의 나라가 아니기에 제철, 제련 기술도 없었으리라. (왕하6:1-7)

2. 아람 군이 밤새 기습, 이를 본 그 아침의 놀란 자신의 시종을 위해 엘리사가 기도하여 하늘의 불 마차와 천군을 보여주는 장면이 놀랍다.

이는 엘리사에게 스승 엘리야의 승천을 보게 해주신 하나님이시니 가능한 일이다. 하나님께서 엘리사를 사랑하셨기에 참으로 엘리야의 권능의 두 배를 부여하셨기에 가능했으리라.

3. 하나님께서 엘리사의 기도대로 아람의 군사들 눈을 장님으로 만들어, 사마리아로 인도하다니. 이에 혼겁하는 그들을 환대해서 보내라고 선민의 왕에게 지시하는 엘리사의 외교전술을 배워야 하리라. (왕하6:8-23)

이는 예수 그리스도의 '원수를 사랑하라'는 말씀을 실천한, 오래 전 하나님의 사람인 엘리사의 거룩한 기록이다.

왕하6:24-7장의 기사들이 엘리사의 조국 이스라엘이 참 한심한 지경에 놓여 있었음을 또다시 알려준다.

이스라엘 선민들이 아람 군사들의 포위로 굶주렸다고 아이들을 번갈아 잡아먹자 하고 벌써 한 아이는 먹었다니. 그럼에도 왕이 한다는 말이, 고작 분노에 차서 엘리사의 목을 베러 간다, 한다.

하나님께 자신의 잘못을 참회하고 엘리사에게 중재를 하나님께 부탁할 생각은 아예 못했던 어리석은 왕이다.

이는 고위직인 정치 종교 지도층의 진실한 신앙이 예나 지금이나 똑같이 필요하다는 증명이다. 지도자의 신앙 정신에 따라 국민

이 죽느냐 사느냐, 하는 기로에 놓인다는 본보기다. 동시에 하나님께서 이스라엘 왕과 선민들이 그분께 돌아오길 학수고대하신 기록이다.

  현재의 우리 인류가 그들과 무엇이 다른가. 조금도 다를 바 없다. 세상은 불안하고 평화롭지 못하다. 그러나 이런 기사로서 하나님께서 인류가 바른 믿음 안에 살기를 기다리심을 알려준다. 고로 세상은 아름답다, 우리는 모르나 하나님의 사람들이 어딘가에 각기 살고 있어서다.

구약역사 k1 **열왕기하 8-9장**

열왕기하 8장

왕하8:1 엘리사가 아들의 생명을 소생시켜준 그 여인에게 말하길, '즉시 가솔을 데리고 떠나서 머물 수 있는 데를 찾아라, 하나님께서 7년의 기근을 명하셔, 벌써 이 땅에 임해서다.' [2] 그 여인이 하나님의 사람 말대로 즉시 가솔을 데리고 블레셋 영토로 떠나 거기서 7년간 머물렀다. [3] 그 끝에 그녀가 돌아와 그녀의 집과 땅을 위해 왕에게 알현을 청했다. [4] 왕이 하나님 사람의 종인 게하시에게 엘리사가 행한 모든 위대한 일들에 관해 문의했다. [5] 그가 왕에게 어떻게 그 죽은 자를 살렸는가, 말했을 때 당사자인 여인이 그녀의 집과 땅을 왕에게 호소하기 시작했다. '폐하,' 게하시가 말하길, '이가 그 여인이고, 이가 엘리사가 살린 아들입니다.' [6] 왕이 그녀에게 질문해 그에 관해 그녀가 말했다. 그래서 왕이 그녀의 말을 신뢰하여 행정관에게 그때부터 그날까지 그녀 땅에 속한 모든 재산을 되돌려주라, 명했다.

[7] 엘리사가 다마스쿠스에 왔는데 아람의 벤 하닷 왕이 아플 때였다. 왕이 하나님의 사람이 왔다고 듣자, [8] 하자엘Hazael에게 선물을 가지고 하나님의 사람에게 가서 자신이 병에서 회복될 것인가, 물어보라, 명했다. [9] 하자엘이 40마리의 낙타에 모든 종류의 다마스쿠스 그릇들을 실어 선물로 가져갔다. 그가 예언자 앞에 이르자 말하길, '당신의 아들, 아람의 왕 벤 하닷이 당신께 나를 보내, 그

의 병에서 회복할지 아닌지를 묻게 했습니다.' 그가 답하길 ¹⁰ '가서 그에게 말해라, 그가 회복하리라고,' **'그러나 하나님께서 내게 보이시니 실은 그가 죽으리라.'** ¹¹ 하나님의 사람이 선 채로 하자엘이 당황할 때까지 그 얼굴을 응시하더니 울기 시작했다. ¹² '주인님, 왜 우십니까?' 하자엘이 묻자 그가 답하길 **'왜냐하면 나는 네가 이스라엘에 끼칠 해악을 알아서다. 네가 그들의 성채에 불을 지르고 그들의 젊은이들을 칼 앞에 놓으리라. 그들의 어린이들을 땅바닥에 패대기치고 임신한 여인들 배를 가르리라.'** ¹³ 하자엘이 말하길 '나는 하찮은 개일 뿐입니다, 그저 아무도 아닙니다. 어떻게 내가 그런 큰일을 할 수 있습니까?' **엘리사가 답하길 '하나님께서 나에게 네가 아람의 왕이 되리라 보여주셨다.'** ¹⁴ 하자엘이 엘리사를 떠나 그의 주인에게 가니, 엘리사가 말한 것을 물었다. '그가 당신이 회복할 거라고 말했습니다.' 그가 답했다. ¹⁵ 그러나 그가 다음 날 담요 한 장을 가져가, 이를 물속에 담가 왕의 얼굴에 씌워 죽였다.

¹⁶ 이스라엘 왕 아합의 아들 예호람의 5년째 유다의 예호샤팟 왕의 아들 요람이 왕이 되었다. ¹⁷ 왕위에 올랐을 때 그가 32세로 예루살렘에서 8년을 다스렸다. ¹⁸ 그가 이스라엘 왕들의 행적을 따라서 아합의 가문처럼 행하니, 아합의 딸과 결혼해서다. 그가 하나님 눈에서 잘못을 행했다. ¹⁹ 그러나 하나님께선 그의 종 다윗을 위해 유다를 멸하기를 뜻하진 않으시니, 그분께서 그에게 항상 그의 후손들에게 등불 하나를 주신다, 약속하셔서다.

²⁰ 요람의 통치 기간에 에돔이 유다에 거역하고 자신들의 왕을 세웠다. ²¹ 요람이 그의 모든 마차들을 자이르Zair까지 몰아갔다.

에돔 족들이 그와 그의 마차 지휘자들을 포위해, 그가 그 밤에 돌격대를 만들어 뚫고 나왔다. 그의 주력 군대가 그들의 집까지 어쨌거나 도망을 쳤다. ²² 에돔이 이날까지 유다에서 독립을 유지했다. 동시에 리브나Libnah¹ [참고 1]도 배신했다. ²³ 요람의 다른 활동과 사건들은 유다 왕 연대기에 기록했다. ²⁴ 요람이 그의 조상들에게 돌아가 다윗 시에 묻혔다. 그의 아들 아하지야Ahaziah가 그를 이었다.

²⁵ 이스라엘 아합 왕의 아들 예호람의 12년째 유다 요람 왕 아들 아하지야가 유다 왕이 되었다. ²⁶ 아하지야가 왕위에 올랐을 때 22세로 예루살렘에서 1년을 통치했다. 모친은 이스라엘 옴리Omri 왕의 손녀딸 아탈리야Athaliah였다. ²⁷ 그가 아합 가문의 행실을 좇아 아합 가문처럼 하나님 눈에 잘못을 행함은 결혼으로 그 가문과 연관해서다. ²⁸ 그가 스스로 아합의 아들 예호람과 동맹을 맺어 라모스 길렛Ramoth-gilead에서 아람의 하자엘 왕과 싸우기로 했다. 그러나 예호람이 아람 인들에게 상처를 입자 ²⁹ 지즈릴 Jezreel로 물러나 하자엘 왕과의 전투인 라모스Ramoth에서 입은 부상에서 회복하고자 했다. 예호람의 부상 때문에 유다의 왕 요람의 아들 아하지야가 그를 방문하러 지즈릴에 내려갔다.

I [참고 1]
    REB. 성서주해는 유다 왕 요람이 북이스라엘과 주변국들에 종교에 관용을 보여서, 에돔이 독립했다가 반역했고 리브나Libnah도 배신했다 한다. 이로써 유다가 기울기 시작했다. 에돔이 아브라함의 손자, 에서의 후손들이라 그런 듯하다. 리브나가 블레셋 국경 근처 라키스Lachish라 한다.

열왕기하 9장

^{왕하1} 예언자 엘리사가 예언자들 무리 중의 한 사람을 소환해 그에게 말하길 '길 떠날 차비를 해라, 이 기름을 한 병 갖고 라모스 길렛으로 가라. ² 거기 도착하면 님시의 아들, 예호샤팟의 아들 예후Jehu를 찾아 그의 옆에 휘하 장교들을 물리고 집안의 내실로 들어가라. ³ 그 기름병 기름을 거기서 그의 머리에 붓고 말하길 **"이는 하나님 말씀이다. 나는 너를 이스라엘 왕으로 임명한다."** 그 다음에는 문을 열고 목숨을 걸고 도망쳐라.'

⁴ 그 젊은 예언자가 라모스 길렛에 ⁵ 도착했을 때 장교들이 모여 앉아 있음을 발견했다. 그가 말하길 **'주인님, 내가 당신께 드릴 말씀이 있습니다.'** '우리 중의 누군가?' 예후가 물었다. **'네, 당신을 위해섭니다.'** 그가 말했다. ⁶ 예후가 일어나 집안으로 들어가자, 예언자가 그의 머리에 기름을 붓고 말하길 **'이는 이스라엘의 신 하나님 말씀이다. 내가 너를 이스라엘을, 하나님의 백성을 다스릴 왕으로 임명한다. ⁷ 네가 너의 주인 아합 가문을 쳐내야 하는 거다, 그래서 내가 나의 종들과 예언자들의 피에 대해, 하나님의 종들의 모든 피에 대해 이세벨에게 복수하리라. ⁸ 아합의 전 가문을 멸하리라. 내가 이스라엘에서 그 가문의 모든 어머니의 아들이 그 가족의 보호 아래 있거나 없거나 멸하리라. ⁹ 내가 아합의 가문을 네바의 아들 여로보암의 가문과 아히자의 아들 바샤의 가문처럼 만들리라. ¹⁰ 이세벨은 지즈릴에서 땅바닥에서 개들에게 먹혀 아무도 묻어주지 않을 거다.'** 그런 후에 그가 문을 열고 도망갔다.

¹¹ 예후가 왕의 장교들과 다시 합치자, 그들이 그에게 묻길 '괜찮

습니까? 그 미친 친구가 당신에게 원한 게 무엇입니까?' 그가 답하길 '너희들이 그와 그의 생각을 안다.' [12] '그건 대답이 아니지 않습니까?' 그들이 되물었다. '무슨 일인지 우리에게 말해주십시오.' **너희에게 그가 한 말을 정확히 말하마. "이는 하나님 말씀이다. 나는 너를 이스라엘 왕으로 임명한다."** [13] 그들이 겉옷을 재빨리 벗어서 그것들을 층계 위에 선 그의 앞에 펼치고, 나팔을 불고 외치길, **'예후가 왕이다.'**

[14] 님시의 아들, 예호샤팟의 아들, 예후가 예호람에게 반역을 도모했으니, 예호람과 온 이스라엘이 라못스 길렛에서 아람의 왕 하자엘을 방어하는 동안이다. [15] 예호람 왕이 하자엘에게 대항한 아람 인들과의 전투에서 입은 상처에서 회복하고자 지즈릴로 돌아갔다. 예후가 그의 동료들에게 말하길, '만일 너희들이 내 편이라면, 이 소식이 지즈릴에 닿을 수 없게, 아무도 나가게 해선 안 된다. [16] 그가 마차를 타고 몰아 지즈릴에 갔으니 예호람이 거기 누워 있고, 유다의 아하지야 왕이 방문하러 내려가서다.

[17] 지즈릴의 파수대에 서 있던 파수병이 예후의 군대가 다가오는 것을 보고 외치길, '군대 무리가 보입니다.' 예호람이 말하길 '기병 하나를 급히 그들을 만나러 보내, 화평하려고 오는가, 물어라.' [18] 기병이 그를 만나 말하길 '왕이 요청하니, "이는 평화인가?"' 예후가 말하길 '평화? 그게 너와 무슨 상관이냐? 너는 내 뒤에 쓰러져라.' 파수병이 보고하길 '사절이 그를 만났지만 돌아오지 않습니다.' [19] 두 번째 기병을 보냈다. 그가 그들을 만나자 그 역시 말하길, '왕이 요청하니, "이는 평화냐?"' '평화?' 예후가 말했다. '그게 너

랑 무슨 상관이냐? 내 뒤에 쓰러져라.' [20] 파수꾼이 보고하길, '그가 그들을 만났지만 돌아오지 않습니다. 마차 모는 것이 마치 님시의 아들 예후 같습니다. 그토록 마차를 맹렬히 몰아섭니다.'

[21] '내 마차 마구를 챙겨라,' 예호람이 말했다. 준비가 되자 이스라엘 왕 예호람과 유다 왕 아하지야가 각기 자기 마차에 타고 예후를 만나러, 지즈릴의 나봇을 음모했던 장소까지 가서 그를 만났다. [22] 예호람이 예후를 보자 말하길, '예후야, 이건 평화냐?' 그가 답하길 **'너는 이를, 평화라고 하냐, 네 모친 이세벨의 혐오스런 우상 숭배와 기괴한 마술들을?'** [23] 예호람이 마차를 굴려 도망치며 외치길, '배신이다, 아하지야!' [24] 예후가 그의 활로 예호람의 어깨 사이를 명중하여 화살이 심장에 맞아 마차에서 떨어졌다. [25] 예후가 그의 부관 비드카Bidkar에게 말하길 **'그를 집어다가 지즈릴의 나봇에게 속했던 그 책략의 땅에다 던져라. 너와 내가 그의 부친 아합의 뒤를 나란히 달릴 때 하나님께서 그에 대해 이를 어떻게 선언하셨는가를 기억해라.** [26] **"이는 하나님 말씀이다, 내가 어제 나봇의 피와 그 아들들의 피를 분명히 본 것처럼 내가 너희를 이 음모의 땅에서 징벌하리라." 그러므로 그를 집어들어 그 음모의 땅에 던지면, 하나님의 그 말씀이 이루어진다.'** [27] 유다의 아하지야 왕이 이를 보았을 때 베트하겐Beth-haggan으로 가는 길로 도망쳤다. 예후가 그를 추격하며 말하길, '그 또한 잡아라.' 그들이 그를 쏘아서 마차에서 이불림 근처 골짜기로 떨어졌는데 그가 멕기도까지 도망쳐 거기서 죽었다. [28] 그의 종들이 그의 시신을 마차로 예루살렘까지 운반해, 다윗 시에 있는 그의 조상들과 같이 그의 무덤에 장사지냈다.

²⁹ 아합의 아들 예호람의 11년째, 아하지야가 유다를 다스릴 왕이 되었다.

³⁰ 그때 예후가 지즈릴에 왔다. 이세벨이 무슨 일이 생겼는가를 듣자, 그녀가 눈에 화장을 하고 머리를 치장하고, 창가에 서서 아래를 내려다보았다. ³¹ 예후가 문으로 들어오자 그녀가 말하길, '이게 평화냐? 너, 짐리Jimri야, 너는 네 주인의 살인자가 아니냐?' ³² 그가 그 창을 올려다보고 말하길 '누가 나의 편에 있냐? 누구냐?' 두세 명의 환관이 밖으로 그를 내다보자, ³³ 그가 말하길 '그녀를 아래로 던져라.' 그들이 그녀를 아래로 던져, 그녀의 피가 성벽에 튀고 말들이 발아래서 그녀를 밟았다. ³⁴ 예후가 안에 들어가서 먹고 마셨다. '이 저주받은 여인을 보라,' 그가 말하길, '그녀가 왕의 딸이니 묻어주라.' ³⁵ 그러나 그들이 그녀를 묻어주러 나가자 그녀의 해골, 두 발, 두 손 외엔 아무 것도 없었다. ³⁶ 그들이 돌아와 보고하니, 그가 **'이는 하나님 말씀이니, 그분께서 그의 종 티스벳의 엘리야에게 말씀하신, "지즈릴의 음모의 땅바닥에서 개들이 이세벨의 육신을 삼키리니, ³⁷ 이세벨의 시체는 지즈릴의 그 음모의 바닥에 배설물 같아, 그 누구도 이게 이세벨이다 말하지 못하리라."** 였다.

생각할 점

왕하 8-9장 내용은 선민의 왕들이 하나님 앞에 바르게 행하지 않은 기록이 많다. 그들이 하나님께 불신으로 인한 불의를 행하기에, 하나님께서 하나님의 사람들을 통해 이를 꾸짖고 지도하게 하신다. 하나님께 불의를 자행한 북이스라엘과 남유다 왕들이 받는 징벌의 과정들이다.

하나님께서 선지자 엘리야를 통해 하신 말씀대로 이루어지는 사건들이다. 지독한 악행을 행했던 이스라엘 아합 왕과 왕비 이세벨에게 왕상 21장에서 예고하신 하나님 예언들이 그의 아들 대에서 일어났다.

엘리야가 들었던 하나님의 엄한 징벌의 집행이 엘리사 시대에 이스라엘 왕가에 그대로 이루어진다.

그렇게 하나님 징벌을 받는 이스라엘과 유다 왕들이 아래와 같다. 네 명의 왕들이 BC 852년부터 814년까지 총 38년간 집권에서 생긴 사건들이다, 선민들의 국가끼리, 또는 이들과 얽힌 주변 이방 국가들과의 기록이다.

이들이 왕상 8, 9장에 나온다.

   14대 요람Joram(이스라엘) BC 852-841(12년간)
   15대 예호람Jehoram(유다) BC 848-841(8년간)
   16대 아하지야Ahaziah(유다) BC 841(1년간)
   17대 예후(이스라엘) BC 841-814(28년간)

열왕기하 8장에는 엘리야를 이은, 하나님의 사람인 엘리사와 그의 제자들 활약상이 다음과 같다.

  1. 왕하 8:1-6 '수넴 여인의 부동산 재산 복귀'
  2. 왕하 8:7-15 '엘리사를 만난 아람의 벤 하닷 왕의 측근 하자엘'
  3. 왕하 8:16-24 '이스라엘 요람 왕 재위 12년간의 불의'

4. 왕하 8:25-29 '유다 왕 요람의 아들 아하지야의 왕위'

열왕기하 9장도 엘리사의 지시로 엘리야의 예언들이 성취된다.
1. 왕하 9:1-10 '이스라엘 장교 예후에게 하나님의 기름부음'
2. 왕하 9:11-13 '예후가 이스라엘 왕으로 추대'
3. 왕하 9:14-20 '예후가 아람 왕 반역'
4. 왕하 9:21-28 '예후가 이스라엘과 유다 왕 척결'
5. 왕하 9:29-37 '예후가 아합 왕비 이세벨을 죽게 함'

본론에 앞서 중요 기록인 왕상 19:15-21을 복습한다.

이는 엘리야에게 엘리사를 만나게 해주신 하나님 말씀이 특별해서다. 아합 왕에게 쫓기는 엘리야에게 하나님께서 말씀해주신다. 엘리야가 늙고 지쳐 혼자 자신의 죽음에 직면한다 생각했을 때 천사를 통해 그를 깨워 먹이시고 호렙 산까지 가게 하시며, 마지막으로 해야 할 일들을 일러주신다. 이 중에서 엘리야가 자신의 후계자 엘리사를 만나게 해주시는 장면이 가장 인상 깊으니 다음과 같다.

엘리야가 24마리나 되는 소들을 맨 뒤에서 모는 엘리사 위로 겉옷을 던지자 달려와 절하며, 부모들과 이별 시간을 달라 한다. 그가 집에 가서 소 한 쌍을 죽여 그 멍에를 벗겨 태우더니 소고기를 구워 사람들에게 먹이고 엘리야를 따라간다.

이 기사가 느닷없이 주 예수를 떠올리게 한다.

왜냐면 그리스도께서 공생애 시작에 먼저 하신 일이 제자들의 부르심(요1:35-51)이어서다. 하나님께서 보시기에 이처럼 혼자서 혼신을 다해 엘리야가 악한 아합 왕과 이세벨과 싸우고, 그들에게 쫓기며 나이 든, 그를 위로해 주심을 볼 수 있어서다. 그를 대신할 후계자를 알려주신 기록이다.

이는 또한 사울 왕 때문에 선민들을 위해 밤새도록 애통해하는 사무엘에게 이새를 찾아가라, 위로하신 하나님을 생각나게 한다.

그들보다도 더 예전에는 하나님께선 모세가 늙자 그를 돕는 젊은 여호수아가 곁에 있게 해서 선민들을 이끄신다.

이상으로 열왕기상 9:15-18에서 엘리야에게 예고하신 하나님 말씀들이, 엘리사를 통해 열왕기하 8-9장에서 다 이루어진다. 엘리사를 환대했던 슈넴 여인 가족이 7년간의 기근 대피 후에 돌아와 그간에 빼앗긴 그녀 재산을 회복해준다. (왕하8:1-6)

아람 왕인 벤-하닷 충신이던 하자엘이 행할, 악행의 예고도 그대로 이루어진다. (왕하8:9-15)

이스라엘 장수 예후[II] [참고2]에게 하나님 기름부음으로써 아합 가

II (참고2)

또한 예후Jehu라는 이름이 친근해서 살폈다. (『종교와 일상』 여행단상에서 영국여행 참조요망. NIV. 성서주해 583쪽에 예후 왕의 불명예스런 부조 사진 설명이 다음과 같다. '이스라엘 왕 예후, 아시리아 왕 살마네살 3세에게 공물 헌정' (왕하10:34 참조)

성서의 40이란 숫자 연관성도 살핀다.
하나님께서 우리에게 무엇을 암시해 주시려는 숫자의 사실들일까. 고대엔 숫자가 문자를 뜻한 일도 있다고 해서 궁금하다, 마치 암호부호들처럼.
1. 예수 그리스도의 족보 (마1:1-16, 눅3:23-38)

문이 완전히 멸족하게 하신다. (왕하9:14-28)

이때 예후가 유다의 아하지야 왕까지 죽인다.

북이스라엘 왕 20명 중에 하나님 기름부음을 받은 왕은 예후가 두 번째다. 첫째 왕인 여로보암도 하나님의 기름부음을 받았음을 중시해야 한다. (왕상11:25-40)

왕하 8-9장은 엘리사를 통해, 하나님께서 이루시는 이웃한 이방국가인 아람, 그와 얽힌 이스라엘, 유다 왕들의 비참한 말로가 내용이다.

다마스쿠스에서 아람 왕인 벤 하닷이, 이스라엘 선지자 엘리사가 왔다고 듣자, 하자엘에게 선물을 갖고서 찾아가 물어보라, 명한다. 이를 보면, 그 아람 왕이 이스라엘 하나님의 위용을 잘 알고 있었던 셈이다. 좌우간 그 왕이 믿던 도끼에 발등이 아닌 자신 목숨을 찍히는 우를 범한다. 주변 강국 눈치나 보며 통치하려는 줏대 없는 자들이 통치자로 있어선 절대로 아니 된다는 예시다.

엘리사가 벤 하닷 왕보다 더욱 사악할 하자엘과 마주해서, 하나님 전갈을 들려주며 울었다. 그가 어찌할 바 없는 하나님 말씀이니, 선민들을 위한 애통이었다. (왕하8:7-15)

---

2. 예수의 공생애 직전 광야의 금식기도 기간 (마4:2, 막1:12-13, 눅4:1-13)
3. 예수의 부활 후에 제자들과 지내신 기간 (행1:3)
4. 시나이 산 화염 속에서 모세가 하나님께 십계명을 받던 기간 (출24:18)
5. 모세와 선민들의 시나이 광야 죽음의 방황 연도 기간 (민14:34)
6. 엘리야가 호렙 산까지 광야를 걸어간 40일의 낮과 밤 시간 (왕상19:8)
7. 선민들의 역대 왕들의 수 (NIV성서주해 544-545쪽, 북이스라엘과 남유다 왕들이 20명씩, 모두 40명)

이는 하나님 의견을 구하려 찾은 아람 왕 시종조차, 엘리사가 맞이하게 하나님께서 응해주신 기록이다.

하나님께서 이방인일지라도 당신께 자문을 구하러 찾는 자들을 대접하신 가르침이자 그들까지 모두 다스리신 기록이다.

아람 왕의 질문 자체가 잘못이다. 엘리사에게 자신의 병에서 목숨을 구해달라고 하나님께 간청을 올리라고 청했어야 바르다. 어쩌자고 하나님의 사람에게 그의 병에 관해 감히 점쟁이처럼 물어보라, 부하를 시켜 청탁하는가!

하나님의 사람인 엘리사에게 비싼 도자기나 선물하면 병을 고쳐 주리라, 여긴 듯하다.

그가 하나님께서 인간의 영원한 생사를 관장하시는 창조주의 하나님이심을 몰랐다.

또한 이스라엘 아합 왕의 아들 예호람은 그 부모의 악행을 그대로 따랐다. 그가 하나님만 섬겨야 할 이스라엘 열 지파의 왕임을 전혀 깨닫지 못했다. 그에 비해 유다 왕 아하지야 또한 가관, 악행이 극에 달한 이스라엘 왕가 후손과 결혼한다. 아하지야 모친이 이스라엘 옴리 왕 손녀라서, 우상숭배 모친에게 나서 자랐다. 22세에 왕이 되어 1년 만에 비명횡사한다.

어째서 이스라엘과 유다의 왕들인 선민들의 지도자들이 그 모양들인가. 어째서 그들의 신 하나님 십계명의 가르침을 벗어난 길을 걸었는가. 선민들 왕이 동족의 이스라엘 왕 예후에게 살해당하는 기록을 남기는가.

하나님 믿음에서 벗어난 악한 왕들의 비참한 말로의 기록이 연속한다.

그런 왕들 때문에 선민들까지 우상 숭배가 퍼졌다.

그러니 이러한 왕족들과 선민들 사회에서 고군분투하던 하나님의 사람인 엘리야와 엘리사가 얼마나 괴로웠으랴.

특기할 점이 또 있다.

엘리사는 하나님께서 노년에 외로웠을 엘리야가 만나게 해주신 제자다. 그런데 엘리야는 직접 성서에 등장한다는 점이다. 엘리야는 열왕기상 17:1에 처음 나온다.

엘리야가 악한 아합 왕에게 말하길

'이스라엘의 신 하나님께 생명을 걸고 맹세하노니 하나님의 종으로서 내가 말하지 않는 한은, 이슬도 비도 수년간 이 땅에 내리지 않으리라.'

하나님께서 그를 기다리신 듯하다. 엘리야의 등장 자체가 극적이고 비장하다.

선민들 역사에서 아브라함도 모세도 사무엘도 먼저 하나님께서 부르셨다. 선지자들 대부분이 하나님께서 부르신 분들이다. 다만 하나님께서는 그때마다 조금씩 시대에 맞추신 듯이 그 부름의 양상이 달라 보일 뿐이다.

엘리야는 하나님 부르심에 앞서, 평소 자라면서 그 속 깊이 하나님 믿음의 의에 주린 자였으리라.

다윗도 비슷하다. 골리앗의 불경한 외침을 듣자마자 그와 싸우겠다고 나섰다.

이런 기사들로서 왜 하나님께서 엘리야를 산 채로 하늘의 불마차로 올려 가셨는가, 생각해 볼 수 있다. 하나님께서는 지혜로운 바른 믿음으로 먼저 솔선 행동하는 속 깊은 신앙인에게 활력을 주시고 함께하신다.

그러나 그런 엘리야가 바알 숭배자 450명을 죽이고도(왕상18:30-40) 악한 왕비 이세벨 겁박에 겁을 낸다. 그가 광야로 피해, 양골담초 아래 요나처럼, 하나님께 마지막 기도를 올린다. 천사가 그를 깨워 음식을 먹게 하고 격려하며 그에게 떠나라고 하신다. 그가 하나님의 산인 호렙 산까지 40일 밤낮 동안 걸어가서 한 동굴에서 밤을 지낸다. 그때 하나님 말씀이 그에게 온다.

'가서 내 앞에, 그 산에 서라.'

그에게 하나님께서 지나가시는 소리를 듣고 보게 해 주신다. (왕상9:1-14)

그가 무척 하나님께 겸손히 공경하며 의로운 일에 죽을힘을 다해서이리라.

하나님께서 그를 무척 사랑하셨음을 볼 수 있다.

왕상19:16에서는 하나님께서 엘리야에게, **'이스라엘의 왕으로 님시의 아들 예후에게 기름을 붓고, 아벨 메홀라의 샤팟의 아들 엘리사가 너의 자리의 예언자로서 기름 부어라.'** 지시하셨다.

왕하 9장에서 엘리사가, 한 사람을 소환해 사명을 준다. 라모스 길렛에 가서 이스라엘 장교 예후에게, 그가 준 기름 한 병을 붓고, 말씀을 전한 다음에 도망쳐 오라고 하여 그대로 행한다. (왕하9:1-10)

이리하여 엘리야가 하나님께 들은 말씀들이 엘리사를 통해 이루어진다. 엘리사는 스승인 엘리야가 하늘의 불 마차로 승천함을 보았기에 그의 소원대로 하나님 권능을 두 배나 더 받은 하나님의 사람이었다.

참고로 엘리사의 기사가 왕하13:21, 그의 죽음 기사는 왕하 13:20이다.

구약역사 32 열왕기하 10-12장 이스라엘과 유다 왕들

열왕기하 10장

왕하1:1 아합이 남긴 아들 70명이 사마리아에 있었다. 그래서 예후가 사마리아에 편지 하나를 보내, 그 도시의 통치자들, 장로들, 아합의 아들들 경호원들에게 연설했는데 그가 쓰길, ² '너희가 너희 주인의 가문을, 그의 마차들과 말들은 물론 도시들과 무기들을 지킨다. 그러므로 이 편지가 너희에게 닿을 때는 ³ 너희 주인의 아들들 중에 가장 최고로 적합한 자를 뽑아, 그를 부친의 보좌에 앉히고, 너희 주인의 가문을 위해 싸워라.' ⁴ 그들이 공포에 휩싸여 말하길, '왕이 두 명일지라도 그에게 맞설 수 없으니 우리에게 가망이 있겠냐?' ⁵ 그 가문의 재정관과 그 도시 행정관이 장로들과 그 자녀들 경호원들과 함께 이런 전갈을 예후에게 보냈다. '우리가 당신의 종들입니다. 당신이 우리에게 말한 대로 하겠습니다. 누구도 왕을 세우진 않겠습니다. 당신이 적합하다는 대로 하겠습니다.'

⁶ 그래서 예후가 두 번째 편지를 그들에게 썼다. '너희가 만일 나의 편이면, 내 명령에 복종하리니, 너희 주인의 아들들 머리를, 내일 이 시간까지 지즈릴의 내게 보내라.' 궁의 왕자들이 그들의 양육을 책임진 그 도시의 귀족들과 있었다. ⁷ 그 편지가 도착하자, 그들이 궁의 왕자들 70명을 다 죽였다. 그들이 그 머리들을 양동이에 담아, 지즈릴의 예후에게 보냈다. ⁸ 그 사절이 와서 그 왕자들 머리를 가져왔다고 보고하자, 그가 그들에게 두 덩이로 쌓아서 성문 입구에 다

음 날 아침까지 남겨두라, 명했다.

⁹ 아침에 예후가 나가 거기 서서 모든 백성들에게 말하길, **'너희들이 공정한 마음의 재판관들이다. 내가 내 주인을 반역하고 그를 죽였지만, 이 모두를 죽인 건 누구시냐?** ¹⁰ **그러므로 확실히 할 것이 하나님께서 아합 가문에 대해, 하신 말씀마다 모두 이루신 것이니, 하나님께서 그의 종 엘리야를 통해 약속하신 말씀을 지금 이루신 거다.'**
¹¹ 예후가 지즈릴에서 아합 가문의 남은 자들 모두를 죽음에 처해, 아합의 귀족들은 물론 그와 가깝던 친구들, 사제들 중 생존자를 하나도 남기지 않았다.

¹² 다음에 그가 사마리아로 출발하여 그리 가는 도중에 한 양치기의 오두막에 닿았을 때 ¹³ 유다의 아하지야 왕의 친척들을 만나자, 그들이 누구냐고 물었다. 그들이 답하길, '우리는 아하지야의 친척들입니다. 우리가 왕의 가족들과 어머니 여왕에게 경의를 표하러 내려가는 중입니다.' ¹⁴ '그들을 사로잡아라.' 그가 말했다. 그들을 산 채로 잡으니 모두 42명인데, 죽여서 거기 있던 구덩이에 던져 넣었다. 한 사람도 생존자를 남기지 않았다.

¹⁵ 그가 거길 떠날 때 그를 만나러 오는 르겝Rechab의 아들 예호나답Jehonadab을 만났다. (예호나답은 이스라엘 농업방식 고수, 바알 숭배를 강력 비판, 선민들 사이에 신망이 두터웠다. 그의 호응이 예후 통치에 큰 도움이 되었으리라, 한다. NIV. 성서주해) 예후가 그에게 인사하고 말하길, '네가 나에게 진심이냐, 내가 너에게 진심이듯?' '그렇습니다.' 예호나답이 답했다. '만일 그렇다면, 내게 네 손을 내밀어라,' 그가 그렇게 했다. 예후가 그를 그의 마차 안에 올라오게 했다. ¹⁶ '나와 같이 가자,' 그가 말하

길, '그럼, 네가 하나님을 향한 내 열성을 보리라.' (렘35:6-19) 하면서 그를 마차에 태웠다. [17] 그가 사마리아에 왔을 때 거기 남았던 아합 가문의 모든 사람들을 죽여 없애서 엘리야에게 하신 하나님 말씀을 완전히 행했다.

[18] 예후가 온 백성들을 불러서 그들에게 말하길, '아합은 바알을 제대로 섬기지 않았다. 나 예후가 그보다 훨씬 더 잘 섬길 거다. [19] 지금 모든 바알의 예언자들을 소집해라, 그의 모든 장관들과 사제들도 함께. 한 사람도 빠져서는 안 된다. 왜냐면 내가 바알에게 대단한 희생제물을 주관할 테니까, 여기서 빠지는 사람은 아무도 살아남지 못하리라.' 이런 식으로 예후가 바알의 종사자들보다 월등한 재치로 그들을 섬멸하려고 했다. [20] 예후가 명하길 '바알을 위한 거룩한 의식을 선포하라.' 그대로 행하여 [21] 예후 자신이 이스라엘 전체에 통하도록 말을 전했다. 바알의 모든 종사자들이 왔다. 거기에 오지 않고 남은 사람이 하나도 없으며 그들이 바알의 신전에 들어가자 끝에서 끝까지 신전이 꽉 찼다. [22] 예후가 옷장을 책임진 사람에게 말하길 '바알의 모든 종사자들에게 옷들을 가져와라.' 그가 그것들을 가져다주었다. [23] 그때 예후가 르캡의 아들 예호나답과 바알의 신전에 들어가서 그 종사자들에게 말하길 **'여기에 너희와 같이 오직 바알의 종사자들만 있고, 하나님의 종들이 없는가를 확실히 살펴보아라.'** [24] 그리하여 그들이 제물들과 전 제물들을 드리러 들어갔다.

예후가 그의 부하들 80명을 밖에 주둔시키며 경고하길 **'내가 이 사람들을 너희에게 맡기니, 너희 중에 하나라도, 만일 이들 중 하나가 도망치게 하면, 이를 대신해서 너희 자신의 생명으로 갚아야 할 거다.'**

²⁵ 그가 전 제물을 제공하길 마치자, 예후가 경비원들과 장교들에게 명하길, **들어가서 그들을 모두 죽여, 한 명도 도망치지 못하게 하라,** 명령했다. 경비들과 장교들이 그들을 사정없이 죽여 밖으로 던졌다. 다음에 바알신전 보관소에 가서 ²⁶ 신전에서 바알의 신성한 기둥을 가져다 불태웠다. ²⁷ 그들이 바알의 신성한 기둥을 넘어트려 신전 아래 끌어내, 신전 자체는 옥외 화장실로 만들어 오늘까지 있다. ²⁸ 이처럼 예후가 이스라엘에서 바알 숭배를 척결했다. ²⁹ 그가 어쨌건 네바의 아들 여로보암이 이스라엘을 죄로 이끈 그 죄들을 저버리진 않았다. 그가 베델과 단의 황금 소 숭배를 지켰다.

³⁰ **하나님께서 예후에게 말씀하길 '네가 나의 눈에서 의로운 것을 잘 수행했으니 나의 마음에 남아 있던 아합 가문의 일을, 네가 모두 잘 행했다. 그러므로 너의 아들들의 4세대까지 이스라엘에서 왕좌를 유지하리라.'** ³¹ 그러나 예후가 이스라엘의 신 하나님 율법을 그의 전심으로 따르며 주의하진 않았다. 그가 이스라엘을 죄짓게 이끈 여로보암의 죄들을 저버리진 않았다.

'이스라엘과 유다의 왕들'
³² 이런 날들에 하나님께서 이스라엘을 넘어트리기 시작하셨다. 하자엘이 그들의 영토 모든 구석마다 공격을 해왔다. ³³ 요단의 동쪽부터 길렛Gilead과 바샨Bashan을 포함한 아르논Arnon 분지 곁에 있는 아로에Aroer에서 길렛Gilead, 갯Gad, 루벤Reuben, 므낫세Manasseh의 모든 땅까지다.

³⁴ 예후 통치 기간의 다른 사건들, 그의 성취와 모험들은 이스라

엘 왕들 연대기에 기록했다. ³⁵ 예후가 그의 조상들에게 돌아가 사마리아에 묻혔다. 그의 아들 예호아하즈Jehoahaz가 이었다. ³⁶ 예후가 사마리아에서 28년간 이스라엘을 다스렸다.

열왕기하 11장

11:1 아하지야의 모친 아탈리야Athaliah가 그녀의 아들이 죽은 것을 알자, 모든 왕의 가계를 멸하려 출발했다. ² 그러나 요람 왕의 딸, 아하지야 누이 예호쉐바Jehosheba가 아하지야의 아들 요아스Joash를 데리고, 살해당할 왕자들에게서 훔쳐 피했다. 그녀가 그를 그의 간호사와 같이 병상에 숨겨 아탈리야의 죽음에서 피하게 했다. ³ 그가 그녀와 같이 하나님의 집에서 6년간을 숨어 지냈으니, 아탈리야가 나라를 다스릴 동안이다.

⁴ 일곱째 해에 예호야다Jehoiada가 100명 단위의 대장들인 카리트 족Carites과ᴵ [참고1] 경비병들의 양쪽을 오라 해서, 그들을 하나님 집으로 데려가, 거기서 그들과 약조를 맺고 맹세를 하게 했다. 그가 그들에게 왕의 아들을 보여주고 ⁵ 그들에게 이런 명령을 내렸다, '안식일을 지키는 너희들의 3분의 1이 궁전 경비를 맡게 될 거다. ⁶ 너희들 나머지가 하나님 집에서 특별 임무를 맡으리니, 3분의 1은 수르Sur 문에서, 남은 3분의 1은 다른 문에서 마부들과 같이 지킬 거다. ⁷ 너희 두 무리 중에 안식일 의무를 벗은 자들이 하나님의 집에서

Ⅰ [참고 1]
　카리트Carites족이란 소아시아 서남쪽에 있는 카리아Caria출신의 용병들로서 궁정의 경호원으로 일하게 했다.

왕을 위한 임무를 맡게 된다. ⁸ 말을 타고 왕 주변을 호위하되, 각자 무기로 무장하고 누구든지 그의 곁에 오는 자는 죽여라. 너희가 왕이 가는 어디든지 함께 다니며 지켜라.'

⁹ 대장들이 제사장 예호야다의 명령을 편지로 전했다. 그의 부하들이 각자에게 안식일에 의무로 오는 자와 의무를 벗은 자 양쪽을 모두 예호야다에게 보고했다. ¹⁰ 제사장이 하나님 집에서 보관하던 다윗 왕의 창과 방패들을 대장들에게 나누어 주었다. ¹¹ 경비병들이 왕의 주변에 주둔하며 각자 자신들 무기를 쥐고, 그 집 구석구석과 북쪽, 남쪽을 지켰다. ¹² 그때 예호야다가 왕의 아들을 데려와, 그의 머리에 왕관을 얹고 율법을 건네주고, 그를 왕으로 선언했다. 백성들이 박수치고 외치길 '왕이여 만수무강하소서.'

¹³ 아탈리야가 그 경비들과 백성들이 내는 소란을 들었을 때 그녀가 백성들이 있는 하나님 집에 왔다. ¹⁴ 그녀가 왕이 그 기둥 곁에 선 것을 보니 관습대로 노래 부르며 그의 영예를 나팔소리로 터트리는 걸 발견했다. 모든 주민들이 기뻐하는 나팔이 울리고 있었다. 아탈리야가 옷을 찢으며 울부짖길, '모반이다 모반!' ¹⁵ 제사장 예호야다가 군대를 지휘하는 대장들에게 명령을 내렸다. **'그녀를 관할 구역 밖으로 데려가 칼로 죽여라, 그녀를 시중드는 누구든 간에.'** 제사장이 말하길 **'그녀를 하나님 집 안에서 죽이진 말라.'** ¹⁶ 그들이 그녀를 잡아다 궁전 입구 안쪽에 말들을 두는 곳에 데려가 죽였다.

¹⁷ 예호야다가 하나님을 한편, 왕과 백성을 한편으로 해서 그 사이에서 서약 맺게 했는데, 그들이 하나님 백성이며, 그 서약이 왕과 백성 사이에 있다는 거다. Jehoiada made a covenant, between the

Lord on one side and the king and people on the other, that they should be the Lord's people, and a covenant also between the king and the people. ¹⁸ 백성들이 모두 바알 신전에 가서 이를 끌어내렸다. 그들이 그 제단과 우상들을 조각내고 바알 제사장 마탄을 제단 앞에서 살해했다.

예호야다가 하나님 집 전체에 경비대 하나를 두었다. ¹⁹ 그가 100명 단위로 대장을 취한 케리트 사람들과 경비원들이, 모든 백성들과 같이 그 왕을 하나님 집에서 궁전 경비대의 문으로 호위하여 왕궁에 가서 그를 보좌에 앉혔다. ²⁰ 온 백성이 기뻐했고 도시는 평온했다. 이렇게 아탈리야가 궁 안에서 칼에 죽었다.

²¹ 요아스가 왕이 되었을 때 일곱 살이었다.

열왕기하 12장

왕하1:1 예후의 7년째에 요아스가 왕이 되어 예루살렘에서 40년간 다스렸다. 그의 모친이 브엘쉐바Beersheba 출신 지비야Zibiah였다. ² 그가 하나님 눈에서 모든 그의 날들 동안 제사장 예호야다가 가르친 대로 바르게 행했다. ³ 어쨌건 신당들을 남겨, 백성들이 거기서 제사를 계속하고 제물을 태웠다.

⁴ 요아스가 하나님 집에 거룩한 선물로 은을 가져오라 명해서, 백성들이 그들 자신의 이름으로 추정한 대로 하나님 집에 그 은을 자원해서 가져온 헌납을 ⁵ 각각 제사장들이 가져가게 했다. 그가 또한 그들에게 그 집의 수리가 필요한 데를 찾으면 고치라, 명했다. ⁶ 그러나 요아스의 통치 23년째임에도 제사장들이 아직 수리를 행하지

않았다. ⁷ 왕이 제사장 예호야다와 다른 사제들도 함께 소환해 질문하길 '왜 그 집을 수리하지 않습니까? 이제부터는 당신들이 그 헌납자들에게 돈 받을 필요 없습니다. 그러니 이를 그 집을 고칠 사람들을 위해 넘기시오.' ⁸ 제사장들이 그에게 동의하지도, 사람들로부터 돈을 받지도, 그 집을 그들 스스로 수리하지도 않았다.

⁹ 제사장 예호야다가 궤를 하나 가져와 뚜껑에 구멍을 뚫고, 이를 하나님 집으로 들어가는 오른쪽의 희생제물을 도축하는 곳에 놓았다. 사제들이 입구에서 하나님 집에 가져오는 모든 돈을 넣도록 지켰다. ¹⁰ 그들이 그 상자가 꽉 찬 것을 볼 때마다 왕의 재정관과 높은 제사장이 와서 하나님 집에서 찾은 그 은을 녹여서 무게를 쟀다. ¹¹ 이를 행한 다음에 그들이 그 은을 하나님 집에서 작업하는 책임자들에게 건네주면, 그들이 거기서 일하는 목수들, 건축자들에게, ¹² 석공들과 돌을 자르는 자들에게 지불했다. 그들이 또한 수리를 위한 재목들, 화강석을 구입하며 그와 연관된 다른 모든 비용으로 사용했다. ¹³ 그들이 하나님 집으로 가져온 돈으로 잔, 촛대, 대접, 나팔, 혹은 무슨 금과 은그릇을 만들진 않았다. ¹⁴ 그러나 그 돈은 오직 수리를 위한 용도와 일꾼들 삯으로만 썼다. ¹⁵ 그 누구도 일꾼들 삯인 그 돈에 관해, 사람들에게 묻지 않았다. 그들이 신뢰로 행동했다. ¹⁶ 배상제물과 정화제물에서 오는 돈은 하나님 집에 속하지 않았다. 이는 제사장들에게 속했다.

¹⁷ 아람의 왕 하자엘이 그때 올라와서 갯Gath을 침략해 점령하고 다음엔 예루살렘을 향해 움직였다. ¹⁸ 그래서 유다 왕 요아스가 그의 선대인 예호샤팟, 요람, 아하지아, 유다 왕들과 자신이 헌납한

거룩한 선물들과 하나님 집과 왕궁에 있던 모든 금을 가져다가 하사엘에게 보냈다. 그러자 그가 예루살렘에서 철수했다.

[19] 요아스의 통치 기간의 다른 사건과 활동들은 유다 왕 연대기에 기록했다. [20] 그의 시종들이 반역을 음모, 실라Silla에 가는 밀로Millo의 집을 급습해 그를 살해했다. 이는 그의 종인 시메앗Shimeath의 아들 조자찰Jozachar과 쇼머Shomer의 아들 예호자받Jehozabad으로 그에게 치명타를 가한 자들이다. 그를 다윗시에 그의 조상들과 장사지냈다. 그의 아들 아마지야Amaziah가 그를 승계했다.

생각할 점
열왕기하 10장

왕하 10장에는 9장의 뒤를 이어 하나님 말씀을 예후가 이행하는 과정들이다. 왕하 9장에서 엘리사가 한 예언자를 보내어, 이스라엘 왕 예호람의 장교인 예후에게 하나님의 기름부음을 받게 하고, 그가 해야 할 일을 지시한다. 이로써 예후가 그 말씀대로 이행하며 북이스라엘의 11대 왕이 되는 과정이 10장까지 이어진다. (유다와 이스라엘 전체 순서에는 예후가 17대 왕이다.)

왕하 10장은 예후가 아합 가문의 남은 자들을 철저히 죽인다. 아합의 아들 70명을 위시하여 아합과 이세벨의 친지들까지 남김없이 몰살한다. 하나님께서 왕상 19장-21장에서 엘리야를 통해 아합에게 해주신 말씀들이, 아합의 손자 대에 예후를 통해, 철저히 이루어지는 이야기다.

예후가 하나님 지시대로 잘 행하지만, 하나님께로부터 다윗처럼 그 후손들이 이스라엘 왕위를 계속 잇게 하신다는 축복은 듣지 못한다. 단지 그의 후손 4대까지만 왕위를 누리게 한다는 말씀만 듣는다.

왜냐면 그가 바알 선지자들을 철저히 없애고 그 신전들과 우상들을 다 없애버렸음에도 한 가지를 없애지 않아서다. 그건 바로 이스라엘 초대 왕 여로보암이 세운 황금 소 신상을 없애지 않고 그가 참배해서다. (왕하10:29-31)

그나마 예후((기원전)BC 841-814)가 사마리아에서 28년간 다스린 사실에서 다른 이스라엘 왕들에 비해서 긴 세월의 축복을 받았음을 알 수 있다.

하나님께서 예후를 통해 이스라엘 선민들이 믿음을 잃지 않게끔 보살피셨다는 기록이다.

열왕기하 11장

이런 예후의 황금 소 숭배 행적에서, **'너희가 두 주인을 섬길 수 없다'** 하신 예수 말씀이 떠오른다. 황금이란 자고로 악을 행하게 유혹하는 가장 큰 죄악이다.

선이신 하나님의 정반대 상징이다. 기독자는 정직하게 부를 쌓아야 하고, 많은 부를 축적하게 되면 동시에 이를 합당하게 잘 쓸 줄도 알아야 선하다는 조건이다.

이에서 **'부자가 천국 가기가 낙타가 바늘구멍 들어가는 것 같다.'**

하신 예수 비유 말씀과 같은 맥임을 본다.

이는 이스라엘 선민들이 애초에 하나님 섬기는 길에서 벗어나는 가장 큰 시작이 황금 소 숭배임을 잊어선 아니 된다는 반복이다.

예후가 그가 들은 하나님 말씀을 따라, 아합(BC 874-853)을 승계한 예호람 왕과 그 후손들을 죽인다. 악한 왕비 이세벨까지 죽인다. (왕하9:30-37)

이때 이런 줄도 모르고 이스라엘 왕에게 문병 오던, 유다의 새로운 왕인 아하지야 일행을 만나자, 그들도 예후가 몰살한다. 예후가 예호나답과 이스라엘 바알 종사자들 전부를 신전에 몰아넣고 몰살한다. (왕하11:18-27)

예후가 죽인 유다 왕 아하지야 모친이 바로 아탈리야.

열왕기하 12장

유다 왕 아하지야 모친 아탈리야는 아합 가문 출신이다. 그녀가 자신 아들인 왕이 죽기를 기다린 듯, 유다 왕가의 아들들과 손주들을 죽인다. (왕하12:1)

그리고 스스로 여왕에 등극한다(BC 841-835).

이런 기록은 역대하서 22:10-23:15에 반복한다. 선민들 역사 기록에는 굴곡이 끊이지 않는다.

그래서 모세가 기록한 구약성서 시작인 선민들과 하나님의 관계를 알아야만 한다.

하나님을 선민들이 믿는가 아닌가가 기준이다.

하나님 믿음에서 벗어난 이스라엘 왕들과 선민들에게 가해진 하나님 경고와 징벌 과정이 구약역사의 일면이다.

유다의 왕이 된 이방 출신 아탈리야 여왕에겐 선민의 필수 요건인 하나님 믿음이 없기에 하나님 경외심도 없다. 그녀에겐 보통 사람들이 지녔을 일말의 도덕심조차 없었다. 하나님 선민들 최고 지도자, 유다 왕의 후손들이 저절로 굴러떨어진 줄 알았다. 그 악한 아탈리야 주변인들 또한 하나님께 무지몽매했다.

그러나 와중에 기지를 발휘한, 아하지야의 누이 예호쉐바 때문에 안심한다.[II][참고 2] 그녀는 조카인 갓난아기 요아스의 생명을 구한다. 그녀가 요아스 생명을 구해 다윗 왕가 명맥이 이어진다. 남편이 대제사장 예호야다. (대하22:11)

다윗 가문의 갓난아기 왕자 요아스가 하나님 집에서 제사장이자 고모부인 예호야다의 배려와 보호 아래 자랐다. 그런지 7년 후에 제사장 예호야다의 빈틈없는 기획과 통제 하에 요아스가 유다

II [참고 2]
예호쉐바가 금지구역 즉 성역인 신전의 방들에 들어갈 수 있었다.
아탈리야가 아합 왕비 이세벨의 딸이다. (REB. 성서주해)
이런 기사 참조하면, 하나님께서 북이스라엘엔 아합의 극악한 왕비 이세벨이 살게 했고, 그런 다음 세대에 남유다에도 이세벨의 딸인 아탈리야 여왕으로 살게끔, 시간을 달리해 주셨던 셈이다.
아탈리야가 자신의 부모인 북왕국의 아합, 이세벨의 참혹한 죽음을 겪고도 어찌 그리 행하는가. 악의 깊이를 재어보는 듯하다.

의 8대 왕(남북조 전체 19대)위에 오른다. 요아스(BC 835-796)가 40년간 재위했다.

다윗, 솔로몬, 아사처럼 40년간, 유다 왕으로 재직, 태평성대를 누린다. 요아스가 이방 신당들을 완전히 없애지 않아 백성들이 제사 드리게 했다. 이는 이스라엘의 예후가 아합의 신당들을 다 없앴음에도, 여로보암의 황금소 신당들을 그냥 두었다는 사실과 같다.

세상에선 선과 악이 공존함을 알리는 기록처럼 보인다.

더구나 요아스 왕이 세월 지나 성년이 되자 제사장과 의논 않고, 백성들에게 모두 은을 신전에 바치라고 명한 다. 장로들이나 사제들에게 먼저 자문을 구했어야 했다.

그의 고모부이자 현명한 제사장이 하나님 계율에 관해서 자신의 자식들보다 그에게 더욱 잘 가르쳤으리라.

그러나 요아스가 왕으로 성장하면서, 자신을 앞세우려 한다. 낡은 하나님 성전을 수리하자고 성금을 바치라, 명령을 내리다니.

요아스는 예루살렘 성전이 어떻게 지어졌는가를 도통 모른 듯하다. 알았다 치더라도 안중에 없었던 듯하다.

그 젊은 왕 요아스의 왕권 행위인 하나님의 집을 위한 성금 모금 강제 명령이 크게 잘못이었다.

성전을 지키는 사제들은 하나님 이름이 머무는 집이니, 먼저 하나님께 이를 의뢰했어야 바르다. 성전이 오래되어 제아무리 낡아 보여도 하나님 지시가 있어야만 고칠 수 있다. 왜냐면 하나님의 이름이 거하는 하나님의 집이어서다. 사제들은 모두가 다 이를 생각했으리라.

그러나 이런 일에서 왕이자 조카를 통찰한 노련하고 현명한 제사장이 왕의 권위에 거스름 없이 선한 대처를 마련해준다. 지혜로운 제사장이 왕의 터무니없는 독촉과 하문에 대답을 늦추다, 성전 입구에 성금함 두 개를 놓도록 한다. 그 함이 차면, 은을 녹여, 왕의 재정관과 사제들이 지켜보는 데서, 성전 수리 책임자들에게 그 은들을 맡기게 한다.

사람들은 일을 해야만 노임을 받고 먹고 살 수 있다. 그 성과가 겉으로 쉽게 드러나는 일이 토목공사다. 그래서 통치자들이 거대한 토목공사나 신전 건축들이나 왕들의 무덤 공사에 총력을 기울이기 일쑤다. 영리한 요아스가 이를 안 모양이다.

유일신을 섬기는 선민들의 제사장 예호야다가 선민들 앞에서 어린 일곱 살의 요아스를 왕으로 추대할 때 그 왕과 선민들이, 하나님만 섬기고 살겠다, 그들의 믿음의 조상들처럼 맹세하게 했다. (왕상11:17)

그리하여 이를 잊지 않은 당시 사제들과 인부들과 재정 관리들이 합심해 하나님 집의 수리에 성심을 다했다.

이는 선민들이 젊은 왕보다는, 다윗 왕처럼 종교와 정치에 올바른 노제사장 예호야다를 신뢰했다는 기록이다.

바른 지도자는 자신을 알고, 바람직한 조언을 받아들이고, 요구할 줄도 알아야 한다고 젊은 요아스에게 일러주는 조처였음을 그 함을 신전 앞에 놓으라고 한 데서 볼 수 있다. 성전 수리 기록으로 당시 선민들이 하나님 섬기기에 진실히 임했음을 볼 수 있다.

선민들이 그간에 믿음 없이 갈팡질팡하는 지도자들을 겪으며, 바른 지도자의 소중함을 알았으리라.

사제들과 선민들의 성숙한 행위를 보인 귀한 기록이다.

이로써 하나님을 위한 일인가, 개인의 욕구를 위한 일인가를 분별할 능력이 보통 사람들에게도 필수라는 답이 나온 셈이다.

이는 단테가 **'신곡'**에 벌써 그러하다고 써 놓았다.

'신곡'의 **'천국'**편 5곡, 첫째 하늘에서 일러주는 자유의지의 소중함이다. **단테**가 그 옛날에 외친다.

'하나님께서 주신 가장 소중한 선물이 우리의 자유의지'라고.

구약역사 33 **열왕기하 13-15장**

열왕기하 13장

왕하13:1 유다의 아하지야 왕의 아들 요아스Joash 23년째 이스라엘에선 예후의 아들 예호아하즈Jehoahaz가 왕이 되어 사마리아에서 17년을 다스렸다. ² 그가 하나님 눈에서 잘못했으니, 이스라엘을 죄로 이끈, 네바의 아들 여로보암의 죄진 악습을 계속하며 이를 버리지 않은 거였다. ³ 이는 이스라엘에 대한 하나님 분노를 야기해서 아람의 하자엘 왕과 그의 아들 벤 하닷에게 이스라엘이 수년간 굴종하게 했다. ⁴ 예호아하즈가 하나님께서 회유해 주시길 찾을 때 하나님께서 그의 기도를 들으셨으니, 아람 왕이 이스라엘에게 가한 압박을 보셔서다. ⁵ 하나님께서 이스라엘을 위한 구원자를 정해주시어, 그들이 아람의 권세에서 벗어나 자신들 고향에 다시 정착했다. ⁶ 그러나 그들이 이스라엘을 이끈 여로보암의 죄짓는 악습을 포기하지 않고, 오직 이를 계속, 아세라 여신상을 사마리아에 남겨두었다. ⁷ 하자엘이 예호아하즈를 떠날 때는 다만 50명의 기병, 마차 10대, 보병 1만 명만 남았다. 아람 왕의 나머지 군사도 모두 죽어 발아래 먼지처럼 되었다.

⁸ 예호아하즈 통치 기간의 다른 사건들과 그의 성취와 모험이 이스라엘 왕 연대기에 기록됐다. ⁹ 그가 조상들에게 돌아가 사마리아에 묻혔다. 그의 아들 예호아스Jehoash가 승계했다.

¹⁰ 유다 요아스 왕 39년에 사마리아에서 예호아하즈의 아들 예호

아스가 이스라엘 왕으로 16년간 통치했다. [11] 그가 하나님 눈에서 잘못 행했다. 그가 이스라엘을 죄로 이끈, 네바의 아들 여로보암의 죄짓는 악습을 포기하지 않고 계속했다. [12] 예호아스 통치의 다른 사건들, 그의 성취, 모험, 유다 아마시야 왕과의 전투를 이스라엘 왕 연대기에 기록했다. [13] 예호아스가 조상들에게 돌아가 사마리아에 이스라엘 왕들과 묻혔다. 여로보암Jeroboam 2세가 승계했다.

[14] 엘리사가 병으로 쓰러져 죽음의 침상에 누웠을 때 이스라엘 예호아스 왕이 그에게 내려가 울며 말하길, '나의 아버지, 나의 아버지!' [15] 엘리사가 말하길, '**활과 화살들을 가져오시오.**' 그가 그리했다. [16] '**당신의 손을 활 위에 놓으시오.**' 예언자가 말했다. 그가 그리하자 엘리사가 그의 두 손을 왕의 손들 위에 놓았다. [17] 그다음에 그가 말하길, '**창을 열고 동쪽을 향하시오.**' 그가 창을 열자 엘리사가 그에게 쏘라고 말했다, 그래서 그렇게 했다. 다음에 예언자가 말하길, '**화살 하나는 하나님의 승리를 위하여, 화살 하나는 아람에게 승리하기 위한 거다! 너는 아람을 아펙Aphek에서 물리치리라.**' [18] 그가 계속해, '**지금 너의 화살들을 들어라.**' 그가 그리했을 때 엘리사가 말하길, '**바닥을 그것들로 쳐라.**' 그가 세 번을 치고 그쳤다. [19] 하나님의 사람이 노해서 말하길, '**너는 다섯이나 여섯 번은 쳤어야 했다. 네가 아람에게 분명히 패하리라, 이렇게 한 거로써, 네가 아람을 세 번 이기나 그 이상은 아니다.**'

[20] 엘리사가 죽어서 묻혔다.

해가 갈수록 모압 사람들이 그 땅을 침공하곤 했다. [21] 한 번은 사람들 몇 명이 죽은 사람 하나를 묻을 때 그 약탈자들이 오는 것을 보고, 시신을 엘리사의 무덤에 던져 넣고 도망쳤다. 그 시신이 예언자의 뼈에 닿았을 때 그 남자가 살아나 그의 발로 일어섰다.

²² 예호아하즈 통치 기간 내내 아람의 하자엘 왕이 이스라엘을 압박했다. ²³ 그러나 하나님께서 은혜로우시어 그들을 동정하셨다. 왜냐면 아브라함, 이삭, 야곱과 하신 약속 때문에 그들을 은혜로 살펴 멸하지 않게 하셔서다. 그분께선 그분 시선에서 내버리지 않으셨다. ²⁴ 아람의 하자엘 왕이 죽어, 그의 아들 벤 하닷이 승계했을 때 ²⁵ 예호아하즈의 아들 예호아스가, 부친 예호아하즈가 전쟁에서 벤 하닷에게 뺏긴 마을들을 탈환했다. 그렇게 세 번을 예호아스가 승리를 거두어, 이스라엘 마을들을 되찾았다.

열왕기하 14장

왕하14:1 이스라엘 왕 예호아하즈의 아들 예호아스 2년째 유다의 요아스 왕의 아들 아마지야Amaziah가 부친을 승계했다. ² 그가 왕좌에 앉을 때 25세였고 예루살렘에서 29년간 통치했다. 모친이 예루살렘 출신의 예호아딘Jehoaddin이었다. ³ 그가 하나님 눈에서 바르게 행했다. 그러나 그의 선조 다윗처럼은 아니었다. 그가 모든 것에서 그의 부친 요아스를 따랐다. ⁴ 부친이 그랬듯 산당들을 없애지 않았다. 그래서 백성들이 거기서 희생과 번제물 태우기를 계속했다. ⁵ 왕권을 장악하자, 그가 그의 부친을 죽인 시종들을 죽음에 처했다. ⁶ 그러나 그 살인자들의 자녀들은 모세 율법에 적힌 하나님 명령을 따라 살려두었다. **'부모들 때문에 그들의 자녀를 죽음에 처할 수 없고, 자녀들 때문에 부모를 죽일 수 없다, 오직 그 자신의**

죄로서만 죽음에 처해야 한다.' ⁷ 그가 소금 골짜기에서 1만의 에돔 사람을 무찌르고 셀라Sela를 함락했다. 그가 이를 욕틸Jokteel이라 이름 지어 아직도 있다.

⁸ 아마지야가 이스라엘 왕, 예후의 아들 예호아하즈의 아들 예호아스에게 대결할 목적으로 사절을 보냈다. ⁹ 이스라엘 왕 예호아스가 유다의 아마지야 왕에게 이런 답을 돌려보냈다. '레바논에서 먼지 하나가 레바논의 삼나무에게 말하길, "당신의 딸을 나의 아들과 결혼하게 주십시오." 그러나 레바논의 야생 멧돼지가 지나가며 그 먼지를 짓밟았다. ¹⁰ 네가 에돔을 패배시켰다. 이는 사실이다. 그러나 이건 너의 분수에 넘친다. 집에 머물러 네 승리나 즐겨라. 왜 네가 자신을 재난 속에 빠트려 땅바닥에 가져가 유다까지 너와 같이 끌어내리려 하나?'

¹¹ 어쨌거나 아마지야가 듣지 않았을 때 이스라엘 왕 예호아스가 행군해서, 그와 아마지야 왕이 유다의 베트 쉐메스Beth-shemesh에서 부딪쳤다. ¹² 유다 사람들이 이스라엘에 추격당하며 그들의 집까지 도망쳤다. ¹³ 이스라엘 왕 예호아스가 아하지야의 아들 요아스의 아들 유다 왕 아마지야를 베트 쉐메스에서 사로잡았다. 그가 예루살렘까지 진군, 그 도시 성벽을 에프라임 문The Ephraim Gate에서 구석 문The Corner Gate까지 부수었는데, 두 문 사이는 400큐빗 거리였다. ¹⁴ 그가 하나님 집과 궁전의 재물에서 발견한 모든 금과 은과 그릇들을 가져가며 인질들까지 막론하여 그다음에 사마리아로 돌아갔.

¹⁵ 예호아스 통치의 다른 사건들, 모든 그의 성취들, 모험들, 유다의 아마지야 왕과의 전투가 이스라엘 왕 연대기에 기록됐다. ¹⁶ 그

가 조상들에게 돌아가 사마리아에 이스라엘 왕들과 묻혔다. 그의 아들 여로보암(2세)이 승계했다.

¹⁷ 유다 왕 요아스의 아들 아마지야가 이스라엘 왕 예호아하즈의 아들 예호아스보다 15년을 더 살았다. ¹⁸ 아마지야 통치의 다른 사건들이 유다 왕 연대기에 기록했다. ¹⁹ 예루살렘에서 그에게 거역하는 음모를 꾸며, 그가 라키스Lachish로 도망쳤다. 그러나 그 음모자들이 라키스로 쫓아가 거기서 그를 죽였다. ²⁰ 그의 시신을 말의 등에 얹어 예루살렘으로 운반, 그의 조상들과 다윗 시에 묻었다.

²¹ 유다 백성들이 함께 활동하던 그때 16세인 아자리야Azariah를 데려다가 그의 부친 아마지야를 승계하여 왕으로 추대했다. ²² 그 왕이 조상들에게 돌아간 후에 엘랏Elath을 짓고, 이를 유다에 되돌린 것이 그였다.

²³ 유다 왕 요아스의 아들 아마지야 재위 16년이 되던 해 이스라엘 왕 예호아스의 아들 여로보암Jeroboam(2세)이 사마리아에서 왕이 되어 41년간 지배했다. ²⁴ 그가 하나님 눈에서 잘못 행하였다. 이스라엘을 죄로 이끈 네바의 아들 여로보암의 죄진 악습을 그가 버리지 않아서다.|[참고1] ²⁵ 그가 레보 하마스Lebo-hamath부터 아라바Arabah의 바닷가까지 이스라엘 국경을 재정비했는데, 이는 이스라엘의 신 하나님께서 그의 종인, 겟 헤퍼Gath-hepher 출신

I [참고 1]
  여로보암 2세의 죄상: 왕상12:26-32, 13:33-34, 14:16, 아모스3:13-14, 4:4-5, 5:4-6, 7:10-17.

아미타이Amittai의 아들 예언자 요나Jonah에게 하신 말씀을 이루신 것이다.ⁿ [참고 2]

²⁶ 왜냐면 하나님께서, 이스라엘이 얼마나 쓰디쓴 고통을 받는가를 보셔서다. 가족의 보호 아래 있거나 없거나, 그 누구고 안전하지 않았으니, 이스라엘이 아무런 방어가 없어서다. ²⁷ 그러나 하나님께서 하늘 아래 이스라엘 이름이 사라지게 하지는 않으시어, 예호아스의 아들 여로보암을 통해 구원하셨다.

²⁸ 여로보암 통치하의 다른 사건들, 모든 그의 성취, 모함, 그가 싸운 전투들, 그가 이스라엘을 위해 야우디Jaudi에서 다마스쿠스Damascus와 하마스Hamath를 탈환한 방법을 이스라엘 왕 연대기에 기록했다. ²⁹ 여로보암이 그의 조상들, 이스라엘 왕들에게 돌아가, 그의 아들 즈카리야Zechariah가 승계했다.

열왕기하 15장

왕하15:1 이스라엘의 여로보암 왕 27년에 유다의 아마지야 왕의 아들 아자리야ⁿⁿ [참고 3]가 왕이 되었다. ² 그가 왕좌에 앉았을 때 16세로 예루살렘에서 52년 다스렸다. 그의 모친이 예루살렘 출신 예콜

II [참고 2]
    아모스6:14절 NIV. 성서주해 요약: 트랜스 요르단에서 여로보암 왕국의 남쪽 한계는 '아라바의 골짜기'. 이는 사해 골짜기와 이어지리라. 만일 그렇다면 여로보암이 또한 암몬과 모압 인들도 복속했을 거라, 한다. 요나에 관해 하신 말씀을 이루신다는 구절을 요나서에서 찾지 못했지만, 그 예언자의.언급이 그의 성적 시대를 밝히는 것을 돕는다(요나서19:13 참조)고 한다. 겟 헬퍼는 제불론 지파가 살던, 나사렛의 북동쪽에 위치한다.

III [참고 3]
    왕하15:1, 8, 23, 27의 아자리야와 15:13, 17, 30, 34의 웃지야가 같은 왕을 지칭한다. NIV. 성서주해는 왕하15:13에 웃지야가 아자리야의 또 다른 이름이라, 말한다.

리아Jecholiah였다. ³ 그가 하나님 눈에서 바르게 행했으니, 그의 부친 아마지야처럼 했다. ⁴ 그러나 산당들을 폐기하지 않았다. 백성들이 여전히 거기서 공물을 바치고 번제를 계속했다. ⁵ 하나님께서 그 왕을 나병으로 치셔, 죽는 날까지 병으로 고통받았다. (역대하서26:16-23). 그가 그의 책임에서 물러나 그의 궁전에 살고, 그의 아들 요탐Jotham이 가문의 총 책임자로 나라 전체를 섭정했다. ⁶ 아자리야 통치의 다른 활동과 사건들을 유다 왕 연대기에 기록했다. ⁷ 그가 조상들에게 돌아가 다윗 시에 장사지냈다. 그의 아들 요탐이 이었다.

⁸ 유다의 아자리야 왕 38년에 여로보암의 아들 즈카리아가 사마리아에서 이스라엘 왕이 되어 6개월을 다스렸다. ⁹ 그가 하나님 눈에서 잘못 행했는데 그의 선조들이 행했던 그대로다. 그가 이스라엘을 죄로 이끈, 네바의 아들 여로보암의 죄진 악습을 저버리지 않았다. ¹⁰ 야베스Jabesh의 아들 샬룸Shallum이 그를 거역하는 음모를 꾸며 이블림Ibleam에서 공격해 죽이고 왕좌를 강탈했다. ¹¹ 즈카리아 통치의 다른 사건들은 이스라엘 왕 연대기에 기록했다. ¹² 이처럼 예후를 통해 전하신 하나님 말씀이 이루어졌다. **'너의 아들들 4대까지 이스라엘 왕좌를 차지하리라.'**

¹³ 유다의 웃지야Uzziah 왕 39년째, 야베스의 아들 샬룸이 왕이 되어, 사마리아에서 꼭 한 달을 다스렸다. ¹⁴ 개디Gadi의 아들 메나헴Menahem이 틸자에서 사마리아로 와서, 그를 죽이고 왕좌를 강탈했다. ¹⁵ 샬룸 통치의 다른 사건들과 그가 엮은 역모는 이스라엘 왕 연대기에 기록됐다.

¹⁶ 다음에 메나헴이 틸자의 밖으로 나와, 타푸아Tappuah를 멸하고 그 안에 있는 모든 것과 그 영토를 약탈했다. 그가 공략함은 그들이 그 문들을 열지 않았기에, 그가 거기의 모든 임신한 여인들의 배를 갈랐다.

¹⁷ 유다의 아자리야 왕 39년에 개디의 아들 메나헴이 사마리아에서 이스라엘 왕이 되어 10년간 다스렸다. ¹⁸⁻¹⁹ 그가 하나님 눈에서 잘못을 행했는데, 이스라엘을 죄로 이끈, 네바의 아들 여로보암의 죄진 악습을 버리지 않았다. 메나헴 시대에 아시리아Assyria의 풀Pull 왕이, 그 나라를 침공, 메나헴이 그에게 은 1천 달란트를 주었는데, 이는 왕국을 튼튼히 하고자, 그가 갖고 있던 거다. ²⁰ 메나헴이 이스라엘의 모든 부자들에게 세금을 부과해, 50세겔씩 아시리아 왕에게 주게끔 했다. 그가 그 나라를 점령하지 않고 철수했다. ²¹ 메나헴 통치의 다른 활동과 사건들을 이스라엘 왕 연대기에 기록했다. ²² 그가 조상들에게 돌아가, 그의 아들 페카이야Pekahiah가 승계했다.

²³ 유다의 아자리야 왕 50년째 메나헴의 아들 페카이야가 사마리아에서 이스라엘 왕이 되어 2년을 다스렸다. ²⁴ 그가 하나님 눈에서 잘못 행했다. 그가 이스라엘을 죄로 이끈, 네바의 아들 여로보암의 죄진 악습들을 포기하지 않았다. ²⁵ 그의 부관인 레말리야Remaliah의 아들 페카Pekah가 반역을 도모해, 50명의 길렛 인들 도움으로 사마리아에 있는 왕궁 요새에서 그를 공격해 죽이고 왕위를 뺏었다. ²⁶ 페카이야 통치의 다른 활동과 사건들은 이스라엘 왕 연대기에 기록했다.

²⁷ 유다의 아자리야 왕 52년, 르말리야의 아들 페카가 사마리아에서 이스라엘 왕이 되어 20년을 다스렸다. ²⁸ 그가 하나님 눈에서 잘못을 행했으니, 그가 이스라엘을 죄로 이끈, 네바의 아들 여로보암의 죄진 악습을 버리지 않은 거다. ²⁹ 이스라엘의 페카 왕 시절에 아시리아의 티글랏 파일세르Tiglath-pileser 왕이 와서, 이욘Iyyon, 아벨 벳 마카Abel-beth-maacah, 야노아Janoah, 케데시Kedesh, 하졸Hazor, 길렛Gilead, 갈릴리Galilee를 납달리Naphtali의 모든 땅과 함께 점령하고, 백성들을 아시리아로 이송했다. ³⁰ 그때 엘라Elah의 아들 호세아Hoshea가 르말리야의 아들 페카에 반역해 그를 공격해 죽이고, 웃지야(아자리야)의 아들 요탐이 20년째 이어오던 왕위를 뺏었다. ³¹ 페카 통치의 다른 활동과 사건들은 이스라엘 왕 연대기에 기록했다.

³² 이스라엘 왕 르말리야의 아들 페카의 2년째 유다의 웃지야Uzziah 왕의 아들 요탐이 왕이 되었다. ³³ 그가 왕위에 오를 때 25세로 예루살렘에서 16년을 다스렸다. 그의 모친이 자독Zadok의 딸 예루사Jerusha였다. ³⁴ 그가 하나님 눈에서 바르게 행했으니, 그의 부친 웃지야처럼 했다. ³⁵ 그러나 산당들을 없애지 않아, 백성들이 계속해 거기서 제물과 번제를 태웠다. 하나님 집의 더 높은 문The Upper Gate을 지은 것이 그였다. ³⁶ 요탐의 통치기 다른 활동과 사건들은 유다 왕 연대기에 기록했다. ³⁷ 이런 날들 동안에 하나님께서 아람 왕 레진Rezin과 르말리야의 아들 페카를 보내, 유다를 공격하기 시작했다. ³⁸ 요탐이 조상들에게 돌아가 다윗 시에 그의 선조들과 묻혔다. 그의 아들 아하

즈Ahaz가 승계했다.

생각할 점

열왕기하 13-15장에는 선민들의 나라가 갈라진 남북조 시대의 20-30대까지 양쪽의 왕들인 11명의 연대기가 나온다. 이스라엘 왕조실록인 셈이다.

무려 82년간에 걸친(BC 814-BC 732년) 두 왕조의 왕들 기록이다.
(선민들의 남북조 시대 연표(NIV.성서주해, 544쪽* 참조)

솔로몬 왕 때문에 하나님께서 둘로 나누신 이스라엘과 유다의 첫 왕들인, 북이스라엘 여로보암 왕과 남유다의 솔로몬의 아들인 르호보암이다. 이들 두 사람의 왕이 BC 930년 같은 해에 왕으로 각기 부임해, 110년이 지난 무렵부터의 기록이다. 이는 이스라엘 남북조 시대의 중반이다.

11명의 왕들이 다음과 같다.
왕하 13장; 20대 예호아하즈, 21대 예호아스.
왕하 14장; 22대 아마지야, 23대 여로보암 2세.
왕하 15장; 24대 웃지야, 25대 즈카리야, 26대 샬룸, 27대 메나헴, 28대 페카이야, 29대 페카, 30대 요탐(유다).

그런데 이들이 하나님 눈에서 옳게 행한 왕보단 잘못 행한 왕들이 많다. 그 시대 남과 북조 왕들의 하나님 믿음을 시행하는 신앙 행적에 관한 기록이다.

세계사의 각국 왕조들 역사 기록은 큼직한 정치 사건, 전쟁, 자연재해 등을 통치한 왕들의 개인 치적에 치중한다. 구약성서의 선민들 왕조는 한 가지 관점만 기록한다.

왕들의 행적이 하나님 관점에서 바른가, 그른가만 다룬다. 하나님께선, 그 예전에 당신 백성들이 한 나라인 채로, 양국 체제를 갖추게 하시고도, 수백 년간(약 340년)을 각각 유지하게 하셨다. 그들이 하나님 믿음의 가르침에서 벗어나 다른 신을 따를 시엔 가차 없이 그들에게 경고한 징벌을 내리시길 반복하나 멸하진 않으신다.

선민들의 남북조 두 나라를 하나님께서 지켜보셨다는 기록이다. 그들의 잘잘못의 경과와 그들이 받는 징벌들을 주시하지 않을 수 없다. 하나님께서 현재도 예전의 선민들처럼 우리를 지켜보시기 때문이다.

지구상에 고대부터 역사가 이루어진 이후, 얼마나 많은 강대국들 소국들의 체제가 부상과 부침을 거듭했는가.

그렇지만 세상 어느 국가의 역사도, 선민들 역사처럼, 하나님 존재를 뚜렷이 부각시켜 그분께서 만사를 주재하신다는 사실을 밝히는가를 기록한 나라는 없다.

왕상 13-15장엔 유다 왕들 3대가 나온다. 아마지야Amaziah(29년), 아자리야Azariah 또는 웃지야Uzziah(52년), 그리고 요탐Jotham(16년)이다.

이들 삼대가 다행히 하나님 눈에서 바르게 행한 왕들이다. 이들 중에 특별한 왕이 웃지야인데 52년간이란 오랜 기간 재위했다. 또한 그가 나병으로 물러나 아들 요탐이 대행하게 했다.

웃지야가 왕위에 오름은 그의 부친이 암살당해서, 선민들이 16세의 그를 왕위에 올렸고, 모친이 예루살렘 출신 예콜리아다. 하나님께서 그를 나병으로 치셨다는 기록이, 역대서 26:16-23에 자세하다.

그가 하나님께 평생 회개하며 아들을 통해 선한 통치를 했으리라, 볼 수 있다.

한마디 덧붙이면, 그가 선한 왕이라서, 미켈란젤로가 그린 시스틴 성당 천장화 속에 나오리라. 미켈란젤로 천장화의 특징은 유다의 왕들 8명을 모두 어린아이로서 부모와 같이하는 모습을 그린 점이다. 그가 성서를 꿰뚫는 관점을 볼 수 있어야 한다.

이 중에 이새 부부는 다윗의 부모로서 왕이 아님에도 그려 넣었다.IV [참고 4]

왕하 13장엔 이스라엘 예언자 엘리사의 마지막이다.

그의 병상 소식에 이스라엘 왕 예호아스가 찾아와 울자, 이스라엘 미래를 위해 그 왕을 깨우치려는 애국자 엘리사의 마지막 열정이 담긴 내용이다.

IV [참고 4]
　1 이새와 부모, 2 솔로몬과 부모, 3 르호보암과 모친, 4 아사와 부모, 5 웃지야와 부모, 6 히즈키야와 부모, 7 요시야와 부모, 8 즈룹바벨과 부모

엘리사가 왕에게 활과 화살을 가져오라, 해서 동쪽을 열고, 두 번 활을 쏘게 하고, 설명한 후의 언급이 중요하다.

'*지금 너의 화살들을 들어라*' '*그 화살들로 바닥을 쳐라*' 하고, 그다음에 왕에게 분노를 발하기 때문이다.

적어도 예호아스가 좋은 왕이면, 더구나 적인 아람을 물리치기 위한 화살을 바닥에 치라고 하면, 화살들을 든 팔이 빠질 정도로 냅다 두드렸어야지, 해서다. 하나님의 사람인 노 선지자 엘리사가 그만두라, 말하기까지.

병석의 노 예언자 엘리사를 방문함이 왕의 겉치레 인사였음이 들통이 났다. 그나마 찾아와서, 엘리사가 죽어가면서도, 이스라엘을 위해 자신의 마지막 힘을 선민들을 위해 쏟는 기록임을 볼 수 있다.

이런 기사에서 하나님께서 그분 믿음의 길에서 벗어난 선민들을 바른 신앙의 길로 돌이키고자, 쉼 없이 힘쓰신 사실을 새삼 볼 수 있다.

하나님께선 이스라엘 초대 왕 여로보암도 그분께서 택하셨다. 그 다음엔 유례없이 악정을 행한 아합 왕가를 완전 멸하시고자, 예후를 택해주셨다. 그럼에도 예후가 왕이 되자 첫 왕인 여로보암의 잘못된 길을 버리지 않기에, 그의 4대까지만 돌봐 주신다고 알려주신 하나님이시다.

이러한 이스라엘에 질세라 유다에서도 아마지야 왕이 자신의 부친 요아스 왕을 죽였던 그의 시종들에게 시간이 지나자 복수한다.

왕 자신이 **'살인하지 말라'**는 중대한 계명을 어긴다. 그나마 그들의 자녀들까진 안 죽였다고 한다. 그런 무모한 복수극의 결과, 그 자신도 부하들에게 죽는 비극을 초래한다.

아마지야가 부친의 복수 이전에, 부친의 실적과 악행 등 주변을 돌아봤어야 했다.

아마지야 왕이 그의 부친 요아스가 아람 왕이 쳐들어 왔을 때 하나님께 의논하지 않고. 제사장들과도 의논하지 않았다는 사실을 생각해 봤을까?

부친 요아스가 안하무인처럼 행동한 전적이 선하지 않은 악한 왕이었음을 상기해 봤을까?

부친 요아스가 감히 하나님 신전 보물을 적에게 다 내어다준, 그런 사실들을 알고나 있었을까?

그때 그의 부친이 적과 맞설 생각도 못하고, 하나님께 이를 여쭙고 논하지 않은 사실을 알았을까?

부친 요아스가 선민들의 왕답지 못하게 무척 비겁했음을 생각해 봤을까?

한마디로 이들 부자지간은 하나님을 향한 믿음과 두려움이 전혀 없었다. 그런 참극이 유다 왕가에 2대나 연이은 원인 제공을, 그들 자신이 행했다. 그들이 하나님 믿음이 없기에 상하 지위 불문 궁정 측근들과도 소통 부재 상태로 지냈다는 기록이다.

기원전에 벌써 살인죄에 관한 고도의 도덕심을 선민들 자신이 스스로 발휘하게끔 하나님 율법이 알려주셨다. 그래서 왕하14:6절이 뜻하는 바가 대단히 소중하다. 소위 연좌제에 속한 일일 수 있어서다.

우리나라는 이런 악법을 조선 후기 정조 대왕이 없앴다고 한다. 일가족 전체를 박살 내 죽이는 악법이 있던 나라다. 각종 역사사화의 기록이 그런 일들을 입증한다.

과거의 잘잘못을 성서 역사처럼 되새겨보게끔 기록하는 국가는 세상 역사 속에는 없다. 기독교의 세계 전파와 더불어 민주주의 기틀이, 21세기에 전 세계로 하나하나 선거를 통해 퍼져가는 듯하다.

왕하15:37절에서 하나님께서 공격하게 하셨다는 기록, 또한 잘 새겨야 한다. 유다 왕 요담이 죽고 새 왕이 왕위를 잇자, 하나님께서 이스라엘 왕 베가를 시켜서 유다를 치게 하신다는 기사라서 두렵다.

이는 우리 한반도의 남북한 대치가 오래 지속해서, 이들의 역사와 자꾸 비교되어 어쩔 수 없다.

구약역사 34 **열왕기하 16-17장**

열왕기하 16장 '북 왕국의 몰락'

왕하16:1 르말리야의 아들 페카 17년에 유다에서 요담의 아들 아하즈가 왕이 되었다. 2 아하즈가 왕좌에 앉을 때 20세로 예루살렘에서 16년간 다스렸다. 그가 선조 다윗과 달리 하나님 눈에 바르지 않게 행하여 3 이스라엘 왕들의 전철을 밟았다. 심지어 그가 하나님께서 이스라엘 민족을 위한 은혜로 멸망시킨 국가들의 혐오스런 행위를 좇아서 그의 아들이 불 속을 통과하게 했다. 4 언덕 위의 퍼진 나무 아래마다 산당들에서 번제와 희생제물을 올렸다.

5 그때 아람 왕 레진과 이스라엘 왕 르말리야 아들 페카가 예루살렘을 공격해 아하즈를 포위했으나 싸움터에 나오게 할 순 없었다. 6 때맞춰 에돔 왕이 유다 사람들을 엘랏Elath에서 몰아내고 엘랏을 되찾았다. 에돔 사람들이 그 도시에 들어간 이후 이날까지 차지한다. 7 아하즈가 아시리아의 티글랏 파일세르 왕에게 사절들을 보내 말하길, '나는 당신의 종이고 아들입니다. 와서 나를 공격하는 아람 왕에게서, 이스라엘 왕에게서 구해주십시오.' 8 아하즈가 하나님의 집과 궁전 재정고에서 찾은 금과 은을 선물로 아시리아 왕에게 보냈더니 9 그 왕이 그의 말을 들었다. 그가 다마스쿠스로 진군, 이를 함락하고 거주민들을 키르Kir까지 추방시키고 레진을 죽음에 처했다. 10 아하즈 왕이 다마스쿠스로 아시리아 티글랏 파

일세르 왕을 보러 가서 거기의 제단을 보고, 이를 그린 그림과 상세 계획을 제사장 우리야Uriah에게 보냈다. ¹¹ 그에 따라 우리야가 왕이 다마스쿠스에서 보낸 모든 지시에 따라 제단을 지어 왕의 귀환에 앞서 준비했다. ¹² 왕이 다마스쿠스에서 돌아와 그 제단을 보자, 가까이 다가서 그 층계 위로 올라갔다. ¹³ 거기서 그가 전 제물whole-offering과 곡식제물grain-offering을 태우고 음료제물drinking-offering을 붓고, 나눔 제물shard-offering의 피를 뿌렸다. ¹⁴ 하나님 앞에 있던 청동제단을 하나님 집 앞에서 제거해, 하나님 집과 새로운 제단 사이의 북쪽에다 두었다.

¹⁵ 아하즈 왕이 제사장 우리야에게 다음 지시를 내렸다. '더 큰 제단 위에 아침 전 제물과 저녁 곡식제물, 왕의 전 제물, 곡식제물, 그 땅의 온 백성을 위한 전 제물, 곡식제물, 음료제물을 태우고, 그리고 모든 희생제물의 피를 그것에 뿌려라. 그러나 그 청동제단은 나를 위한 거니, 아침 제물을 올리겠다.' ¹⁶ 제사장 우리야가 왕의 명령대로 다 이행했다.

¹⁷ 아하즈 왕이 그 청동제단의 손수레들을 떼어내고, 그 판들을 제거, 그 대야와 큰 청동제기를 지탱하던 황소들에서 내려놓고 이를 돌 기단 위에 놓았다. ¹⁸ 그가 하나님 집에서 안식일 사용을 위해 세웠던 것을 제거, 아시리아 왕을 만족시키고자 했다. ¹⁹ 다른 아하즈 통치 시기의 활동과 사건은 유다 왕 연대기에 기록했다. ²⁰ 아하즈가 조상들에게 돌아가 다윗 시에 그들과 묻혔다. 그 아들 히즈키야Hezekiah가 왕위를 계승했다.

열왕기하 17장

^{왕하17:1} 유다 아하즈 왕 20년에 엘라의 아들 호세아Hoshea가 이스라엘 왕이 되어 사마리아에서 9년을 다스렸다. ² 그가 하나님 눈에서 잘못을 행했으나, 앞선 이스라엘 왕들처럼은 아니었다. ³ 아시리아 왕 살마네세르Shalmaneser가 공물을 올렸던 호세아에게 행군함은, ⁴ 그 아시리아 왕이 호세아가 충성스럽지 않음을 찾아내니, 매년의 공물을 보류하고 애급 왕 소So에게 사절을 보냈기에 아시리아 왕이 그를 체포해 옥에 넣었다. ⁵ 그가 전 국토를 침략해 사마리아까지 이르고 3년간 장악했다. ⁶ 그가 호세아 9년째 사마리아에서 사로잡은 백성들을 아시리아로 추방, 고잔Gozan 강가 할라Halah, 하볼Habor, 그리고 메데아Medea에 있는 마을들에 정착시켰다.

⁷ 이 모든 일은 이스라엘 사람들이 그들의 신 하나님께 대해 죄를 지었기 때문이니, 그분께서 그들을 애급 왕 파라오의 학정에서 구해, 애급에서 데려오신 분이다. ⁸ 하나님께서 그들 앞에서 없애버린 나라들 관습과 법을 지키며 다른 신들에게 경의를 표하고, ⁹ 그들의 신 하나님께 관해 불경스럽게 말했다. 그들 스스로 그들의 모든 정착지에다 도시를 지키려고 파수 탑부터 신당까지 지었다. ¹⁰ 그들이 스스로 신성한 장대들과 기둥들을 높은 언덕마다 퍼진 나무 아래마다 세우고, ¹¹ 그 모든 산당에서, 하나님께서 그들 앞에서 없애버린 그 나라들처럼 번제를 올렸다. 그들의 이런 사악함이 하나님 분노를 일으켰다. ¹² 그들이 하나님께서 행하기를 금하신 우상들을 숭배했다.

¹³ 여전히 하나님께서는 이스라엘과 유다의 모든 예언자, 선지자를 통해 말씀으로 엄숙히 책망하길, **'너희의 악한 길을 버려라, 내 종들과 예언자들을 통해, 내가 너희를 구원하고, 너희 조상들에게 명령한 모든 율법에서 준, 나의 계명과 규례들을 지켜라.'** ¹⁴ 어떻든 간에 그들 조상들이 행한 것만큼이나, 그들의 신 하나님께 듣지 않고 배신하며, 그분께 믿음 두기를 거부하리만큼 그들이 어리석었다. ¹⁵ 그들이 그분의 계약과 규례들을 거부했는데, 이는 그분께서 그들의 조상들과 만들고, 그들에게 엄한 경고로서 주신 거다. 가치 없는 우상들을 따름으로, 그들 스스로 가치 없이 되어, 하나님께서 금하신 그들 주변 나라들을 모방했다. ¹⁶ 그들의 신 하나님의 계명마다 저버리고는, 그들 스스로 금속으로 소 두 마리를 우상으로 만들고 거룩한 장대 또한 만들었다. 바알이 숭배한 모든 하늘의 무리에게 절을 했다. ¹⁷ 그들은 또한 아들과 딸들이 불 속을 통과하게 했다. 그들이 미신과 그런 점술을 행하며 자신들을 팔아, 하나님 눈에서 잘못해, 그분의 분노를 일으켰다.

¹⁸ 이와 같이 하나님께선 이스라엘에 분노하시고, 이스라엘을 그분 면전에서 추방, 오직 유다 족속만 남기셨다. ¹⁹ 심지어 유다조차 그들의 신 하나님 계명들을 지키지 않고 오직 이스라엘이 수용한 악습들을 뒤따랐다. ²⁰ 그래서 하나님께서 모든 이스라엘 후손들을 거부하시고, 그들을 벌하시어, 약탈자들에게 넘기셔, 마침내 그분 면전에서 내던지셨다. ²¹ 하나님께서 다윗 가문을 이스라엘에서 찢으실 때 그들이 네바의 아들 여로보암을 왕으로 세웠

으나, 그가 하나님을 향한 전념에서 이스라엘을 유혹해 죄의 무덤으로 이끌었다. ²² 이스라엘 사람들이 여로보암이 수용한 모든 죄들을 고수하며, 그것들을 저버리지 않아 ²³ 끝내는 하나님께서 이스라엘을 그분 면전에서 추방하셨으니, 이는 그분께서 모든 그분의 종들과 예언자들을 통하여, 취급한다고 하신 말씀 그대로, 그들 자신의 땅에서 흩어서 아시리아로 추방했다. 그들이 이날까지 거기에 있다.

²⁴ 그때 아시리아 왕이 그의 백성들을 바빌론Babylon, 쿠타Cuthah, 아바Avva, 하마스Hamath, 세파르바임Sepharvaim에서 데려다가, 이스라엘 사람들의 장소인 사마리아 마을들에 정착시켰다. 그래서 그들이 사마리아를 점령하여 그 마을들에 살았다. ²⁵ 초기에 그 정착민들이 하나님께 경배를 올리지 않기에, 하나님께서 그들 사이로 사자들을 보내서, 그들이 사자 먹이가 되게 하셨다. ²⁶ 아시리아 왕이, 사마리아 마을들에 정착시킨 그의 이주민들이 그 나라 신의 관례를 행할 줄 몰라, 그분께서 사자들을 풀어서, 백성들이 사자 먹이가 됨은, 그들이 이를 몰라서임을 들었다. ²⁷ 그러므로 왕이 사마리아로 잡혀간 사제들 중의 한 사람을 되돌려 보내, 거기 살면서 사람들에게 그 나라 하나님 관례를 가르치란 명령을 내렸다. ²⁸ 그리하여 추방된 사제들 중 하나가 돌아와, 베델에 살면서 그들에게 하나님 섬기는 방식을 가르쳤다.

²⁹ 그러나 각 나라들마다 그 자신들의 신 만들기를 계속했다. 그들이 사마리아 사람들이 만든 산당들 속에 벽감들을

각 나라마다 자신들 정착지에 세웠다. ³⁰ 수콧 베놋Succoth-benoth은 바빌론 사람들이, 넬갈Nergal은 쿠스Cuth 사람들이, 아시마Ashima는 하마스Hamath 사람들이, ³¹ 닙하즈Nibhaz와 타르탁Tartak은 아빗Avvites 사람들이 숭배했고, 세파르빗Sepharvites 사람들은 그들의 신들인 아드람멜렉Adrammelech과 아나멜렉Anammelech에게 제물로 그들의 자녀들을 태웠다. ³² 하나님께 여전히 경배드리는 한편에서, 그들이 온갖 종류의 사람들을 산당들의 사제들로 활동하게 임명해서 백성들이 그들에게 의지했다. ³³ 그들이 하나님께 경배하면서도 동시에 그들 자신의 신들도 섬겼는데, 추방당한 나라들 관습을 따른 거다.

³⁴ 그들이 이 오랜 관행들을 이날까지 지킨다. 그들은 하나님을 경배하지 않는다. 왜냐면 그들이 그분의 규례들과 그분의 심판들과 율법과 계명들을 지키지 않아서니, 이는 그분께서 이스라엘이라 명명하신, 야곱의 후손들에게 요구하신 거다. ³⁵⁻³⁶ 하나님께서 그들과 계약하실 때 그분께서 이런 계율을 주셨다. '**다른 신들을 경배하지 말고, 절도 하지 말고, 섬기지도 말고, 희생하지도 말고, 오직 너희를 애굽에서 위대한 권능과 내 뻗은 팔로 데려오신 하나님께 경배하고, 그분께만 오직 절을 하고 희생을 제공해라.** ³⁷ **너희가 오로지 너희를 위해 써 주신 율법과 계명들 그리고 그 규례들과 심판들을 성실히 지켜야만 한다. 너희가 다른 신들에게 경배해선 절대 아니 된다.** ³⁸ **내가 너희와 맺은 계약을 잊지 말라. 다른 신들에게 경배하지 말라.** ³⁹ **오로지 너희 신 하나님**

께만 너희가 경배하라. 이분만이 오직 너희의 모든 적들에게서 너희를 구하실 분이시다.' ⁴⁰ 좌우간에 그들이 듣지를 않았으며, 오직 먼저의 악습들을 계속했다. ⁴¹ 심지어 이 백성들이 하나님께 경배를 드리면서도, 한편으로 그들의 우상숭배를 계속, 그들 자녀들과 그들 자녀들의 자녀들이 그들 조상들의 악습을 이날까지 지속한다.

생각할 점
왕하 16-17장 '북 왕국의 몰락(BC 722년)'

북이스라엘 왕국이 망해가는 내용이다. 북이스라엘 왕국이 남유다 왕국보다 먼저 망해가니, 이를 잘 이해해야 한다. 그들의 하나님과 맺은 계약의 위반에 하나님께서 그들에게 행하신 역사다. 하나님 계명 이행의 약속을 수없이 어긴, 이스라엘 왕들과 그런 왕들을 뒤따른 선민들만의 문제라고, 이를 도외시할 수 없다.

선민들이 못나서 그리 망해 갔는가를 현세의 기독자들이 주시해 현실에 반영해야 한다. 하나님 눈앞에선 우리가 그들보다 더 심각하게 악한 수준일 수 있어서다.

메시아가 왜 오시게 되는가를, 이에서 필히 찾을 수 있어야 한다.

우리가 당시의 선민들이었을지라도 별다를 바가 없다는 점도 생각해야 한다. 왜냐면 하나님께서 애초에 인류에게 주신 성령의 힘으로 선민들이 능히 이를 구분할 수 있었음에도 왕과 선민들이 이를 연신 묵살하며 살았다고 볼 수 있어서다.

구약역사에서 그때의 선민들과 메시아가 오신 지금의 우리가 과연 무엇이 다른가를 생각해야 한다. 왜냐면 살아계신 하나님께선 그때의 선민들과 똑같이 우리의 삶도 똑같이 살피시리라 믿기 때문이다.

왕하 16, 17장은 북이스라엘이 망하는 상황이다.
이스라엘 왕 페카는 19대, 16년간 재위(BC 752-732).
유다 왕 아하즈는 12대 왕으로 20년간 재위(BC 735-715).
이스라엘 왕 호세아는 20대, 9년간 재위(BC 732-722).
유다 왕 히즈키야는 13대 왕, 29년간 재위(BC 715-686).
(NIV성서주해 참조)

왕하 16장

유다 왕 아하즈가 그의 조상 다윗처럼 하나님을 섬기지 않고, 하나님 눈앞에서 불신행위를 행한다. 인신공양 희생에 아들까지 태운다. 이에 북이스라엘 왕 페카가 아람 왕 레진과 공격한다. 그러자 아하즈가 항복 않고 강대국 아시리아 왕에게 하나님 집의 금과 은을 보내, 도움을 청한다. 아시리아 왕이 다마스쿠스를 함락해 아람 왕을 죽인다.

아하즈가 감사하러 아시리아 왕을 방문, 아람의 이방 신전 제단을 본다. 문제는 아하즈가 다마스쿠스의 이방신 제단을 하나님 신전에 똑같이 짓게 하고, 자신이 제사를 올린다. 심지어 그가 한술 더 떠 아시리아의 티글랏 파일세르 왕을 만족시키러, 하나님의 안식일 제단을 성전 밖으로 옮기기까지 한다. 그때 하나님 성전 제사장 우리야가 찍 소리도 아니하고 그런 사악한 왕명을 따른다.

그런 왕에 그런 제사장이다. 성전의 제사장이 하나님 계명과 규례와 임무의 직책을 심히 배신한다.

이스라엘이나 유다의 종교와 정치 최고 지도자들이 썩을 대로 썩었다. 선민들이 망한 원인이 자신들이 자초했음도 모른 채 이방 강대국에 갖은 수모를 겪으며 망해간다.

왕하 17장

북이스라엘의 멸망의 상세한 정보가 주 내용이다.

이스라엘 20대 왕 호세아를 통해 선민들이 받는, 국가 멸망의 고통이 나온다.

고대 강국 아시리아 왕 샬마네세르가 등장한다. 그가 북이스라엘 호세아가 공물을 바치지 않고, 애굽 왕과 내통한 사실에 분개한다. 그가 이스라엘 전 국토를 침략, 호세아를 가두고, 사마리아를 3년간 장악해 유린한다. 다음엔 그가 선민들을 포로로서 아시리아의 여러 지방으로 흩어지게 강제력으로 추방한다. 그런 후에 그가 선민들을 쫓아낸 주요 도시 사마리아에다, 아시리아 여러 지방 이방 백성들을 데려다, 이주시킨다.

왜 사람들에게 사는 장소를 바꾸게 하는가!

참으로 사악한 방식이다. 사람들은 살던 곳을 웬만해선 떠나지 아니한다. 살던 데서 살다 죽기를 바란다. 이들이 사람들에게 가장 악독한 짓을 저질렀다.

그래서인가 하나님께서 맹수인 사자들을 사마리아로 보내 그 이방 족속 주민들을 죽게 하신다. 아시리아 왕이 그런 일들의 원인을 듣자 추방했던 하나님 사제들 중의 한 사람을 돌아오게 하여, 하나님께 올바른 경배를 올리는 법을 새로운 이주민들에게 가르치게 한다.

사제 한 사람이 돌아와 그 이방 이주민들에게 하나님 규례를 알려준다. 그가 베델에서 살며, 그 주민들에게 하나님께 경배하는 예배를 가르쳤다. (왕하17:24-28)

그 사제가 얼마나 슬프고 기막혔을까.

그가 하나님을 위하여 그 이방인들에게 그 예전 시대에 전도를 한 셈이다. 어찌 보면, 하나님께서 그런 식으로라도 하나님 약속의 땅에 사는 이방들에게, 당신의 존재를 알리려고 하셨는가도 모를 일이다. 추방된 선민들에 의해 하나님 믿음이 그런 이방에도 퍼질 수 있어서다.

이 기사가 유난해 보임은 이스라엘 하나님 존재를 가나안의 주변 국가들이 모두 알고 있었다는 사실을 전제로 한 기록임을 알 수 있다. 왜냐면 이때가 여호수아가 선민들을 이끌고 가나안 땅에 왔던, 초기에서 약 1,370년 정도 경과한 무렵이다. 선민들의 출 애급은 BC 1446년부터라서 애급을 물리친 선민들의 막강한 권능의 신 하나님 소문은 익히 사방에 전해져 왔고 다윗과 솔로몬을 잊지는 않았으리라.

만일 이가 아니라면, 하나님께서 당신 존재를 알리시고자, 그 무지한 이방인들을 직접 상대해주신 셈일 수 있다.

왜냐면 그들도 하나님의 피조물이다.

하나님을 모르는 이방들의 한심함이나 당신의 선민들의 한심함이, 그야말로 막상막하인 기록 같다.

사람들은 잊어도 하나님께서 아브라함과 약속하신 약속의 땅이기에 사마리아에 사는 이방인들까지 소중히 하셨다는 기록 같다. 하나님께서 사랑하신 선민들을 위해, 그 땅들은 소중했다. 더구나 장차 구세주 예수 그리스도께서 오시어 활동하실 땅이다.

왕하17:6에 호세아 9년인 BC 722년 아시리아 살마네살 왕이 사마리아 침공 3년째 함락하고 왕을 잡아 가두고 이스라엘 백성들을 아시리아로 추방한다. 선민들이 강제 이주 당한 장소들을 찾아보았다. 왜냐면 그런 고대에도 강대국 때문에 난민들의 교류가 강제로 이루어진 진기록 같아서다. 현재도 많은 나라 사람들이 여러 이유로 나라를 떠나 여기저기 떠도는 난민들로서 살아가는 사람들이 많기에 그러하다.

아프리카 난민들, 중동 국가의 난민들이 그칠 새 없다.

선민들이 갔던 아시리아 장소들이 하보르Habor 강가에 고잔 Gozan인데 유프라테스강 지류인 하보르강에 위치, 아시리아 지방의 수도라 한다.

다른 장소인 메데the Medes의 마을들은 카스피해 동남쪽과 티그리스강 북동쪽에 위치한다. (NIV. 성서주해 594,5쪽 지도).

또 한 가지는 바로 그때 그 먼 나라로 강제 추방당했다가 혼자만 뽑혀, 사마리아로 돌아오는 그 사제의 입장이다. 그가 그 먼 길을 괴롭고 힘들게 몰려서 여럿이 갔다가 그 혼자 돌아오면서, 그들에게 내리신 하나님 징벌을 어떻게 생각했을까?

사마리아에 무슨 마음으로 돌아왔을까?

그 사제가 하나님 바르게 섬기는 예배의식을 진심을 다해 그 사마리아 이방인들에게 가르쳤으리라.

동시에 진심으로 선민들의 땅 위에 하나님 나라가 다시 임하기를 기도했으리라.

그가 사마리아에서 그들에게 가르친 후에 베델로 물러났다, 한다. 베델(하나님의 집)이란 장소가 어떠한 곳인가.

야곱이, 쌍둥이 형 에서에게 도망치다 들판서 잠을 청한 장소다. 야곱이 꿈에서 하늘에 닿는 사다리를 보다가 하나님 축복을 듣는다. 그가 보는 땅을 하나님께서 그에게 다 주신다, 하신다. 그가 아침에 일어나 베고 자던 돌을 기둥으로 세우고, 기름을 부은 장소가 베델이다. (창28:10-22)

그보다 앞선, 그의 조상 아브라함이 하란을 떠나라는 하나님 말씀대로 가나안에 들어오자, 하나님께서 그에게 이 땅을 네 자손에게 주리라 하시어 제단을 쌓은 곳이, 가장 처음 성서에 등장하는 베델이다. (창12:5-9)

하나님께서 선민들에게 주신다고 하신, 성지다. (창 35장)

이는 바로 가나안의 열두 지파 중에 열 지파인 북이스라엘에 자리해서 유다 지파가 살던 예루살렘에 가까운 지역임도 유의해야 한다.

왕하17:29-33 내용을 생각해 보았다.

당시의 사마리아 백성들이란 본래 북이스라엘에 살던 가나안 주민들, 그리고 그 땅을 차지한 하나님 선민들과 결혼해서 이루어진 사람들인 듯하다. 이들을 잘 아는 첫 왕인 여로보암이 황금 소를 만들어 숭배하게 한 장소가 베델과 단에 있었던 사실에서 그러하다.

처음부터 여러 혼혈 종족이 혼재한 지역이었다.

고로 하나님 믿음에 철저하지 못한 왕들과 제사장들, 선민들이 섞여서 우상숭배가 사라지지 않았던 듯하다.

그럼에도 먼 훗날에 예수 그리스도께서는 이들을 선한 사마리아인의 예로써, 배척하지 않고 존중해 주신다. 이는 하나님께서 사제 하나가 이방인들에게 하나님 경배를 가르쳐주게 하신 사실과 상통한다. 왜냐면 우상 숭배하다 사마리아에 정착한 이주민들이, 추방에서 돌아온 하나님 사제가 가르친 유일신을 섬기는 자들이 소수라도 생겼으리라, 볼 수 있어서다. 이들이 하나님만 아는 사람들로 진실히 살았으리라. 사자들이 나타나지는 않았을 테니까.

그래서 이가 혼합 종교syncretistic religion[1] [참고 1]의 고전이란 언급이 나와서 놀라게 된다. (NIV. 성서주해)

북이스라엘이라 불린, 이 작은 나라엔 20명의 왕들이 BC 930부터 BC 722년까지 208년간 세상에 존재했다. 그 선민들의 왕, 20명 중엔 단 한 명도 '하나님의 눈에서 온전히 순전히 바르게 행했다'는 언급이 없다.

그럼에도 하나님께선 선지자 엘리야와 엘리사를 위시하여 많은 하나님의 사람들을 때맞추어 보내시어, 당신의 선민들을 도우셨다. 그런 왕들의 왕국일지라도 200년간이나 하나님께서 당신의 이스라엘 열 지파 선민들이 당신 믿음의 길로 되돌아, 돌아오

---

1 [참고 1]
   성서에 얽힌 성서주해를 보다가 든 생각의 한 조각이다.
   오래전에 노평구 선생께서 혼합 종교를 무섭게 질타하신 일이 있다. 그때 그런 낱말도 처음 들었기에 대체 무슨 말씀인가, 어려웠다. 이제라도 기독교에 침투한 악한 종교의 기원과 역사까지 뿌리를 배운 셈이다.
   세상에서 가장 비밀스럽고 가증하고 음란하게 악의 구렁으로 몰아서 사람 생명을 죽이는 은밀한 종교의식이 혼합 종교에 많다. 인권을 악랄하게 유린, 끝내 죽이는 최악의 종교의식을 이들이 극비리에 행하나 드러나지 않는다. 이들이 겉으로 한없이 친절한 조련을 받아, 사랑과 지식이 넘쳐 보인다. 고로 이들에 빠져드는 가난하고 힘없고 의지할 데 없는 사회의 약자들이 한없이 모여들게 한다. 이들의 비밀 종교의식은 범죄다. 들켜도 한동안 소란하다가 시간 가면 잠잠해 사라진 듯하나, 다른 이름, 다른 장소로 흩어져 숨어들어 끈질기다. 혼합 종교 근원이 하나님 선민들과 섞여 살던, 가나안의 여러 이방인들과의 혼합에서 나왔다니. 자신의 자식을 불태우는 번제를 선민의 왕들이 올렸다니.
   생명을 살리는 하나님께 생명을 죽이는 일을 행하다니.

길 한없이 기다리셨다.

 하나님께서 당신의 선민들을 향한, 끈질긴 사랑의 기록이 구약 역사다. 또한 메시아 재림을 기다리는 온 인류를 위한 하나님 약속인 은혜의 기록이다.

구약역사 35 **열왕기하 18-19장**

열왕기하 18장 '히즈키야 치하의 유다'

왕하18:1 이스라엘 왕 엘라의 아들 호세아 3년에 유다의 아하즈 왕의 아들 히즈키야Hezekiah가 왕이 되었다. ² 그가 보좌에 앉을 때 25세로, 예루살렘에서 29년간 다스렸다. 그의 모친은 즈카리야Zechariah의 딸 아비Abi였다. ³ 그가 하나님 눈에서 그의 선조 다윗처럼 바르게 행했다. ⁴ 산당들을 억압해 신성한 장대들을 부수고 모든 신성한 기둥마다 잘라 버리고 청동 뱀bronze snake을 깨트린 사람이 바로 히즈키야 왕이다. 그 뱀은 모세가 만든 건데 그 이후에 이스라엘 사람들이 네후스탄Nehushtan이라 부르며 번제를 올린 관습이 있었다. ⁵ 그가 이스라엘의 신 하나님께 믿음을 두었다. 유다 모든 왕들 중에서 그에 앞선 왕들이나, 그를 이은 왕들이나, 아무도 그와 같은 사람이 없었다. ⁶ 그가 하나님께 믿음으로 충성해 그분과의 믿음에 실패하지 않고 하나님께서 모세에게 주신 계명들을 지켰다. ⁷ 하나님께서 그와 함께 계셔 그가 취급한 모든 것에서 번창했다. 그가 아시리아 왕을 배척하고 더 이상 그에게 복종하지 않았다. ⁸ 그가 나라 경계를 지킨 파수 탑 도시들부터 멀리 블레셋의 가자Gaza까지 정복했다.

⁹ 히즈키야 통치 4년, 이스라엘 왕 엘라의 아들 호세아 7년에 아시리아의 살마네살Shalmaneser 왕이 사마리아에 진격하고 포

위해 ¹⁰ 이를 3년 말까지 장악했다. 히즈키야 6년, 이스라엘 호세아 9년에 사마리아에서 호세아가 잡혔다. ¹¹ 아시리아 왕이 이스라엘 사람들을 아시리아로 추방, 그들을 하볼Habor의 할라Halah에, 고잔Gozan 강가에, 메디아Media에 있는 도시들에 정착시켰는데, ¹² 왜냐면 이스라엘이 그들의 신 하나님께 복종하지 않고 하나님의 종 모세가 그들에게 준, 그분과의 계약인 계명들마다 위반해서다. 그들이 하나님께 듣지도 복종도 않았다.

¹³ 히즈키야 왕 14년에 아시리아의 세나체립Sennacherib 왕이 침략, 유다의 모든 요새도시들을 장악했다. ¹⁴ 히즈키야가 아시리아 왕에게 그의 사절을 라키스로 보냈다. '내가 잘못했으니, 이곳에서 철수하길, 내가 당신이 부과하는 벌금을 지불하겠소.' 아시리아 왕이 유다의 히즈키야 왕에게 은 300달렌트와 금 30달렌트의 벌금을 요구했다. ¹⁵ 히즈키야 왕이 하나님의 집과 궁전 재정고에서 찾은 모든 은을 그에게 주었다. ¹⁶ 그때 히즈키야가 하나님 신전의 문들과 그 문틀에 자신이 입힌 금들을 벗겨서 이를 아시리아 왕에게 보냈다.

¹⁷ 라키스에서 아시리아 왕이 총 사령관, 환관 대장, 강한 군대를 가진 장교 대장을 예루살렘 히즈키야 왕에게 보냈다. 그들이 예루살렘으로 행군, 훌러의 들판으로 가는 방죽 길, 그 위의 연못the Upper Pool에서 멈추었다. ¹⁸ 그들이 왕을 불렀을 때 왕가의 재정관 힐키야Hilkiah의 아들 엘리아킴Eliakim이 부관 세브나Shebna, 내무상 아샆Asaph의 아들 요아Joah와 같이 그들에게 나아갔다.

¹⁹ 장교 대장이 그들에게 말하길 '이를 히즈키야 왕에게 전해라, 아시리아의 위대한 왕의 전갈이다. "너희가 가진 그 자신감의 바탕이 무어냐? ²⁰ 너희가 강한 군대 훈련 장소를 가질 수 있다고 생각하냐? 너희가 나를 거역하면 너희를 위한 지지를 누구에게서 기대하냐? ²¹ 애급이냐? 부러진 수수깡 애급의 손을 쥐고 달리다 만일 그에 기대기라도 하면 즉시 너희가 찔릴 거다. 이는 애급의 파라오에게 의존했던 모든 자들이 증명하는 바다. ²² 그리고 만일 네가 너희 신 하나님께 의지한다 하면, 히즈키야를 압박하는 산당들과 제단들의 신이 아니지 않느냐? 유다와 예루살렘에게 말하라, 그들이 예루살렘의 이 제단에서만 경배해야 하는가를.

²³ 그러니 지금 내 주인 아시리아 왕과 약조 맺자. 너희가 말을 탈 기수들을 찾으면, 내가 너희에게 말 2,000두를 줄 테다. ²⁴ 그런데 어째 너희가 내 주인의 종들의 가장 미천한 권고를 거절하고 애급의 마차와 기병에게 의지하려 하냐? ²⁵ 너희는 내가 하나님 동의 없이 이 장소를 멸하려 공격 왔다 생각하냐? 아니다. 하나님 자신이 내게 말씀하길, "올라가 이 땅을 멸해라." 하셨다.'

²⁶ **힐키야의 아들 엘리아킴과 세브나, 요아가 그 장교 대장에게 말하길, '우리에게 제발, 아람어로 말하십시오, 우리가 이해하니까요. 성벽 위의 백성들에게 울려서 들리니, 우리에게 히브리어로 말하지 마십시오.'** ²⁷ 그 장교 대장이 답하길, '이것이 너희 주인과 너희에게, 내 주인이 나를 보내 말하라, 한 게 아니냐? 성벽 위에서 자신들 배설물을 먹고 마실 너와 같은 성벽 위에 앉은 백성들에게 말한 건 아니지 않냐?'

²⁸ 그러면서 그가 서서 히브리어로 외치길 '들어라, 위대한 아시리아 왕의 전갈을!' ²⁹ 이것이 왕의 말이다. "히즈키야에게 속지 말라. 그가 내게서 너희를 구할 힘이 없다. ³⁰ 너희가 하나님께 의지하게, 하나님께서 반드시 너희와 이 도시를 구하며 결코 이 도시가 아시리아 왕에게 넘어가지 않으리라, 말해도 그에게 설득당하지 말라." ³¹ '히즈키야의 말을 듣지 말라, 왜냐하면 아시리아 왕의 말이 이러하니, "너희가 평화롭게 내게 항복해라. 그러면 너희 각자 자신의 포도와 무화과나무 열매를 먹게 되고, 자신의 우물에서 물을 마시리니, ³² 내가 와서, 너희 자신의 땅과 같이 곡식과 포도주, 새 빵, 포도원, 올리브 나무, 좋은 기름과 꿀의 땅으로 너희를 데려가리니, 죽음 대신에 너희 모두에게 생명을 줄 데다. 히즈키야가 하는 말을 듣지 말라. 그가 너희에게 오직 하나님만, 너희를 구하리라 말하며 잘못 이끌 테니까. ³³ 어떤 나라들의 신들이 아시리아 왕의 권력에서 그 땅을 지켰더냐? ³⁴ 하마스Hamath와 알팟Arpad의 신들이 어디에 있냐? 세팔바임Sepharvaim, 헤나Hena, 이바Ivvah의 신들이 어디 있냐? 사마리아 신들은 어디 있냐? 그 신들이 사마리아를 내게서 구했더냐? ³⁵ 그 나라들의 모든 신들 가운데 내게서 그 땅을 구한 자가 거기 누구 하나라도 있더냐? 그런데 어떻게 하나님께서 예루살렘을 구하시냐?'"

³⁶ 백성들이 침묵하고 한 마디도 대꾸하지 않았으니, 이는 왕이 아무도 그에게 대답하지 말라는 명령을 내려서다. ³⁷ 힐키야의 아들인 재정관 엘리아킴, 부관 세브나, 내무상 아삽의 아들 요아가 옷을 찢고, 히즈키야에게 와서 그 장교 대장의 말을 보고했다.

열왕기하 19장

왕하19:1 히즈키야가 그 보고를 듣자 그의 옷을 찢고, 베옷을 입고 하나님 집으로 들어갔다. ² 가문의 재정관 엘리아킴, 부관 세브나, 장로들이 모두 베옷을 입고, 아모스Amoz의 아들 선지자 이사야Isaiah[참고 1]에게 보내며, ³ 그에게 왕의 이런 전갈을 보내니, '오늘은 우리에게 비난과 모욕의 날이자 근심의 날입니다. 우리는 마치 산고를 치를 힘이 조금도 없는 여인과 같습니다. ⁴ 이는 당신의 신 하나님께서 그 장교 대장의 모든 말들을 명심하도록 하는 듯합니다, 그의 주인 아시리아 왕을 보내, 살아계신 하나님을 조롱하며, 당신의 신 하나님의 말씀 듣기

I [참고 1]
이사야서 소개를 두 성서주해에서 요약해 옮긴다.
이사야서가 세 가지 주요한 문학 집합체로 선민들의 정치, 종교, 역사의 각기 다른 시기를 반영한다. 이사야1서, 2서, 3서로 나눈다.
첫째, 이사야 1서 1-39장
둘째, 이사야 2서 40-55장
셋째, 이사야 3서 56-66장
예루살렘의 이사야와 관련해 그의 웅대한 규모의 활약이 40년간(BC 742-701) 지속한다. 유다 왕 4명인 웃지야(783-742), 요담(742-735), 아하즈(735-715), 히즈키야(715-687) 생애에 생긴 사건을 반영한다. 이때 유다는 아시리아가 애급에 진출하려 해서 위협을 받는다. 북이스라엘을 삼킨 아시리아가 남유다를 정복해야 애급에 진출할 수 있어서다. 이사야가 이런 시기에 이방과의 정치 동맹보단 하나님께 믿음을 두라고 하나님을 부르짖는 선포로서, 선민들을 깨우치며 하나님과 선민들의 중재 역할을 했다. (REB. 성서주해)

이사야를 가장 위대한 저술의 예언자로 간주.
그의 이름 뜻이 '하나님은 구원이심The Lord is salvation'
그는 아모스, 호세아, 미가와 동시대 인물. BC 740년 그의 사명활동을 시작한 이사야가 결혼, 적어도 두 아들이 있고, 생애 대부분 예루살렘에 살며, 히즈키야 왕에게 영향을 끼쳤다. 신약성서도 이사야를 다양한 부분들과 연관, 여러 책에서 참조.
이사야의 봉직 기간에 일어난 역대하의 1-39장의 사건들이, BC 701년이 되기 얼마 전에 대체로 완성되었으리라, 한다.
이사야가 생애 마지막에 썼을 사 40장-66장의 시기인 BC 681년까진 적어도 생존했으리라, 본다. (NIV. 성서주해)

를 무색하게 하려고 말입니다. 아직 살아있는 이러한 생존자들을 위하여 기도를 올려주십시오.'

⁵ 히즈키야 왕의 종들이 이사야에게 왔을 때 ⁶ 그들의 주인을 위해 이런 답을 이사야가 주었다. **'여기에 하나님 말씀이 있다. 네가 들은, 아시리아 왕 앞잡이들이 나에게 불경한 말을 했던 것에 대해 놀라지 않도록 해라.** ⁷ 내가 단순한 소문 하나로, 그의 사기를 떨어트려 자신의 나라로 철수하게 하리라. 거기서 그가 칼에 죽게 하리라.'

⁸ 장교 대장이 돌아가는 동안, 아시리아 왕이 라키스Lachish에서 이동하며 리브나Libnah에서 그를 찾아, 공격하려 한다, 들었다. ⁹ 그러나 왕은 쿠시Cush의 티르하카Tirhakah 왕이 그와 같이 전쟁에 동참하러 오는 길임을 알고, 유다의 히즈키야 왕에게 다시 사절들을 보내 ¹⁰ 그에게 말하길, '어떻게 너희가 의지하는 너희의 신이, 예루살렘을 아시리아 왕의 손에 함락하지 않게 하리라는 약속에 의지해 망상에 빠지냐? ¹¹ 너 자신이 아시리아 왕이 모든 나라들에 행한 것을 들었어야 했다. 그들은 철저히 망해 버렸다. 그런데 너희가 도망갈 희망을 가질 수 있냐? ¹² 그들의 신들이, 나의 선대들이 쓸어버린 그 국가들인 고잔Gozan, 하란Harran, 르젶Rezeph과 텔라살Telasaar의 에덴Eden에 살던 백성들을 구했냐? ¹³ 하마스, 알팟, 라힐Lahir, 세파르바임, 헤나, 이바의 왕들이 어디에 있냐?'

¹⁴ 히즈키야가 그 사절들에게 편지를 받아 읽고, 하나님 집으로 올라가 이를 하나님 앞에 펼쳐놓고, ¹⁵ 이런 기도를 올렸다. **'이스라엘의 신 하나님, 지품천사들 보좌에 계신, 당신은 온 세상 왕국들에서 유**

일하신 신이십니다. 당신께서 하늘과 땅을 만드셨습니다. [16] 하나님, 당신의 귀를 기울이어 들어 주십시오, 당신의 눈을 뜨고 보아주십시오. 살아계신 하나님을 조롱하러 보낸, 세나체립의 말들을 들어보십시오. [17] 하나님, 이는 진실입니다, 아시리아 왕들이 나라들과 그 땅들을 황폐하게 하고, [18] 그들의 신들을 불 속에서 장사지냈습니다. 그들이 그것을 멸했는데 그건 신들이 아니라, 사람들 손이 만든 그저 돌과 나무일 뿐입니다. [19] 지금 우리의 신 하나님, 그의 힘에서 우리를 구해 주십시오, 그리하여 지상의 모든 왕국들이, 당신만이 유일하신 하나님이자 신이심을 알게 해 주십시오.'

[20] 아모스의 아들 이사야가 다음 전갈을 히즈키야에게 보내니, '이는 이스라엘의 신 하나님 말씀이다. 나는, 아시리아 세나체립 왕이 나에게 관한 말들에 우려하는 너의 기도를 들었으니, [21] 이는 하나님께서 그에 대해 내리는 말씀들이다.

시온의 처녀 딸이 너를 경멸하니, 그녀가 너를 조롱하고 웃으며,
예루살렘의 딸들이 네 머리를 네가 조롱한 대로 던질 거다.
[22] *네가 조롱하고 불경하게 한 분이 누구시냐?*
누구에게 네가 대항하고 아우성치며
이스라엘의 거룩하신 한 분께 시건방진 눈길을 보내느냐?
[23] *네가 네 사절들을 하나님을 조롱하러 보내서 말하길,*
"내가 내 마차를 타고, 막강한 업적을 수행했다.
내가 산등성이를 올라가서, 레바논의 그 구석진 데로 갔다.
내가 거기 가장 큰 삼나무들, 가장 좋은 소나무들을 베었다.

내가 그 가장 먼 구석의 가장 울창한 숲에 이르렀다.
²⁴ 내가 우물들을 파서 그 이국땅의 물을 마시고
내 발바닥으로 애굽의 모든 샘들을 마르게 했다.

²⁵ '너는 듣지 못했냐? 오래전부터 이 모두를 내가 행했음을.
날이 가서 내 계획대로, 지금, 이를 내가 행할 무렵이니,
너의 요새 도시들이 부서져 무더기로 쌓이기까지다.
²⁶ 그들의 강함을 빼앗겨 상실과 수치에 놓인 거주민들이
들판의 식물인 약한 푸른 약초나
동풍에 시든 지붕 위의 풀들처럼 있을 거다.
²⁷ 내가 너의 떠오름과 가라앉음을, 네가 나오고 들어감을 안다.
²⁸ 나에 대한 너의 미친 분노와 방자함이 나의 귀에 닿는구나.
내가 너의 코에 고리를, 네 입에 재갈을 물려
네가 오던 그 길로 돌려보낸다.

²⁹ 이는 너를 위한 징조다. 올해는 네가 곡식 남은 것을, 다음해는 저절로 자란 걸 먹을 거다. 그러나 셋째 해는 네가 뿌리고 거두고, 심은 포도원에서 그 과일을 먹을 거다. ³⁰ 다시 한 번 유다 왕국의 남은 한 생존자가 아래서 뿌리를 취해 위로 열매를 맺으리니, ³¹ 왜냐면 예루살렘에서 한 생존자가, 그리고 시온 산에서 한 무리의 생존자들이 나올 거다.

하나님의 막강하신 열성이 이를 이행하실 거다.[참고 2]
³² *그러므로 이는 아시리아 왕에 관한 하나님 말씀이다.*

그가 이 도시에 들어오지도 그리로 화살 하나도 쏘지 못하리니, 그는 방패에 가로막혀 이 안으로 진군하지도, 공격 경사로 하나도 짓지 못하리라.
³³ *그가 왔던 길로 돌아가고, 이 도시에 못 들어가리라.*
이것이 하나님 말씀이다.
³⁴ *내가 이 도시를 구하러 막으리니, 나 자신과 나의 종 다윗을 위해서다.*

³⁵ **그 밤에 하나님 천사가 나가서 18만 5천 명의 아시리아 막사를 내리쳤다. 새벽이 오자 거기에 그들 모두 죽어 있었다.** ³⁶ 세나체립 아시리아 왕이 막사를 접고 달아났다. 그가 니느베Nineveh로 돌아가 거기 머물렀다. ³⁷ 어느 날 그가 그의 신 니스록Nisroch 신전에서 예배할 동안 그의 아들 아드라멜렉Adrammelech과 샤레저Sharezer가 그를 죽이고 아라랏Ararat 땅으로 피신했다. 그의 아들 에살하돈Esarhaddon이 그를 승계했다.

II [참고 2]
　왕하19:30-31은 유다가 망한 다음의 앞날을 축복하신 하나님의 미래형 말씀이다. 주를 보니, 이사야 1서 11:11, 16, 28:5, 미가서 4:7, 롬11:5을 참조 요함.

생각할 점
왕하 18-19장

북이스라엘이 멸망해 사마리아 주민들이 아시리아 땅으로 추방당한 소식을 전해 들으며, 남유다의 온 선민들이 두려워하며 애도했을 것이다.

그때 25세의 히즈키야가 왕위에 있었다. 히즈키야 왕은 악한 부친 아하스와 크게 달랐다. 하나님께 다윗처럼 바르게 행했다. (왕하18:3)

히즈키야 왕이 유다의 선대들이 그냥 놔두었던 이방신의 여러 산당들과 많은 장대들을 잘라내고 태워버렸다. 그가 박살 내버린 것들에 특이한 물건이 있다. 유다 선민들이 숭배를 했다는 모세가 만든 청동 뱀 네후스탄이다. 모세의 청동 뱀을 숭상해 왔다니 놀랍다. (왕하18:4, 민수기21:4-9)

히즈키야 왕의 이런 치적을 하나님께서 지켜보셨으리라.

아담과 이브를 유혹한 뱀으로 분한 사탄 때문에 인류가 죽는다. 그래서인가, 뱀은 사람들이 두려워한다. 이방 신상으로 숭배하는 파충류다. 특히 애급 왕들 무덤 피라미드 발굴 유물에 많다. 독을 품은 황금 코브라 조각상들이다.

모세의 청동 뱀은 이들과는 전연 다르다.

하나님께서 선민들에게 징벌로 내리신 독사들에 물려서 사람들이 괴로워하며 죽어간다. 모세가 이들을 대신해 하나님께 도와주십사 호소하니, 하나님께서 모세 손에 쥔, 청동 뱀을 높이 들어 바라보게 하여 뱀독을 치유해주신다. 모세의 그런 청동 뱀이 보관할 가치는 있으리라. 그러나 거기에 절하는 관습이라니.
이런 일들을 놓치지 않는 기록은 소중하다.

유다의 히즈키야 4년에 이스라엘 수도 사마리아가 아시리아의 살마네살 왕에게 공격과 포위를 당하고 3년 만에 망한다. 유다 왕 히즈키야 6년에 북이스라엘이 망해, 그 선민들이 아시리아 각지로 강제 추방당해 쫓겨 나갔다. 그 시기에 아시리아 왕이 바뀌었다. 강대국 왕의 교체 시기가 되면 주변의 약소국들은 약간의 시간을 벌 수 있다.

그래서 히즈키야가 아시리아에 복종을 않고, 유다 왕국 국경 도시 요새화에 힘썼다. 히즈키야 14년에 드디어 아시리아의 세나체립 왕이 유다 국경의 방어도시들을 장악하고 예루살렘으로 사절들을 보내, 히즈키야에게 무조건 항복을 종용하는데, 온갖 무례한 말들로써 한다.

아시리아 장교와 사절들이 온 예루살렘 선민들이 지켜보는 가운데, 하나님 경시와 경멸의 말들을 제멋대로 히브리어로 쏟아내며 감히 이스라엘의 하나님을 조롱한다.

당시에 최강 아시리아 군사들에 포위를 당한 예루살렘 선민들, 왕, 신하들, 군사들을 생각해보자.

최고 지도자의 바른 믿음과 하나님 앞의 겸손이 얼마나 소중한가를, 히즈키야를 통해 보여준다. 그때 히즈키야 왕이 그의 심복들에게 아시리아 사절들과 마주하되, 오직 듣기만 하고 절대 대꾸하지 말라, 명해 사절들을 보낸다. 예루살렘 선민들도 강한 함구령의 칙령을 발했다.

예루살렘 성벽에 그 이방 사절들의 말이 메아리로 되울려서 그 적장의 연설이 다 들렸으리라. 벌써 이를 감안해서 왕이 내린 현명한 조치다. 막강하나 무지한 적의 사절단의 온갖 무례에 분노가 끓어도, 절대 대꾸 말고, 조용하라는 강한 지시다. (왕하18:36-37)

히즈키야는 참으로 신중한 지도자였다. 그가 신하들과 선민들에게 부화뇌동 말라, 경고했다. 북이스라엘이 망해서 그 결과가 어떠한가를 알기에 선민들의 공포심이 극에 달했으리라. 그래서 의연한 히즈키야 왕 지시를 따른다. 여차하면 죽을 판이니 용의주도하며 의젓했다.

이때가 북이스라엘이 망한 지 8년째니까 그간에 유다의 왕과 선민들이 아시리아에 대비를 해 왔으리라. 그들도 마지막이라 여겼으리라. 히즈키야 왕과 신하들과 선민들이 한 마음으로 그들 하나님 믿음의 자존심을 지켰다.

막강한 적장들과 적군들을 내려다보며, 극심한 하나님 비방의 소릴 들으며 참아야 했다, 그 분노를 삼키며 남녀노소가 하나님을 위해 싸우다 죽으리라 작심을 했으리라.

북이스라엘 멸망에 사마리아 주민들의 마지막을 알기에, 예루살렘 선민들로서는 하나님 성전인 예루살렘이 포위당했으니 죽을 각오를 갖고 왕의 명령에 합심했다.

히즈키야 통치 14년간 왕과 선민들이 성전에서 전심으로 하나님께 경배하며 지냈으리라. 선민들에게 유일신 하나님을 무시하고, 그들의 왕을 배신하라는, 아시리아 대장의 선동을 묵살했다.

그런 와중에도 왕의 심복이 아시리아 대장에게 되울리는 반격의 말이 참으로 여유만만 순발력 넘친다.
'제발, 히브리어로 말하지 말고, 다들 잘 알아들으니, 아람어로 말을 해 달라.' (왕하18:26)
아시리아 적장이 히브리어로 말했다는 사실이 꽤나 흥미롭다. 이 자는 대체 어떤 자인가. 왜냐면 히브리어가 얼마나 어려운 말인가. 당시에도 어려웠으리라.
그런데 하나님 언어인 히브리어를 배워, 하나님과 선민들을 위한 비난에, 그런 각도로 그런 순간에 쓰다니.
히브리어는 선민들에겐 하나님의 언어와 다름없다.
고귀한 하나님 언어로 하나님을 비방하다니.

말대꾸 말라는 왕의 엄명에도, 히즈키야의 세 명의 사절이 입을 열었다. 적장이 히브리어로 하나님을 조롱하니 참을 수 없었으리라. 이들이 한 마음임을 하나님께서 보셨으리라. 또한 이로써 하나님을 향한 선민들 자존심이 한껏 고조되었으리라.
그런 말들을 듣고 온 대신들이 히즈키야 왕에게 가기 전에 옷을 찢고 가서, 적장의 무례를 전한다. 이를 들은 히즈키야 왕도 옷을 찢고 베옷을 입고, 즉시 성전에 혼자 가서 하나님께 오만한 아시리

아 왕의 편지를 펴놓고 울며 기도한다. (왕하19:10)

그다음에 그가 그의 사절들에게 베옷을 입혀 선지자 이사야에게 도움을 청하러 보낸다. (왕하19:2)

드디어 선지자 이사야가 등장한다.

하나님께서 이사야에게 주신 말씀대로, 아시리아 군에게 천벌이 내린다. 하루 밤새에 그 군사들 18만 5천 명을 하나님 천사가 궤멸시킨다. (왕하19:35)

히즈키야가 스스로 신앙을 지킨 왕임을 알 수 있다. 위급 상황에서 그는 현실 파악에 주력한 기민함으로 대처했다. 그가 사태를 파악한 후에 하나님께 고해서 도움을 부르짖고, 하나님의 사람 이사야에게 도움을 청한다. 왕이 국가의 위급 상황에 무조건 하나님께 기대지 않고, 자신의 임무에 최선을 기하면서 하나님께 매달렸다.

국가가 경각에 달린 문제를 하나님께 고하고 매달렸다. 하나님 선지자 이사야에게 도움을 청하러 신하들을 보내, 그를 존중했다.

히즈키야가 왕이 되자, 하나님께 선대들이 저지른 불신 행위의 숭배 흔적들을 모두 없앴다. 하나님 지시를 받은 바 없이 솔선해 지시했다. 하나님을 경외한 왕이다.

히즈키야가 성전에서 절기마다 하나님을 향한 예배를 선민들과 올려, 조상의 신 하나님께 돌아오게끔 선민들을 선도했다. 다윗처럼 행했다는 말을 뒷받침한다. (왕하19:3)

하나님께서 이를 지켜보셨기에 이사야를 통해 두 번, 유다를 도와주신다. 하나님께서 유다를 구하실 수밖에 없으심은 왕과 선민들이 진심으로 함께해서다.

이런 기록은 하나님께서 선민들에게 항상 중요한 시기에 중요한 지도자가 있고 그를 돕는 선지자가 있었음을 알리는 기록이다.

현재 지구상의 많은 국가들도 이와 같으리라.

왕하 19장에서 이사야의 예언들이, 엘리야에게 하나님께서 남겨두신 7천 명이 있다 하신 말씀과 유사한 면이 있다. 그들 7천 명이 하나님만 믿은 사람들이고, 이들이 하나님께서만 아시던 사람들이어서다.

북이스라엘도 망했고 유다도 망할까 봐 안간힘을 쓰나, 하나님만 섬기며 왕과 선민이 한 마음의 믿음을 가지면, 하나님께서 지키며 도와주신다는 기록이 이사야의 예언들이다. 다음의 기록으로 알 수 있다.

열왕기하 19:30절의 **'한 번 더 유다 왕국의 한 나머지a remnant가 아래로 뿌리를 내려서 위로 열매를 맺을 것'**이란 말씀은 구세주를 뜻한다.

망해가는 유다 왕국에, 한 번 더, 라는 말씀에서 다윗에게 약속하신 한 뿌리를 일컬으신다.

왕하19:31절의 **예루살렘 밖에서 한 나머지가 그리고 시온 산 밖에서 생존자들의 한 나머지가 나올 것**이란 예언도 같은 사실이다.

예수 그리스도께서 나사렛 예수라고 불리니, 예루살렘 사람은 아니시다.

그리스도께서 택하신 열두 제자들도 시온 산에서 나온 사람들이 아니라고 할 수 있다. 사도 요한은 모르겠다.

사도 바울도 예루살렘 출신이 아니다.

그러므로 이 구절의 예언이, 시온 산이나 예루살렘이 아닌 출신자들일 수 있다. 즉 다시 말하면 이는 하나님만 아시는 하나님의 사람들일 터이다.

그러니까 구세주 오시기 직전까지 그리고 그분께서 오신 이후의 현재까지, 그리고 미래의 우리 후손들까지도 지칭하는 예언일 수도 있다.

구약역사 36 **열왕기하 20-22장**

열왕기하 20장

왕하20:1 이때 히즈키야가 심한 병이 들어, 아모스의 아들 예언자 이사야가 하나님 전갈을 들고 그에게 왔다. **'너의 마지막 지시를 네 집안에 주어라, 네가 죽어가서다. 너는 회복하지 못하리라.'** ² 히즈키야가 얼굴을 벽으로 향하고 이런 기도를 하나님께 올렸다. ³ **'하나님, 당신 앞에서 내가 어떻게 성실하게 당신을 충성으로 섬기며 당신께 항상 기쁘게 행하였는가, 기억해 주십시오.'** 그리고 쓰디쓰게 울었다. ⁴ 그런데 이사야가 그 요새를 떠나기 전에 하나님 말씀이 그에게 도착했다. ⁵ **'돌아가서, 히즈키야 내 백성의 왕자에게 말해라. 이는 너의 부친 다윗의 신 하나님 말씀이다. "내가 너의 기도를 듣고, 너의 눈물을 보았다. 내가 너를 고치겠다. 삼 일째에 네가 하나님 집에 올라간다. ⁶ 내가 네 생명에 15년을 더하고, 너와 이 도시를 아시리아 왕에게서 구하리라. 내가 이 도시를 나를 위하여, 나의 종 다윗을 위해 방어하리라."'**

⁷ 이사야가 그들에게 무화과 반죽을 준비하라, 말했다. 이를 만들자, 그 염증 부위에 발라서 히즈키야가 회복했다. ⁸ 그가 이사야에게 하나님께서 그를 낫게 하시고, 삼 일째 하나님 집에 오를 수 있게 하신다는 무슨 증거가 있냐고 물었다. ⁹ 이사야가 답하길, **'이가 하나님께서 네게 약속하시는 증거일 테니, 그림자가 열 걸음 앞으로 가게 하라, 혹은 뒤로 가게 하라?'** ¹⁰ 히즈키야가 답하길, **'그림자**

가 앞으로 열 걸음 가기는 쉬운 일로 보이니, 차라리 뒤로 가게 해주십시오.' [11] 선지자 이사야가 하나님을 불렀더니, 그분께서 그림자가 있던 아하즈의 계단을 오르던 데서, 그림자가 내려가게 하셨다.

[12] 그때 바빌론Babylon 왕인 발라단Baladan의 아들, 메로닥발라단Merodach-baladan이 사절단을 보내, 히즈키야에게 선물을 보냈는데, 그가 아프단 소릴 들어서다. [13] 히즈키야가 그들을 환영하며 그들에게 그의 보물들 중에 찾을 수 있는 금과 은, 향료와 향유, 그의 무기를 다 보여주었다. 그의 궁전과 왕국에서 그들에게 보여주지 않은 것이 없었다.

[14-15] 선지자 이사야가 히즈키야 왕에게 와서 묻기를, **'이 사람들에게 무엇을 말했냐? 그들이 어디서 왔냐?'** '그들이 먼 나라에서 왔습니다.' 히즈키야가 답하길 '바빌론에서입니다.' 이사야가 다시 물었다. **'그들이 너의 궁전에서 무엇을 보았냐?'** '그들이 모든 것을 보았습니다,' 답하니, '내가 그들에게 보여주지 않은, 나의 보물이 아무것도 없습니다.' [16] 이사야가 히즈키야에게 말하길 **'여기에 하나님 말씀이 있다.** [17] **때가 오면 하나님께서 말씀하니, 너의 궁전의 모든 것, 너희 조상들이 이날까지 쌓은 모든 것이 바빌론으로 옮겨갈 거다. 한 가지도 남지 않으리라.** [18] **그리고 네 아들들, 네 후손들 중 몇 명은 너에게서 빼앗겨, 바빌론 왕의 궁전에서 환관들로 그들을 섬기며 살리라.'** [19] 히즈키야가 답하길, **'당신이 말한 하나님 말씀은 선하십니다.'** 왜냐면 그가 그 자신의 생애 동안은 평화롭고 안전했기 때문이다.

[20] 히즈키야 통치의 다른 사건들, 그의 모험들, 그가 연못을 만들고 이를 수도관 수로로 도시 안에 물이 들어오게 만든 방식을 유

다 왕 연대기에 기록했다. ²¹ 히즈키야가 그의 조상들에게 돌아가 그의 아들 마나세Manasseh가 승계했다.

열왕기하 21장

왕하21:1 마나세가 12세에 그의 왕좌에 앉아, 예루살렘에서 55년을 통치했다. 그의 모친은 헵지바Hepzibah였다. ² 그가 하나님 눈에서 잘못 행했으니, 하나님께서 이스라엘의 은혜로 망해버리게 한, 나라들의 혐오스런 악행을 따른 거다. ³ 그의 부친 히즈키야가 없앤 산당들을 다시 짓고 바알 제단들을 세워, 이스라엘의 아합 왕처럼 신성한 장대를 만들고 그 자신이 하늘의 온 무리들에게 엎드려 절하고 섬겼다. ⁴ **하나님께서 하나님 집을 두고 하신 말씀인, '내가 내 이름을 예루살렘에 두겠다.' 하신, 그 하나님 집 안에 제단들을 지었다.** ⁵ 그가 하나님의 집, 두 마당 안에다 하늘의 모든 무리를 위한 제단들을 지었다. ⁶ 그가 그의 아들을 불 속을 통과하게 했고, 혼들과 영을 다루는 점술과 미신을 행했다. 그가 하나님 눈에서 잘못을 행해, 그분의 분노를 일으켰다. ⁷ 그가 아세라 여신상을 만들어 하나님 집에 세웠으니, **이는 하나님께서 다윗과 그의 아들 솔로몬에게 말씀하신, '내가 모든 이스라엘의 족속에서 선택한, 이 집과 예루살렘에, 내가 항상 내 이름을 세우리라. ⁸ 만일 그들이 나의 종 모세가 그들에게 준, 나의 모든 율법과 명령을 지키기에 오직 성실히만 행한다면, 내가 그들의 조상들에게 준 그 땅에서 이스라엘을 다시는 추방하지 않으리라.'** 하신 데다. ⁹ 그러나 그들이 순종하지 않고 마나세가 이끈 대로, 하나님 은혜로 없애버린, 그 나라들보다 더 사악하게 그들이 흩어졌다.

¹⁰ 하나님께서 그의 종 예언자들을 통해 말씀하셨다. ¹¹ **'유다의 마나세 왕이 이 가증스런 일들을 행하는데, 그 사악함에서 그 앞의 아모리트 사람들보다 더하여 유다를 우상숭배로서 죄짓게 이끄니, ¹² 이는 이스라엘의 신 하나님 말씀이다. 내가 유다와 예루살렘에 모든 귀 가진 사람들이 다 울리도록 듣게끔 이런 재난을 가져오려 한다. ¹³ 내가 아합 가문에 대할 때 썼던, 낚시 추와 사마리아에 이용했던 척자를 예루살렘에 대해 사용하리라. 내가 예루살렘을 쓸어버리길, 접시처럼 닦아서 이를 뒤엎으리라. ¹⁴ 내가 나의 소유인 내 백성의 남은 자들을 추방해 그들의 적들에게 넘기리라. 그들이 노획물이 될 것이며 적들의 먹이가 되니, ¹⁵ 왜냐면 그들이 나의 눈에서 잘못을 행해 내 분노를 일으킴이, 그들 조상들이 애급에서 나온 날부터 이날까지 이어져서다. ¹⁶ 이 마나세가 고귀한 사람들 피를 그렇게 많이 흘려, 이가 예루살렘을 끝에서 끝까지 채우며 내 눈에서 잘못해 유다를 죄로 이끈 게 말할 수 없을 정도다.'**

¹⁷ 마나세 통치의 다른 활동과 사건들, 그가 범한 죄는 유다 왕 연대기에 기록했다. ¹⁸ 마나세가 조상들에게 돌아가 가족 마당 묘에 묻혔고 웃자Uzza의 정원이다. 그의 아들 아몬Amon이 승계했다.

¹⁹ 아몬이 22세에 왕좌에 앉아 예루살렘에서 2년간 다스렸다. 그의 모친은 욧바Jotbah 출신, 하루즈Haruz의 딸, 메슐레메스Meshullemeth였다. ²⁰ 그가 하나님 눈에서 그의 부친 마나세가 행한 대로 잘못했다. ²¹ 그 부친의 발자취를 좇아 부친이 섬긴 우상들 앞에 절했다. ²² 그가 조상들의 신 하나님을 저버리고 하나님 가르침들을 따르지 않았다. ²³ 아몬의 신하들이 음모해 그를 궁전에

서 살해했다. ²⁴ 그러자 그 땅의 백성들이 그 음모자들을 죽이고, 그의 아들 요시야Josiah를 왕의 자리에 앉혔다. ²⁵ 아몬 통치의 다른 사건들은 유다 왕 연대기에 기록했다. ²⁶ 웃자의 마당 그의 무덤에 장사했다. 그의 아들 요시야가 승계했다.

열왕기하 22장 '요시야의 개혁'

왕하22:1 요시야가 왕위에 오를 때 8세, 예루살렘에서 32년간 통치했다. 그의 모친은 보즈켓Bozkath의 아다이야Adaiah의 딸인 예디다Jedidah였다. ² 그가 하나님 눈에서 바르게 행하며, 그의 조상 다윗의 발자취를 따르고 오른쪽이나 왼쪽으로 치우치지 않았다.

³ 그의 통치 18년에 요시야가 아잘리야Azalliah의 아들 샤판 Shaphan, 메슐람Meshullam의 아들, 서기관을 하나님 집으로 보냈다. ⁴ '제사장 힐키야Hilkiah에게 가라.' 그가 말하길, '백성들이 입구에서 그들에게 의무로서 받은 은들을 하나님 집으로 가져가서 녹이라고 말해라. ⁵ 그에게 이를 하나님 집을 관장하는 자들에게 넘겨서 그 안에서 이를 수리할 일꾼들에게 주도록, ⁶ 목수들, 건축가들, 석공들, 그리고 이의 수리를 위한 화강석, 재목들을 사도록. ⁷ 그들이 그들에게 준 돈에 대한 계산을 묻지 않고, 믿고서 작업을 했다.'

⁸ 대제사장 힐키야가 하나님 집에서 율법 두루마리를 발견했는데, 이를 서기관 샤판Shaphan에게 주며 읽으라고 말했다. ⁹ 샤판이 왕에게 돌아와, 그의 종들이 하나님 집에 있는 은을 녹여, 그곳을 관장하는 사람들에게 넘겼다고 보고하며, ¹⁰ 대제사장 힐

키야가 그에게 준, 두루마리에 관해 왕에게 말하며, 그의 면전에서 이를 읽었다. ¹¹ 왕이 율법 책에 쓴 것이 무엇인가를 듣자, 그의 옷을 찢었다. ¹²⁻¹³ 그가 대제사장 힐키야, 샤판의 아들 아히캄Ahikam, 미카이야Micaiah의 아들 아크볼akbor, 왕의 시종 아사이야Asaiah에게 그 자신을 위해, 그 백성들을 위해, 전 유다 사람을 위해, 발견한 그 책의 내용에 관해 하나님께 안내를 구하라고 명령했다. 그가 말하길, **'하나님의 분노가 틀림없이 대단하실 테다. 그것이 우리를 향해 타오르실 거다, 왜냐면 우리 조상들이 이 두루마리의 계명들에 순종하지 않아서니, 그 모든 것이 우리에게 놓여서다.'**

¹⁴ 제사장 힐키야, 아히캄 악볼, 샤판, 아사이야가, 의전지기 하르하스Harhas의 아들, 티크바Tikvah의 아들, 샬룸Shallum의 아내인 여 예언자 훌다Huldah에게 갔는데, 예루살렘 두 번째 구역에 그녀의 집이 있어, 그녀와 상담했다. ¹⁵ **'이가 이스라엘의 신 하나님 말씀이다.'** 그녀가 답하길, **'나에게 너희를 보낸 남자에게 말해라, ¹⁶ 하나님께서 말씀하신 것이니, 내가 이 장소와 이 거주민들에게 유다 왕이 읽은 그 두루마리에 예언한 대로 재난을 가져오려는 중이다. ¹⁷ 왜냐면 그들이 나를 저버리고 다른 신들에게 희생제물을 태우고, 그들 손으로 만든 모든 우상들 때문에 내 분노를 일으켜서다. 이 장소에 대해 타오른 내 분노가 꺼지지 않을 거다. ¹⁸ 너희를 보내서 안내를 찾는 유다 왕에게 말해라, 이는 이스라엘의 신 하나님 말씀이다. 네가 나의 말을 듣고는 ¹⁹ 하나님 앞에서 너 자신을 겸손히 낮추고 열렬한 마음을 보여주었으니, 네가 나의 말인, 이 장소와 이 거주민들이 혐오와 저주의 목표물이 됨을 들었을 때 옷을 찢고 내 앞에서 울었다. 이**

때문에 내 쪽에서 너에게 듣도록 했다. [20] 그러므로 내가 너를 네 조상들에게 거두리니, 평화로이 네 무덤에 가리라. 너는 내가 이곳에 가져오려는 이 모든 재앙을 보고 살지는 않으리라.' 그들이 이 대답을 왕에게 가지고 돌아왔다.

생각할 점

왕하 20-22장은 유다 왕들 네 명의 사건 기록이다.

종합하면, 북이스라엘 마지막 스무 번째 호세아 왕이 32대의 왕으로 기원전 722년 패망한 후의 유다 왕들인 히즈키야, 마나세, 아몬, 요시야의 기록이다.

유다 왕국 33대-36대 왕들이다.

열왕기하 20장

히즈키야 왕 생애의 마지막 사건 기록이다.

히즈키야 왕은 이사야를 통해, 하나님의 놀라운 도움을 선민들과 같이 받았다. 이로써 왕 자신의 인생이 평탄할 줄 알았던 모양이다.

그가 병에 걸렸을 때 찾아온 선지자 이사야가 회복 못하고 죽을 테니 가족들과 작별 인사 하라는, 하나님 말씀 전갈에 놀랐으리라. 히즈키야는 이사야가 병을 고쳐주러 방문했을 거라 기대했을 수 있다.

병상에서 일어나지 못한다는 이사야의 말에 침상에서 벽을 보고 돌아누운 채 하나님께 마지막 기도를 올린다.

솔직하고 단순하게 하나님 말씀을 그가 믿는다.
살려달라고 간청하지 않는다.
이사야의 하나님 전갈을 받아들인다.
하나님께선 이런 순종을 찾으신다고 볼 수 있다.
왕의 마지막 기도는 간단했다.
'자신이 하나님을 진심으로 믿고, 항상 성실히 기쁘게 행했음을 기억해 주십시오.'

누구나 자신의 마지막 시간을 맞게 되면, 그처럼 그런 기도를 하나님께 올릴 수 있을까?
왜냐면 마지막인 줄 모르고 죽어갈 수도 있고, 죽어가면서도 죽으리라고 받아들이지 못할 수도 있어서다.
히즈키야 왕의 당시 병상 나이를 이 기사로 셈해 볼 수 있다. (왕하18:2)
그가 25세에 왕이 되고 29년간 예루살렘에서 다스렸다니, 54세에 죽었다. 그의 54세에서 15년을 빼면, 그러한 자신의 생명에 관한 기적을 이사야에게 들은 때가 히즈키야 왕 39세였다. 그의 통치, 14년째가 되던 해로서 젊고 한창인 시기다. 그럼에도 자신의 죽음에 미련 없이 승복했다.
하나님께선 그의 통치 기간이 14년간이었음을, 감안하시고 15년을 더 해주신 듯하다.
하나님께서 그리해 주셨음에도 히즈키야 왕과 선민들이 깊은 경외심으로 항상 하나님께 혼과 영과 마음을 다하며, 살지 아니한

구약역사 36 열왕기하 20-22장 283

듯하다. 하나님께서 이루어주신 기적에 취해, 부풀어 오르듯 해이해졌을 수 있다.

왜냐면 히즈키야가 젊기에 기다리면 회복한다고 의술에 기대어 대수롭지 않게 여겼을 수 있다. 만일 이가 아니면, 하나님께선 무언가 부족한 점을 그에게서 보셨을 수 있다.

왕과 선민들이 세월이 지나자 잠시나마 하나님께 방심, 그들의 믿음에 오만함이 스몄을 수도 있다.

좌우간에 세월이 가자 히즈키야가 또다시 마지막으로 방심을 한다. 그가 유다를 염탐하러 온 허술한 차림의 떠오르는 강국, 바빌론의 사절들에게 성전과 궁전의 재물들, 무기까지 다 보여주고 자랑했다니, 어이없다.

하나님 성전의 보물들을 초면의 이방인들에게 자랑했다.

이로써 히즈키야가 점차 비참해질 후손들의 말로와 왕국의 암담한 미래에 관한 하나님 경고를 이사야에게 듣게 된다. 이런 하나님 전갈을 왕에게 전해야 하는 하나님 선지자 이사야도 그 얼마나 슬프고 앞날이 암담했으랴.

하나님께선 당신이 사랑하신 모세에게도 엄격하셨다. 모세가 비록 하나님 약속의 땅에는 들어가지 못하나, 멀리서 가나안 땅을 바라보고 세상을 떠나게 하셨다. 히즈키야 왕에게도 후손의 미래를 말씀해 주심으로써 하나님께서 그를 사랑하셨음을 보여주신다.

특이한 기사가 히즈키야 왕의 토목공사 기록이다. (왕하20:20)

유럽에는 로마 시대 유적지로 기나긴 돌다리로서 낡고 부서진 높다란 수도교 시설이 특이해 여행하다 보면, 눈길을 끈다. 로마 시대 토목기술이 경이롭고 신기해서다.

그런데 히즈키야(BC 715-686)가 연못pool이라 한 것이 저수시설이라, 볼 수 있다는 생각이다. 물이 귀한 고지대인 예루살렘에 큰 저수시설을 갖춘 공사로 보여서다.

또한 수로도 만들었으리라, 짐작할 수 있다. 이를 로마 시대보다 무려 6, 7백 년 앞서서 예루살렘에서 시작한 듯해서 감탄하게 한다.

선한 왕인 히즈키야가 선민들을 위한 저수조 공사를 한 기록이란 점이 소중하다.

열왕기하 21장

히즈키야 왕의 아들 마나세가 유다 왕들 중에 가장 오랜 기간인 55년을 재직한다. 그런 그가 가장 가증스런 악행을 하나님과 선민들 앞에서 행했다. 자신의 아들을 우상 신을 위해 불 속에 바쳤다. 이를 하나님 성전의 사제들, 장로들, 관리들이 왕에게 간언하지 않았다.

하나님께서 하나님의 사람들을 보내 이를 경고하신다. (왕하 21:10-16 참조).

마나세 왕이 그런 악행을 행하다 긴 수명을 누리고 죽자, 그의 아들 아몬이 22세에 승계하나, 부친과 똑같은 악행을 행한다. 그의

부하들이 음모, 재위 2년 만에 궁전에서 왕을 살해한다. (왕하21:23)

살인하지 말라는 중대한 하나님 계명을 북이스라엘 왕조가 거듭 어겼듯이 유다 왕조도 이를 행한다.

그다음에 더 놀랄 일은 유다 백성들이 왕을 죽인 그 음모자들을 죽인다. 다음엔 그 왕의 아들인 8세의 요시야Josiah를 왕위에 앉힌다. (왕하21:24)

살인은 십계명 중에서 선민들이 행해선 결코 아니 될 계명이다. 유다 왕가까지 연속 살인 사건이 생긴다.

하나님께서 더는 당신의 선민들의 지위고하를 막론하고 참고 지켜보실 수 없는 지경에 이르렀다고 할 수 있다.

그들 전체가 하나님과의 조상 대대로 지켜온 하나님과의 믿음의 계약 위반이다. 하나님 길에서 벗어났다.

열왕기하 22장

요시야가 8세로서 32년간 통치한다.

그가 어리지만 사실을 보았으리라. 그가 보기엔 그의 부친과 조부가 우상숭배에 몰두하다 비명에 죽어 갔음을.

그동안에 유다의 선민들이 두 왕들의 치하인 57년간을 즉 두 세대에 걸친 긴 세월을 유일신 믿음에서 벗어나 하나님 십계명과 그 규례의 가르침을 잊고 살았다.

유다 왕가의 살인 기록에서 선민들이 왕의 자녀의 인신 제물을 더는 참을 수 없었음을 반영한다고 볼 수 있다.

어린 요시야(BC 640-609)가 36대 왕으로서, 재위 10년째인 18

세의 성년에 이른 그가 측근들을 하나님 집으로 보내 성전 수리를 명한다.

이는 그간에 선대들이 우상숭배를 거듭해 하나님 성전이 폐허와 같았기 때문이리라.

이러한 요시야 왕에게서 그와 같은 나이였던, 7세에 왕위에 올랐던, 19대의 요아스(BC 835-796) 왕을 비교하게 된다. 이름도 비슷해서 헷갈리게도 한다.

아주 어려서 어렵사리 왕위에 올랐던, 두 왕의 차이가 무려 200년간이나 차이 나지만, 그러하다.

너무 다른 두 어린 왕의 면모가 드러나 대조된다. 유다 19대 왕 요아스는 하나님 눈에 사악한 왕이었다.

하나님 앞으로 선민들을 인도한 36대 선한 요시야 왕과 크게 다르다.

잠시 19대 요아스의 행적을 돌아본다. 요아스가 갓 태어났을 때 악한 조모 아탈리야에게 죽을 뻔했으나, 고모가 구한다. 고모부 대제사장 예호야다의 성전 구역에 살며, 그의 도움으로 7세에 왕위에 오른다.

그 후 선민들의 신망을 받던 고모부인 대제사장 예호야다가 죽자마자, 그가 하나님 믿음을 배신한다. 그가 우상을 섬기며 불신 행위를 거듭하다, 암살당한다. (왕하12:20)

열왕기하서엔 기록엔 없지만 대하24:22, 마23:30-36를 참고하면 요아스 왕이 자신과 같이 자란 고종사촌 형제인 제사장 즈카리야가 성전에서 바른 말을 하자 거기서 그를 돌로 쳐서 죽였다.

그러니 그런 사악한 19대 왕 요아스와는 정반대의 모습을 보인 선한 36대 **요시야** 왕이다.

요시야가 성년인 18세가 되자 하나님 성전 안팎을 쇄신하게끔 관리들을 성전에 보낸다.

예루살렘 하나님 성전이 수십 년간을 이방의 우상 신전으로 변했다. 성전에 살며 하나님 예배 의식을 주도하던 사제들이 죽음을 당했거나 흩어져 숨어 살았으리라.

성전이 심히 변했음을 알 수 있다. 요시야의 명으로 하나님 집에 설치했던 우상 시설들을 폐기한다. 그야말로 대청소를 성심껏 대대적으로 시행했다. 그런 중에 성전의 사제들이 거하던 숙소에서 비밀스레 그들이 떠나면서 숨겨두었던 하나님 경전을 찾아냈으리라.

이는 33대 히즈키야 왕 이후, 겨우 두 세대가 지났는데 그러했다. 그들이 성전 안에서 찾아낸 두루마리에 적힌 내용을, 왕과 백성들이 듣자, 다 함께 하나님께 그들이 회개한다. (왕하22:3-11)

요시야 왕이 제일 먼저, 하나님께 그분 가르침대로 믿고 살겠다는 서약을, 백성들 앞에서 겸손히 행하여 모범을 보인다. 왕을 이어 모든 선민들도 하나님만 섬기며 살겠다고, 하나님 전에서 맹세한다.

그들이 경전의 두루마리에 적힌 대로, 하나님 분노를 발하지 않으시게끔, 그들의 과오에 대한 중재의 길을 찾아 나선다. 하나님 계약을 어긴 선조들 때문에 하나님 분노가 내린다는 경고 때문이다. 그런 하나님 분노가 방금 그들에게 떨어질 시간이 가까웠음을 왕이 듣자, 하나님께 그들을 중재해 줄 예언자를 찾아, 도움을 청하라고, 대제사장, 서기관, 왕의 시종 등 4명을 파견한다. (왕하22:11)

이로써 선민들 속에는, 하나님의 사람들이 늘 존재해왔음을 볼 수 있다, 이러한 그들의 존재 기록에서 왕이나 선민들이 그들을 찾아 늘 의지해 왔음을 볼 수 있다.

요시야 왕이 하나님 율법을 듣자, 곧장 선지자를 찾게 한 사실이 귀하다.

이에 대한 하나님의 답이 너무 명쾌하시다. 요시야가 그들에게 내리실 하나님 분노에 대해 알자, 하나님께 자신을 낮춘다. 선민들의 왕으로 하나님께 겸손히 낮추어 빌 길을 찾는다. 하나님의 사람을 찾아 수소문해서 사제들을 보낸다. 그 순전하고 열렬한 마음에 하나님께서 답을 주신다.

요시야 시대에는 평화롭게 선민들이 살다가 죽으리란 은혜의 하나님 전갈을, 여자 중재자 훌다에게서 듣는다. (왕하22:14-20).

당장에 그들에게 떨어질 하나님 징벌에서 유예의 시간을 벌었다. 하나님께서 요시야의 진심과 선민들의 진심과 회개와 하나님을 향한 외경심을 보셔서다. 그들과 자손들이 망하는 하나님 무서운 징벌의 순간을 일단은 면했다.

열왕기는 역사상 뛰어났던 이스라엘 선민들 왕국이 차츰 맥없이 그들의 빛을 잃어가는 슬픈 기록이다. 그렇지만 이들이 그렇게 망할 수밖에 없다는 한계점도 명확하다.

그 선민들이 그리 행해야만 구세주께서 세상에 오시게 된다는 이치여서다. 선민들 때문에 현재의 기독자가 존재함을 잊지 말아야 한다. 지구상 무슨 종족이었을지라도 선민들처럼 행했을 것이 분명해서다.

믿는 자라고 안심 말고, 악의 유혹이나 마찬가지인 기독자의 자만에 빠지지 않도록 깨어 있어야 다시 살 수 있다.

어느 쪽에 서서 사는가를 그때의 그들처럼 자나 깨나 살펴야 산다고 할 수 있다.

구약역사 37 **열왕기하 23-25장**

열왕기하 23장

왕하23:1 유다와 이스라엘의 모든 장로들이 왕의 소환에 응하니 ² 유다의 남자들, 예루살렘 주민, 사제와 예언자들, 상하지위를 막론하고 온 백성이 함께 하나님 집에 올라갔다. 거기서 왕이 하나님 집에서 찾은 계약의 두루마리 전부를 읽었다. ³ 그다음에 기둥 옆에 서 있던 왕이 하나님 앞에 서약하러 들어가, 그분께 순종하며 그분의 계율, 법규, 조례들을 마음과 혼을 다해 두루마리에 있는 협약대로 이행하겠다, 맹세했다. 선민들도 모두 서약에 맹세했다.

⁴ 왕이 그 입구에서 명하길, 대제사장 힐키야, 대제사장 대리와 임무를 행하는 자들에게 하나님 집에서 바알, 아세라, 하늘의 무리들을 위해 만든 모든 목적물들을 제거해 예루살렘 밖의 키드론 골짜기에서 태워, 그 재를 베델에 가져가게 했다. ⁵ 그가 유다의 왕들이 임명했던 이방의 제사장들을 제압했는데, 이자들이 유다 마을들 예루살렘 이웃 마을들, 모든 산당에서 희생제물을 태우게 했던 자들로 바알, 해와 달, 위성들, 하늘의 별들에게 제물을 태웠다. ⁶ 그가, 하나님 집에서 아세라 상을 예루살렘 밖의 키드론 분지로 가져가 태워, 먼지로 갈아 일반 묘지에 뿌렸다. ⁷ 그가, 또한 하나님 집에 붙어있던 남창 지역을 끌어내 부쉈는데 여인들이 아세라 여신을 위한 옷감을 짜던 데다.

⁸ 왕이 게바Geba에서 브엘세바까지 모든 유다 마을에서 희생

제물을 태워 신성모독을 가했던 사제들을 데려오고, 모든 마귀들의 산당을, 도시 왼쪽 문의 총독 요수아Joshua 집 앞에서 파괴했다. [9] 이들 사제들이 비록 예루살렘 하나님 제단에 절대 오를 수 없었으나 그들 친척들 사이에서 무교병을 먹었다. [10] 그가 벤히놈Ben-hinnom 골짜기에서 토펫Topheth을 파괴해, 누구도 아들이나 딸을 몰렉Molech의 불 속을 통하지 못하게 했다. [11] 그가 하나님 집 입구에 태양숭배로 세운 유다 왕들의 말들과 주랑 안에 있던 환관 나탄 멜렉Nathan-melech의 방도 태양 마차들과 같이 태웠다. [12] 그가 유다 왕들이 지붕의 다락방에 만든, 아하즈의 제단들과 하나님 집의 두 마당에 마나세가 세운 제단들도 부수었다. 그가 이를 갈아서 먼지로 만들어 키드론 분지 속에 던졌다. [13] 또한 예루살렘 동쪽인 올리브 산 남쪽에 이스라엘 왕 솔로몬이 세운, 가증한 시돈 사람들 여신 아스토렛Ashtoreth, 모압의 지겨운 신 케모스Kemosh, 암몬 족의 혐오스런 밀컴Milcom을 위해 세운 산당들을 파괴했다. [14] 그가 신성한 장대들을 자르고 부수어 해골들로 채웠던 장소에 버렸다.

[15] 그가 베델에서 이스라엘을 죄로 이끈 네바의 아들 여로보암이 만든 제단들과 거기 있는 산당들을 같이 해체했다. 그가 그 돌들을 조각내서 가루내고 신성한 장대를 태웠다. [16] 요시야가 그 언덕 위에 무덤들을 보자, 거기 그 뼈들을 가져다 모독하고자 제단에서 태웠는데, 이는 그 축제에서 제단 곁에선 여로보암에게 하나님의 사람이 선언했던 그때의 하나님 말씀을 이룬 거다. (왕상13:1-10, 11-34) 요시야가 이런 일들을 예언했던 그 하나님의 사람 무덤을 보

자, ¹⁷ 묻길, '**내가 보는 이 기념비는 무어냐?**' 그 마을 사람들이 답하길, '**이는 유다 출신 하나님 사람의 무덤으로, 당신이 베델의 제단에서 행한, 모든 일을 예언했습니다.**' ¹⁸ '**이는 따로 남겨두라.**' 그가 말하길, '**아무도 그의 뼈를 혼란스럽지 않게 하라.**' 그래서 그들이 그의 뼈를 사마리아에서 왔던, 예언자와 같이 남겨두었다. ¹⁹ 요시야가 또한 사마리아 마을들 높은 데의 산당들을 제압했는데, 이는 이스라엘 왕들이 세워 하나님 분노를 일으킨 것이라, 베델에서 행한 대로 행했다. ²⁰ 그가 그 산당들의 제단에 있던 사제들을 모두 살해하고 거기서 태웠다. 다음에 그가 예루살렘으로 돌아갔다.

²¹ 왕이 온 백성들에게 그들의 신 하나님께 유월절을 지키고 그 약속의 두루마리에 적힌 대로 지키라, 명했다. ²²⁻²³ 예루살렘에서 요시야 통치 18년간 유월절을 행하니, 이는 사사들이 이스라엘을 다스릴 때와 이스라엘, 유다를 왕이 다스릴 때나 하나님께 유월절을 이처럼 지킨 일이 없었다.

²⁴ 더 나아가 요시야가 유다 땅과 예루살렘에서 혼과 영을 부르는 모든 자들, 모든 가족 신들, 혐오스런 우상들을 제거, 하나님 집에서 제사장 힐키야가 발견한 두루마리에 있는 율법의 요구들을 달성코자 행했다. ²⁵ 그 앞의 어느 왕도, 그처럼 하나님께 온 마음과 혼의 강함으로, 모세의 모든 율법을 따른 왕이 없었고, 그런 어떤 왕도 다신 나타나지 않았다.

²⁶ 하나님께선 여전히 그 맹렬하신 분노를 누그러트리지 않으셨다. 아직도 마나세가 그분께 행했던 모든 도발들에 대해 불같이 노하셨다. ²⁷ '**유다 또한 나의 면전에서 추방하겠다,**' 그분께서 선언하

길, '내가 이스라엘을 추방한 것처럼, 그래서 내가 한때 택한 이 도시 예루살렘과 내 이름이 있으리라고 약속한 그 가문을 거부해야겠다.'

²⁸ 요시야 통치의 다른 활동과 사건들은 유다 왕 연대기에 기록했다. ²⁹ 애급 왕 파라오 네코가 아시리아 왕을 도우러 유프라테스 강을 출발한 때는 그의 통치 기간이었다. 요시야 왕이 그를 만나러 가서, 메깃도에서 만났을 때 파라오 네코가 그를 살해했다. ³⁰ 그의 시종들이 그의 시신을 마차로 메깃도에서 예루살렘까지 운구해 그 자신 묘지에 묻었다. 그 땅의 백성들이 요시야의 아들 예호아하즈를 부친 자리인 왕에 임명했다.

'남쪽 왕국의 몰락'

³¹ 예호아하즈Jehoahaz가 왕이 되었을 때 23세로 예루살렘에서 석 달 다스렸다. 그의 모친이 리브나Libnah 출신 예레미아Jeremiah의 딸 하미탈Hamital이었다. ³²⁻³³ 그가 하나님 눈에 잘못 행해, 그의 조상들과 같았다. 파라오 네코가 그를 예루살렘 왕좌에서 몰아내고, 그 땅에 100달렌트의 은과 1달렌트의 금을 배상하라, 부과했다. ³⁴ 그가 요시야의 아들 엘리아킴Eliakim을 그의 부친 자리에 예호이아킴Jehoiakim으로 이름을 바꿔, 왕을 세웠다. 그가 예호아하즈는 애급에 데려가 죽였다. ³⁵ 예호이아킴이 파라오 요구대로 만나서 그 나라 세금으로 금과 은을 넘겼다. 그가 백성들 모든 사람 추정대로 가차 없이 거두었다. 그래서 파라오 네코에게 지불할 수 있었다.

³⁶ 예호이아킴이 왕위에 오를 때 25세로 예루살렘에서 11년을

다스렸다. 그의 모친은 루마Rumah의 페다이야Pedaia의 딸 예비다Jebidah였다. ³⁷ 그가 하나님 눈에서 그의 조상들이 하던 대로 잘못 행했다.

열왕기하 24장

왕하24:1 그의 통치 기간에 바빌론의 네부카드네잘Nebuchadnezzar 왕이 공격을 퍼부어 예호이아킴이 그의 종자가 되었다. 어쨌거나 3년 후에 그가 이를 깨고 그에게 반역했다. ² 하나님께서 이 일에 대항하게 칼데아 인들Chaldaeans, 아람인들Aramaeans, 모압 인들Moabites, 암몬 인들Ammonites의 공격 조를 보내서, 그들이 유다 전체를 줄지어 유린하게 했으니, 하나님께서 그분의 종들과 선지자들을 통해, 예고하신 그대로였다. ³ 유다에 일어난 이 모든 일들은 하나님 목적의 성취로 마나세가 범한 모든 죄 때문에 그분 면전에서 그들을 추방하는 일이니, ⁴ 그가 흘리게 했던 고귀한 피 때문이다. 그가 예루살렘을 고귀한 사람들 피로 홍수지게 했던 일을 하나님께서 용서할 수 없으셨다. ⁵ 예호이아킴 통치의 다른 사건과 활동은 유다 왕 연대기에 썼다. ⁶ 그가 그 조상들에게 돌아가, 그 아들 예호이아킨Jehoachin이 계승했다. ⁷ 애급 왕이 그의 땅으로 다시 돌아가지 못했으니, 바빌론 왕이 애급의 분지부터 그 전체를 유프라테스강까지 뺏어서다.

⁸ 예호이아킨이 18세에 왕에 올라 예루살렘에서 석 달 통치했다. 모친이 예루살렘 출신, 엘라탄Elnathan의 딸 네후스타Nehushta였다. ⁹ 그가 하나님 눈에서 그의 부친처럼 잘못 행했다.

¹⁰ 그때 바빌론의 네부카드네잘 군대가 예루살렘으로 진격, 도시를 포위했다. ¹¹ 그의 군대가 포위하고 있을 동안 ¹² 유다의 예호이아킨이 모친과 궁정 신하들, 장교들, 환관들과 같이 바빌론 왕에게 항복했다. 바빌론 왕이 지금 그의 통치 8년에 그를 죄수 삼고, ¹³ 하나님께서 예고하신 대로, 하나님 성전과 궁전의 모든 보물들을 운반해서, 이스라엘 왕 솔로몬이 하나님 성전을 위해 만든, 모든 황금 그릇들을 약탈해갔다. ¹⁴ 그가 예루살렘 백성들, 장교들, 모든 전사들 10만 명과 함께, 장인들과 대장장이들을 추방해 데려갔다. 오직 백성들 중 가장 가난한 자들만 남겼다. ¹⁵ 그가 예호이아킨을 바빌론에 추방했다. 그가 또한 예루살렘서 바빌론까지 왕의 모친, 왕의 아내들, 환관들, 그 땅의 잘난 남자들을 추방, 데려갔다. ¹⁶ 그가 그에 따른 백성들 7,000명도 데려갔는데, 1,000명의 장인들과 대장장이들로, 그들 모두가 실력자들로 숙련된 무기 장인들이었다. ¹⁷ 그가 예호이아킨의 삼촌 마타니야Mattaniah를 즈데키야Zedekiah로 이름 바꿔 왕좌에 앉혔다.

¹⁸ 즈데키야가 왕위에 오를 때 21세, 예루살렘서 11년 다스렸다. 모친이 리브나 출신 예레미야의 딸 하미탈(왕하23:1)이었다. ¹⁹ 그가 하나님 눈에 잘못 행했으니 예호이아킨이 전에 했던 대로다. ²⁰ 예루살렘과 유다, 하나님께 그리 분노하게 행하여 그분 시선에서 끝내 추방하셨다.

열왕기하 25장

왕하25:1 즈데키야 또한 바빌론 왕에게 반란을 일으켰다. 그의 통치 9년 열째 달의 10일, 바빌론의 네부카드네잘이 그의 전 군대를 예루살렘을 향해 진군, 이를 조사하여 사방에다 포위 탑을 지었다. ² 그 포위가 즈데키야 왕 11년까지 이어졌다. ³ 그 해의 넷째 달 9일에 도시에 심한 기근이 왔을 때 백성들을 위한 식량이 전혀 없자 ⁴ 그 도시가 항복했다. 유다의 즈데키야 왕이 이를 보았을 때 그 밤에 도망치니, 그의 무장한 모든 군대의 호위로 그 도시를 떠나, 왕의 정원 근처의 두 벽 사이Between the Two Walls라고 불린 문을 통해 아라바를 향해 도주하러, 도시를 포위하고 있던 칼데아인들을 통과했다. ⁵ 칼데아 군인들이 왕을 추격해 여리고 저지대에서 잡았다. 그의 부하들이 그를 버리고 흩어져 ⁶ 사로잡힌 왕은 바빌론 왕이 있는 리블라Ribla에 데려가 재판에 넘기고 언도받았다. ⁷ 즈데키야의 아들들이 그 눈앞에서 살해되고, 다음엔 그의 눈을 빼내고 청동 족쇄에 묶어 바빌론으로 보냈다.

⁸ 바빌론 왕 네부카드네잘 19년 다섯째 달 7일에 바빌론 왕의 호위대장 네브자라단Nebuzaradan이 예루살렘에 왔다. ⁹ 그가 성전과 왕궁, 그 도시, 모든 집들에 불을 질렀다. 유명한 집들마다 타서 주저앉았다. ¹⁰ 그 호위대장과 함께 거기 있던 칼데아 전 군대가 예루살렘 사방의 벽들을 바닥까지 남김없이 파괴했다. ¹¹ 호위대장 네브자라단이 도시에 남았던 백성들을 추방, 바빌론 왕에게 버려져 머물던 장인들이었다. ¹² 그가 백성 중 가장 가난한 계급만 남겼는데 오직 포도주 기술자들과 노동자들뿐이었다.

¹³ 칼데아 사람들이 하나님 집 안에서 청동 기둥들을 부수고 손수레, 청동 대야와 그 금속을 바빌론으로 가져갔다. ¹⁴ 그들이 또한

솥들, 삽들, 받침접시들, 신전의 의식에 사용한 모든 청동그릇들을 가져갔다. [15] 그 호위대장이 귀한 금속은 금이나 은이나 간에 부삽들과 주발들로 만든 걸 가져갔다. [16] 두 개의 청동 기둥들, 큰 대접 하나, 손수레들은 솔로몬 왕이 하나님 집을 위해 무게를 초월해 만든 거였다. [17] 기둥 하나가 18큐빗 높이며, 그 받침대도 청동이었다. 그 받침대가 3큐빗 높이며 그물 장식과 석류가 그 주변에 모두 둥글게 달린 전체가 청동이었다. 다른 기둥도 정확히 그와 같았다.

[18] 호위대장이 대제사장 세라이야Seraiah, 부제사장 즈파니야Zephaniah, 그 입구 책임자 3명도 잡았다. [19] 그가 또한 도시에 아직 있던 전사들의 책임자인 환관 한 명, 왕에게 접근하는 자의 오른쪽에 있는 5명, 전시에 백성들 소환을 책임진 고급 부관, 그리고 남은 백성 중 60명의 남자들을 잡았다. [20] 이들을 호위대장 네브자라단이 리블라Riblah에 있는 바빌론 왕에게 데려갔다. [21] 거기 그 하마스Hamath 땅에서 그 왕이 그들을 매질해 죽였다. 그렇게 유다가 자신의 땅에서 추방당해 그 장소로 들어갔다.

[22] 바빌론의 네부카드네잘 왕이 샤판의 아들, 아히캄의 아들인 게달리야Gedaliah를 유다에 남긴 백성들을 다스릴 통치자로 임명했다. [23] 무장한 무리들의 대장들과 그들의 부하들이 바빌론 왕이 게달리야를 통치자로 지명한 소식을 들었을 때 그들 모두가 그에게로 미츠바Mitzpah에 모였다. 네타니야Nethaniah의 아들 이스마엘Ishmael, 카레아kareah의 아들 요하난Johanan, 네토파Netophah의 탄후멧Tanhumeth의 아들 세라이야Seraiah, 그리고 베트마카Beth-maacah의 야자니야Jaazaniah였다. [24] 게달리

야가 그들과 그들의 부하들에게 이런 보장을 해주었다. '칼데아 장교들을 두려워 말라. 그 땅에 정착해 바빌론 왕을 섬겨라. 그러면 너희가 모두 잘 될 거다.' ²⁵ 그러나 일곱째 달에 엘리사마의 아들 네타니야의 아들 이스마엘이 궁정 가문의 일원이었는데, 그의 부하 10명과 와서 게달리야와 유다인들과 있던 칼데아 인들을 미츠바에서 암살했다. ²⁶ 그러므로 높거나 낮거나 모든 백성들과 그 무장 군들과 대장들이 칼데아 인들이 두려워 애굽으로 도망쳤다.

²⁷ 유다 왕 예호이아킨의 추방(왕하24:15) 37년 12월 27일 바빌론 왕 이블-메로닥Evil-merodach이 즉위한 해라서, 그가 예호이아킨에게 호의를 베풀었다. 옥에서 풀어주고 ²⁸ 바빌론에서 그와 함께 왕들을 위한 식탁과 의자를 주고 친절히 대했다. ²⁹ 예호이아킨이 죄수복을 벗고 왕의 연금자로서 남은 생애를 살았다. ³⁰ 그가 사는 동안 그의 생계를 위해 왕이 매일의 정규 생활비를 내주어서다.

생각할 점

왕하 23-25장

북이스라엘 왕국(왕하18:9-12) 패망에 이은, 유다 왕국 패망(왕하25) 내용이다. 선민들이 하나님 눈의 바른길에서 벗어나 하나님 예고와 경고대로 징벌을 받으며 망한다.

북이스라엘 BC 722년에 남유다 BC 586년에 망한다.

왕하 23장

하나님 앞에서 바른 믿음의 삶을 살게끔 선민들을 다스렸던 유다의 선한 왕인 36대 요시야의 활동상이다.

   선대의 왕들이 하나님 성전 안팎과 예루살렘 주변과 유다의 온 마을에 세웠던 여러 이방신들의 신당, 산당, 우상과 장대들, 남창 구역까지 없애고 다 뜯어내서 태웠다.

   심지어 솔로몬이 세웠던 잡신들 신전과 우상들을 제거했다. 그 밖에 북이스라엘 초대 왕인 여로보암이 세웠던 베델 신전, 황금 소까지 철저히 없애 제거했다.

   선민들 왕조가 망할 만한 사실은 솔로몬 왕 말년에 세웠다던 각종 우상들 신전이 그때까지도 몇 군데나 남아 있었다는 사실이다. 어째 이럴 수 있었는가.

   북이스라엘왕조가 생겨난 이유나 패망한 이유가 같고 남유다 왕조가 망한 이유도 같다.

   이런 일들이 성전에서 찾은 두루마리에 적힌 하나님 계명과 규례들을 요시야 왕이 읽고 또한 백성들과도 다 읽고 하나님 믿음의 서약 후에 행한 일들이다. 하나님 성전에서 하나님께 그들이 서약을 행한다. 요시야 왕을 따라 온 선민들이 하나님만 섬긴다, 서약한다.

   그들이 상하 합심, 유다 곳곳과 사마리아 이방 우상 신전들을 제거. 그런 사제들을 모다 죽였다.

   여선지자 훌다를 통해, 하나님 말씀을 전해 듣길, 하나님의 천벌이 요시야 왕 생전에는 잠시 유예해주신다고. 하나님께서 이들을 눈여겨서 주신 응답임을 알 수 있다.

요시야가 죽은 후엔 다음의 왕들이 하나같이 하나님 길에서 벗어나 북이스라엘 전철을 밟는다.

이는 다윗 왕과 솔로몬에게 예고하신 하나님 경고 그대로다. 그분 분노가 크셔서다. (왕하23:26-27, 24:3-4).
남북조 두 왕조 기간이 BC 930-BC 586년까지 344년간이다. 사울, 다윗, 솔로몬이 각기 40년씩 재위, 이들의 120년을 더하면 464년간 하나님 지상왕국이 존재했다.

구약역사는 선민들의 흥한 기록보단 망한 기록이 많다. 선민들 왕조에는 40명의 왕이 있었으나 하나님 눈에 의로운 이는 유다 왕조의 4명 정도다.
4대 아사, 24대 웃지야, 33대 히즈키야, 36대 요시야(NIV성서주해 544-545쪽 참조).
하나님께서 북이스라엘 왕 두 명에게 선지자를 통해 기름부음을 받게 해준 여로보암(열상11:29-33)과 11대인 예후(열하9:1-4)조차 유일신 하나님을 전심으로 섬기지 않고 우상숭배로 일관했다.
유다의 선한 왕들 4명이 대부분의 다른 왕들과 다른 점은 하나님만 믿고 하나님께 직접, 또는 당대의 하나님 선지자들을 찾아, 하나님의 도움을 적극 간구한 사실이다.

유다의 마지막 선한 왕 36대 요시야 활동상
1. 하나님 사제들 중 주요 직위의 사람, 왕궁과 국가의 주요 관

리들, 남자 선민들을 하나님 집에 소집, 두루마리에 적힌 하나님 계명과 규례들을 낭독해서 선포.
2. 왕과 선민들이 하나님만 믿고 살겠다고, 하나님께 하나님 성전에서 서약.
3. 성전 내의 신상 제거, 소각, 우상 섬긴 사제들 몰살.
4. 성전에 붙은 남창 구역 파괴, 그런 행위자들 척결.
5. 게바에서 브엘세바까지 신성모독 행한 사제들과 마귀 산당들을 총독 요수아 집 앞에서 모두 척결.
6. 벤 히놈 골짜기의 토펫 파괴, 몰렉에게 아이들 인신 제공을 절대 못 하게 파쇄.
7. 성전 입구, 태양신에 바친 유다 왕들 마차, 말들 제거, 환관 나탄 멜렉의 방도 태양 마차들과 같이 분쇄.
8. 선대 유다 왕들이 지붕 다락방에 만든 아하즈 제단, 성전의 두 마당에 마나세가 세운 제단들 파괴하고 이를 갈아서 먼지로 만들어 키드론 분지에 버림.
9. 예루살렘 동쪽 올리브 산 남쪽에 솔로몬이 세운 시돈, 모압, 암몬 신들의 산당들 파괴. 장대들을 자르고 부셔, 해골들로 채웠던 장소에 투척.
10. 베델에서 여로보암이 세운 제단들과 산당들을 해체, 그 돌들을 조각내 가루로 만들고 장대들을 분쇄.
11. 사마리아 마을들 산당들을, 베델에서처럼 척결.
12. 그 산당들 제단의 사제들을 다 살해하고 그 제단에서 **뼈까지** 분쇄. (왕하23:1-20)

왕하 24장

요시야가 선민들을 다스린 32년간은 평온했으리라.

요시야가 애급의 네코에게 죽자 유다 37-40대까지 유다 왕들이 바빌론에게 망해간다. 열왕기하서 24장 내용이다.

애급 왕 네코가 요시야를 죽이자 선민들이 왕위에 올린 요시야의 아들 예호아하즈를 끌어내리고 요시야의 다른 아들 엘리아킴을 예호이아킴으로 이름을 바꿔 왕위에 올린다. 예호아하즈는 애급에 데려가서 죽인다고.

왕하 24장은 예호이아킴 8년에 바빌론의 네부카드네잘이 공격해 왕이 그에 항복하고 시종이 된다고. 그가 이에 반란 일으키자 그에게 하나님께서 이방 족속(칼데아, 아람, 모압, 암몬)들이 유다를 공격해 유린하게 하신다.

예호이아킴이 죽자 그 아들 예호이아킨이 계승하나, 바빌론 왕 네부카드네잘이 예루살렘에 진군, 포위, 예호이아킨이 항복해서 왕과 가족과 가신들, 재능 가진 예루살렘 선민들 다수가 바빌론에 끌려간다.

왕하 25장

예호이아킨 왕을 추방하고 즈데키야를 왕위에 앉힌다.

즈데키야 왕도 바빌론 통치에 항거하다 실패, 아들들이 비참히 죽음당하고 왕도 험한 모습으로 끌려간다. 이는 유다 왕과 선민들이 당한 두 번째 바빌론 포수다. 유다가 완전 멸망한다. 얼마 남은 예루살렘 선민들끼리 바빌론 항쟁 활동을 하다가 실패, 그나마 남은 선민들이 애급으로 도주한다. 하나님의 이스라엘 선민들이 애급, 아시리아, 바빌론 강대국들의 흥망성쇠 틈새에서 일심전력 하나님을 섬기지 않아, 차례로 다 망해 갔다.

이스라엘 선민들은 지금부터 대략 2천7백여 년 전부터 지금의 이란지역인 유프라테스, 티그리스 강 유역의 도시 전역으로 추방당해 흩어져 살게 된다.

그 이후에 한두 번은 잠깐씩은 선민들이 이스라엘 땅에 돌아와 예루살렘 성전을 재건하러 돌아와서 살았을지라도 그들의 이산은 세계 2차 대전 이후까지 이어진다고 볼 수 있다.

이로 인해 현재의 이스라엘을 복잡한 시선으로 바라보게 된다. 그들을 이해하려면 그들의 역사 시작인 고대역사와 근대사와 현대사까지 보아야만 해서다. 물론 복잡할 생각일랑은 말고 성서의 구약과 신약을 아울러 보는 일일 수 있다. 동시에 세계사와도 아울러 보아야 한다.

이를 위해 미켈란젤로의 '시스틴 성당 천장화'와 '최후의 심판'을 인용하고자 한다. 이유는 그 예술가가 성당 천장에 성서 인물 위주로 33 장면을 그렸는데 '단테의 신곡'에서 나왔다, 해서다.

그가 성서 자체가 주는 주제를 요약한 셈이다.

창세기를 아홉 장면으로 천장 한가운데 웅장하게 중심에다, 그려 놓았다.

하나님 장면이 다섯 장면, 아담과 이브가 두 장면, 노아가 세 장면이다.

천장 네 귀퉁이에 성서의 네 가지의 명장면을 그렸다.

1 에스더와 하만, 2 모세와 놋 뱀들, 3 다윗과 골리앗, 4 쥬디트와 홀로페르네스(참조; 성서외전 '주디트 서' 8-16장).

그다음에 천장 사면의 가장자리에 성서의 예언자 7명, 선한 유다의 왕 7명, 이방 여인 점술가 5명을 서로 엇갈리게 그렸다.
이 중에는 성서에 없는 낯선 인물들이 있다. 5명의 이방 여인 점술가가 있다. 그리고 왕들 중에 즈룹바벨(참조; 성서외전 '에즈드라 1서' 3-4장)이 있다.
이러한 그림의 배치에서 천재들의 성서해석을 찾을 수 있다는 생각이다. 왜 그들이 성서해석의 천재라 불리는가. 이를 통해 생각해 볼 수 있다.
예를 하나 들면, 그 서른세 장의 그림 속에는 아브라함과 사라가 없다. 그들이 믿음의 조상으로 불리는데 어째서 그 화가가 그 둘 사람을 그리지 않았을까?

하나님께선 아브라함에게 약속하길, **'너의 후손을 하늘의 별처럼, 바다의 모래알처럼 셀 수 없이 주신다고.'** 하셨다. (창12:2, 13:14-17, 15:5-7, 15:12-21, 21:12-13)
창세기에 나온 하나님 말씀들을 잘 살피면, 아브라함을 왕국의 왕이 되게 해주신다는 약속이 절대 아니다.
하나님 약속의 아들인 이삭도 아브라함이 백세에 낳게 해주셨다. 그러나 아브라함과 여종인 하갈 사이에서 먼저 낳은 이스마엘이 자라니까, 늦게 이삭을 낳은 사라에 의해 이들이 쫓겨나게 된다.

이때 아브라함이 쫓겨날 하갈 모자를 심히 걱정하자 하나님께서 그를 위로해 주신다. 그도 한 나라를 이루게 되리라는, 하나님 약속의 말씀이다. (창21:11-21)

하나님께선 모세에게도 비슷한 말씀을 해주셨다. 모세의 말을 자주 듣지 않고 반항을 일삼고 하나님께 딴 짓하는 선민들을 다 멸하시고, 모세에게 한 나라를 이루게 해주신다고(출32:9-14), 말씀하신 일이다.

하나님께선 모세에게도 왕국의 왕이라 말씀하지 않으셨다. 나라를 이루게 해 주신다고 하셨다.

이는 왕국이나 국가란 인간의 개념이고, 하나님 의중에는 없으셨다는 증명이 아닌가, 한다.

우리 하나하나가 하나님을 믿고, 서로 돕고 사랑하며, 잘잘못을 일러주고 고쳐가며 하나님 나라에 살기를 바라신다고 볼 수 있다.

이는 하나님 눈에서 바르게 살면, 인류는 모두가 하나님 나라의 사람들이어서가 아닐까, 생각해 볼 수 있다.

그래서 하나님께서는 구약의 약속이자 기획하신 대로 구세주를 세상에 보내주셨고, 그분의 십자가 죽음으로 인해, 성전의 지성소 휘장이 찢어지게 하셨다.

이는 바로 만인 제사주의의 상징이다. 우리 믿음의 사람들마다 성령의 지성소를 지닐 수 있다는 뜻이 아닌가.

살아계신 하나님의 의중을 가늠해 볼 수 있는 사실들이 구약역사서인 사무엘서와 열왕기서 속에는 즐비하다.

왜냐면 구약역사서들은 하나님을 믿는 이스라엘 선민들의 왕조실록이라고 볼 수 있어서다.

우리의 '조선왕조실록'에는 28명의 이조시대 왕들의 국가 행정 치적과 주요한 사건들의 기록이 적혀 있다. 무려 오백년간의 왕조 기록들이 오롯해서, 귀중한 세계 역사자료로 유네스코 문화재에 등재했다. (AD.1334-1905. 약570년 간)

이를 기록한 사가들은 양심과 학식을 겸비한 당대 최고의 학자들이었으리라.

그러나 성서의 열왕기서는 하나님께서 주도하심을 볼 수 있다. 열왕기상·하서에는 20명의 남유다 왕국 왕들, 20명의 북이스라엘 왕들의 일생이 나온다.

특이한 점 있다. 즉 이들 40명의 선민의 왕들이 하나님 눈앞에서 왕정을 바르게 행했는가, 잘못을 행했는가를 반드시 기록한 점이다. 이는 어디에도 유례없는 기록이다. (BC.930-586. 약350년 간)

단순한 비교 같지만 이로써 과거와 현재와 미래의 세계를 이끄는 하나님의 존재에 관해 성서를 읽는 자마다 생각을 하게 만든다.

이유는 각 시대나 국가를 막론하고 정치종교 지도자의 자질에 관해 보통사람들이 생각을 하고 찾아보게끔 이끈다고 할 수 있다.

즉 바른 지도자를 선택할 능력을 갖추게 해준다.

이로써 21세기를 살아가는 기독자의 본분을 되새겨주는 사도 바울처럼 세계문화사를 주도하는 단테의 '신곡'과 천재 화가 미켈란젤로의 '시스틴 성당 천장화'를 이해하는 일도 있다는 예들을 볼 수 있었다.

이상으로 열왕기서 읽기를 마친다. 좌우간에 어느 나라 역사거나 그 마지막은 망해가기에 석연치 않은 뒷맛이 심하다. 우리 인생과 비슷해서다.

[참고]
NIV. 성서주해를 요약하면, 다음과 같다.
사사기는 BC 1000년경, 사무엘서는 BC 930년경, 열왕기는 BC 550년경에 기록했다.

야곱 가문이, 요셉을 만나 애굽에 정착한 때가 BC 1876년이고, 모세가 BC 1526년 태어났다.

성서의 역사상으로는 아브라함이 BC 2166년 탄생했다.
창세기 12-50장의 조상들Patriarchs은 BC 2350년경 탄생했다.
세계 역사와 초기 성서역사는 BC 2500년에 시작한다.

BC 2500년경에는 메소포타미아, 애굽, 시리아-팔레스틴, 아나톨리아, 크레테, 페르시아, 그리스, 이탈리아의 초기 왕국들이 존재했다.
이런 연대표 설명은 다양한 학자들 해석에 의해 추정한다.

연대표의 주요 요소가 메소포타미아 연대기 법과 12대와 18대 애굽 왕조의 점성술과 고고학의 연대별 배열치를 이용했다고 한다.
성서와 실제 역사 시대와 문화의 연속성을 심사숙고했다고 강조한다.

부연하면, 우리 고조선 역사 연대와 비슷한 시기이기도 하다.